# 기후변화 시대의 시민교육

# 기후변화 시대의 시민교육

추병완 이경무 김병환 류지한 김명식 추정완 장유정

한국문화사

## 기후변화 시대의 시민교육

**1판 1쇄 발행**  2021년 11월 18일
**1판 2쇄 발행**  2022년 10월 17일

| | |
|---|---|
| **지 은 이** | 추병완·이경무·김병환·류지한·김명식·추정완·장유정 |
| **펴 낸 이** | 김진수 |
| **펴 낸 곳** | 한국문화사 |
| **등    록** | 제1994-9호 |
| **주    소** | 서울시 성동구 아차산로49, 404호(성수동1가, 서울숲코오롱디지털타워3차) |
| **전    화** | 02-464-7708 |
| **팩    스** | 02-499-0846 |
| **이 메 일** | hkm7708@daum.net |
| **홈 페 이 지** | http://hph.co.kr |

**ISBN**  979-11-6685-057-8  93370

· 이 책의 내용은 저작권법에 따라 보호받고 있습니다.
· 잘못된 책은 구매처에서 바꾸어 드립니다.
· 책값은 뒤표지에 있습니다.

오류를 발견하셨다면 이메일이나 홈페이지를 통해 제보해주세요.
소중한 의견을 모아 더 좋은 책을 만들겠습니다.

» **머리말**

　이 책은 2021년도 춘천교대 시민교육사업단의 연구 과제를 수행한 결과를 담은 것이다. 춘천교육대학교 시민교육 사업단은 교육부와 한국연구재단의 예산 지원을 받아 2019년부터 2022년까지 총 4년 동안 연구 중심 대학으로서 예비교사의 시민교육 역량 강화를 위한 다양한 사업을 수행하는 중이다. 춘천교육대학교 시민교육 사업단은 디지털 시민성, 생태 시민성, 다문화 시민성, 글로벌 시민성, 민주 시민성이라는 Big Five 시민성의 함양에 도움을 주는 교수·학습 지침서를 개발하는 연구를 수행하고 있으며, 이 책은 생태 시민성과 관련한 연구 활동의 중요한 산물이다.
　기후변화가 지구촌에 미치는 영향에 대한 우려와 인식이 높아지면서, 각국은 기후변화에 대응하기 위한 교육의 역할에 주목하기 시작했다. 교육은 개인에게 기술과 역량을 제공할 뿐만 아니라, 가치와 태도 및 행동의 변화를 유발하면서 지속 가능한 세계를 만드는 데 결정적인 역할을 담당하기 때문이다. 이 책은 기후변화의 문제를 동양 윤리학과 서양 윤리학, 그리고 교육학의 관점에서 다루면서 기후변화 시대에 우리가 가져야 할 바람직한 지식, 기술, 가치·태도가 무엇인지를 심도 있게 논의한다. 특히 이 책은 기후변화의 윤리적·교육적 차원에 조예가 깊은 국내 최고의 전문가 집단이 각자 자신의 전문 지식을 활용하여 예비교사를 비롯한 일반인에게 기후변화에 대응하는 바람직한 삶의 자세가 무엇인지를 안내하고 있다는 점에서 학문적 의의가 매우 크다.

이 책의 내용을 간략하게 소개하면 다음과 같다. 1장에서 이경무 교수는 기후 변화 시대의 시민 교육을 다루기 위한 기본 틀을 탐색하기 위해 '기후 위기'와 '생태 시민성' 개념이 제기되고 논의되는 배경을 고찰한다. 제1절에서는 환경이나 생태에 관한 문제 상황이 환경 오염과 환경 파괴에 위협으로부터 환경 위기와 생태 위기를 거쳐 기후 위기 상황에 이르고, 이에 대응하기 위한 인류의 노력이 문제 상황 인식, 공론화, 그리고 국제적 협력 체계 형성 및 협약 추진 등으로 이어지는 과정을 살펴본다. 제2절에서는 기후 위기 시대에 대응하기 위한 시민 교육의 방향과 흐름이 환경 교육으로부터 생태 교육과 지속 가능 개발 교육을 거쳐 그리고 기후 교육으로 이어지고, 이에 따라 시민 교육이 환경 소양과 생태 소양 그리고 생태 시민성과 연계되는 과정을 살펴본다.

2장에서 김병환 교수는 온난화·기후변화에 책임이 거의 없는 국가들이 생태계 파괴의 영향을 가장 많이 받는 현실, 즉 '기후 불평등(climate inequality)' 문제를 지적하면서 논의를 시작한다. 그는 기후재난 같은 생태 문제의 사상적 원인으로 자원의 무한 착취를 정당화해주는 무한 우주관, 자연계를 물리적 대상으로 파악하는 기계론적 자연관, 생태계에서 인간의 지위를 절대시하는 강한 인간중심주의, 공동체보다 개인을 중시하는 개체주의 형이상학을 든다. 이런 세계관 대신에 지구 자원의 한계성을 인정하는 유한 우주관, 자연을 스스로 기능하는 유기체로 보는 유기체적 자연관, 만물과 인간의 평등을 주장하는 만물제동(萬物齊同)과 만물일체론, 공동체의 가치를 중요시하는 기일체론(氣一體論)으로 전환이 필요하다고 주장한다. 아울러 그는 자연과의 합일을 추구하는 생태 친화적 인간관·세계관의 확립만으로 우리가 생태 위기를 벗어날 수 있는 것은 아니라고 지적한다. 물론 새로운 생태사상의 확립이 선행되어야 하지만 이와 함께 이를 실현할 수 있는 사회·경제제도 정립도 요구된다. 당대 온난화·기후변화의 직접적 요인은 대량생산과 대량소비를 미덕으로 여기는 자본주의 경제체제에 있기 때문이다. 사회과학과의 간학제적 연구의 예시로 '지구법학(jurisprudence)' 등을 예로 들면서 우리가 자연을 침해할 수 없는 '권리'를 가진 존재로 인정해야 한다고 그는 주장한다.

3장에서 류지한 교수는 과학 기술의 발달로 인한 인간의 행위 능력의 증대는 윤리학의 변형을 요구하고 있으며, 그 변형의 방향은 '미래-지구 중심 윤리', '결과-책임 중심 윤리', '집단-탈인간 중심 윤리'가 되어야 한다고 주장한다. 기후변화가 낳는 윤리적 문제들은 범지구적이자 미래 관련적인 문제들이고, 전 인류의 공동 노력과 집단책임을 요구하는 문제들이다. 그러므로 기후윤리는 기존 윤리학으로 다루기에 적합하지 않고 변형된 새로운 윤리학이 다루기에 적합한 주제이다. 기후윤리는 결과주의—책임윤리의 관점에서 기후변화와 관련된 결과들을 예측하고, 이런 예측을 바탕으로 개별 행위 주체들이 수용해야 할 기후변화 관련 도덕률(moral code)을 선정하여 제시해야 할 것이며, 이 도덕률에 준해서 개별 행위 주체들의 고유한 책임과 인류 및 각종 집단들의 공동책임이 할당해야 할 것이다.

4장에서 김명식 교수는 기후윤리의 핵심 쟁점으로 세 가지를 지적한다. 첫째 기후 문제와 관련된 이론적 불확실성, 둘째 국가 간에 발생하는 부정의와 갈등, 셋째 미래세대에 대한 현세대의 책임 문제가 그것이다. 그는 기후과학과 관련된 이론적 불확실성을 부정할 수는 없으나 그로 인해 회의주의와 낙관주의에 빠져 기후변화에 손 놓고 있어서는 안 된다고 경고한다. 그리고 국가 간의 갈등을 극복하기 위해서는 현재 벌어지는 죄수의 딜레마 상황을 벗어나는 것이 중요하며, 생태 시티즌십 같은 초국가적 관심과 대응책 마련이 시급하다고 본다. 그리고 기후변화로 인해 미래에 발생할 피해를 방지하기 위해서는 사회적 할인율을 책정하는 데에서 있어서 미래세대의 입장을 고려하는 윤리적 문화적 자각이 필요하다고 주장한다.

5장에서 추정완 교수는 지속가능발전(SD)에서 태동한 지속가능발전 교육(ESD)의 맥락에서 기후변화 교육의 특징을 분석하고 기후변화 대응을 위한 교육 사례를 제시하였다. 그는 기후변화 교육이 지속가능발전을 위한 목표의 하위 요소지만 다른 지속가능발전 목표들과 유기적 연계성을 지녀야 한다는 점을 강조한다. 특히 기후변화 대응을 위한 교육은 기후변화에 초점을 두면서도 지속가능발전의 목표가 지향하는 환경, 경제, 사회, 정치 등 인류의 과제에 대한 확산적 사고를 유도하는 차원에서 실시되어야 한다고 주장하고, 기후변화를 주제로 한 교육 사례 샘플을 제시하고 있다.

6장에서 추병완 교수는 기후변화 문제에 대한 새로운 유형의 해결 방안으로서 인간공학의 문제점을 분석하였다. 기후변화에 대한 인간공학은 기후변화를 감소하기 위해 인간을 생의학적으로 바꾸는 것을 뜻한다. 인간공학을 주장하는 사람들은 기존의 해결 방안과 인간공학이 병행적으로 실행된다면 기후변화 문제를 다루는 효과적인 수단이 될 수 있다고 강변한다. 인간공학은 강제적이고 의무적인 방식보다는 세금 감면, 의료 서비스 지원 등과 같은 장려책을 통해 실행되는 자발적인 활동이 되어야 한다고 그들은 제안한다. 이에 6장은 기후변화에 대한 인간공학 접근법의 문제점을 해부하는 데 초점을 맞춘다. 추병완 교수는 문헌 분석을 통해 다음과 같은 세 가지 사항을 다루었다. 첫째, 기후변화의 개념과 사회적 영향 및 기후변화에 대한 현재의 대응 전략을 살펴보았다. 둘째, 기후변화에 대한 인간공학적인 해결 방안의 실체를 규명하였다. 셋째, 기후변화에 대한 인간공학적인 해결 방안의 실제적·잠재적인 윤리적 문제를 분석하였다.

7장에서 장유정 박사는 고등학교 일반선택 과목인『생활과 윤리』교과서에서 기후변화 교육의 내용을 분석하였다. 장유정 박사는 기후변화 교육이 기후변화의 의미와 특성, 영향, 원인, 대응 등의 내용 요소를 포함한다는 점을 보인다. 이에 기반하여『생활과 윤리』교과서가 이유에 대한 추론, 토론, 윤리적 관점에서 정당화하기 등 다양한 학생주도의 활동을 통해 기후변화 교육의 모든 내용 요소를 다루고 있음을 밝힌다. 특히, 기후정의 문제를 심도 있게 다루고 있음을 보이며 기후변화 교육에서 도덕과 교육의 고유한 역할을 밝힌다.

기후변화는 우리가 윤리의 시대에서 친환경적 생활 방식을 실천할 것을 요구한다. 모쪼록 이 책이 기후변화에 대응하는 새로운 윤리적 규범을 모색하고, 그러한 규범을 확산하는 데 일조하기를 기대한다. 끝으로, 어려운 출판 여건에도 불구하고 한 권의 책으로 만들어 준 한국문화사 관계자 모두에게 깊이 감사드린다.

2021년 10월
저자를 대표하여 추병완

> **차례**

머리말 ································································· 5

**1장  기후 위기와 생태 시민성**     13
  ① 환경 문제와 기후 위기 ······································· 13
  ② 기후 위기 시대의 생태 시민성 ····························· 41

**2장  온난화·기후변화, 생태 위기 극복을 위한 동양철학의 지혜**     71
  ① 온난화·기후변화, 생태 위기 ································· 71
  ② 동양적 생태관 정립을 위한 논의의 전제 ················· 76
  ③ 온난화·기후변화 문제에 대한 동양의 지혜 ·············· 82
  ④ 남은 문제들: 反省(반성)과 성찰, 제안 ···················· 97

**3장  과학기술 시대의 새로운 윤리학과 기후윤리**     105
  ① 과학기술문명과 인류의 위기 ······························ 105
  ② 위기의 역설적 성격과 윤리학의 위기 ··················· 107
  ③ 과학기술적 행위 능력과 행위 본질의 변화 ············ 110
  ④ 기존 윤리학의 특징과 한계 ································ 114
  ⑤ 과학기술 시대의 위기와 윤리학의 변형 요청 ·········· 130
  ⑥ 새로운 윤리학의 성격과 과제 ····························· 138
  ⑦ 새로운 윤리학의 기후윤리적 함의 ······················· 145

## 4장  기후윤리의 세 가지 쟁점 — 153

1. 세 개의 폭풍 ··············153
2. 불확실성의 문제: 회의주의를 넘어서 ··············155
3. 국가 간의 문제: 국가의 경계를 넘어서 ··············163
4. 세대 간의 문제: 현재의 지평을 넘어서 ··············170
5. 결론 ··············185

## 5장  기후변화 대응을 위한 지속가능발전 교육 — 189

1. 환경오염과 지속가능발전 개념의 등장 ··············189
2. 지속가능발전 목표로서 환경 보전 영역의 주요 내용 ··············192
3. 지속가능발전 교육(Education for Sustainable Development, ESD)의 등장과 내용 ··············195
4. 지속가능발전 교육의 하위 요소로서 기후변화 교육 ··············197
5. 기후변화 교육의 실제 ··············199
6. 기후변화 교육의 향후 과제 ··············207

## 6장  기후변화와 인간공학 — 211

1. 기후변화의 이해 ··············215
2. 기후변화의 인간공학적인 해결 방안 ··············223
3. 인간공학의 윤리적 문제 ··············230
4. 기후변화 시대의 도덕교육 ··············235

**7장** 『생활과 윤리』 교과서의 기후변화 교육 내용 분석　　　　　243
　① 서론······················································································243
　② 이론적 배경··········································································246
　③ 분석방법··············································································249
　④ 분석 결과············································································252
　⑤ 종합 및 제언······································································260
　⑥ 결론······················································································265

찾아보기··························································································269
저자소개··························································································274

## 1장
### 기후 위기와 생태 시민성

이경무(춘천교육대학교 교수)

### ❶ 환경 문제와 기후 위기

환경 및 생태에 관한 최근의 논의는 기후 위기 문제를 중요한 주제의 하나로 다루어 간다.[1] 환경이나 생태에 관한 관심과 쟁점이 환경 위기 문제로부터 지속가능개발[2] 문제와 생태 위기 문제로까지 확장되고 심화해 감으로

---

[1]  환경 또는 생태 관련 논의 중 '기후 위기' 문제는 오재호 · 우수민 · 허모량(2012) 같이 특수(이 글의 표제 '기후 위기'는 학술지 명칭 'Crisisonomy'라는 학술지 명칭과 '위기관리 이론과 실천'이라는 발행기관 명칭의 "위기(crisis)"를 강조한 것으로 보인다.)한 경우를 제외하면 학술논문, 단행본, 학위논문, 연구보고서 등이 모두 2019년부터 다루기 시작하여 2020~2021년에 폭발적으로 증가한다. 기후 위기의 문제를 다루는 관점이나 맥락 또한 곽호철(2019)의 기독교윤리나 민정희(2019)의 정의(正義) 윤리 및 파리기후협약 등으로부터 기후 관련 모든 학문 분야와 정책 분야로까지 확장된다.

[2]  이는 'Sustainable Development'의 역어이다. 이때 'Development'는 '발전'으

써 기후 위기 문제를 심층적으로 전문화하여 다루는 것이다.[3] 이런 흐름은 기후변화에 따른 기후 위기 상황이 환경 위기나 생태 위기의 본령이라는 진단에 따른 것이다.

### 1) 환경과 환경 위기

'환경 위기(environmental crisis)'는 인간에 의한 환경 오염과 환경 파괴가 과다하고 과도하여 자연 생태가 자정 능력과 생명부양 능력을 상실하게 되고, 그로 인해 인류가 생존 위기의 상황에 직면하게 된 것을 일컫는 용어이다. 이러한 위기감을 12시간 단위로 구분하여 나타낸 것이 환경위기시계(Environmental Doomsday Clock)이다. 이는 우리나라 환경재단(Korea Green Foundation)과 일본 아사히 글라스 재단(The Ashahi Glass Foundation)이 1992년 '리우회의' 이후부터 전 세계의 정부와 지방자치단체, 비정부기구(NGO), 학계, 기업 등의 환경전문가를 대상으로 설문조사를 실시하여 발표한다. 환경 상황은 0~3시 "좋음", 3~6시 "불안", 6~9시 "심각", 9~12시 "위험"으로 구분한다. 1992년 7시 49분 "심각" 수준이던 환경 위기는 1997년 9시 4분 "위험" 수준에 도달한 다음 2007년 9시 31분, 2020년

---

로 번역하기도 하지만, 여기서는 환경이나 생태가 자연과 다름이 아니라는 점에서 '개발'로 번역하기로 한다.

[3] 환경이나 생태에 관한 논의 중 '환경 위기', '지속가능개발', '생태 위기' 등의 문제는 1972년 유엔인간환경회의(UNCHE)와 인간환경선언(Declaration on the Human Environment)에 의해 환경 문제가 공론화된 이후 논의되기 시작하여 1992년 유엔기후변화협약(UNFCCC)이 체결된 이후 본격적으로 다루어진다. 한편 환경 위기 문제와 지속가능개발 문제 그리고 생태 위기 문제에 관한 논의는 생물학과 생태학 등 순수 자연과학 영역에서 환경과학과 환경공학 등의 응용과학 영역 그리고 환경 윤리, 환경 정책, 환경 교육 등 학제적 영역에 이르기까지 여러 학문 분야에서 한우충동이라 할 정도의 학술논문, 단행본, 학위논문, 연구보고서 등을 통해 매우 다양하고 방대하게 이루어진다.

9시 47분으로 "위험"이 점차 심화해 가는 추세이다.

'환경(environment, 環境)'은 '가운데 있는 것을 빙 둘러서 싸고 있는 것의 경계'를 일컫는 말이다. 하지만 '환경'은 가운데 있는 것과 무관하게 둘러싸고 있는 것만을 단순하게 지칭하는 용어가 아니다. '환경'은 오히려 가운데 있는 어떤 것이 그것을 둘러싸고 있는 것과 직·간접적인 영향을 주고받는다는 의미를 함축하는 개념이다. '환경'은 가운데 있는 것과 그것을 둘러싸고 있는 것의 관계를 전제하는 말로, 이런 관계의 중심은 "둘러싸고 있는 것"이 아니라 "가운데 있는 것"이다. 그리고 이때의 "가운데 있는 것"은 환경 문제를 다루는 학문 배경이나 맥락 등에 따라 범주를 달리한다. 예컨대 생물학(biology)이나 생태학(ecology)과 같은 순수 자연과학의 경우, "가운데 있는 것"은 "생물"이다. 반면 환경과학(environmental science)과 환경공학(environmental engineering) 또는 환경 교육(environment education) 등과 같이 응용학문이나 학제 학문의 경우, "가운데 있는 것"은 "사람"이다.[4]

'환경' 개념은 "가운데 있는 것"을 "생물"로 보건 "사람"으로 보건 범주가 매우 포괄적이다. 그래서 환경 문제를 다루는 응용학문이나 학제 학문 등은 환경을 크게 물리 환경과 비 물리 환경으로 구분하고, 물리 환경을 다시 인간의 조작 여부에 따라 비 인공적 환경과 인공적 환경으로 구분한다. 〈표 1〉에서 보듯이, 인간의 조작이 이루어지기 이전부터 존재하는 숲, 하천, 바다 등의 자연물[5]이 '비 인공적 물리 환경'이고, 인간이 조작하여 이루

---

4  이런 경우 '환경' 개념은 "가운데 있는" "사람"을 중심으로 하는 점에서 인간을 가장 가치 있는 존재로 여기고 인간의 이익이나 행복을 우선하는 인간중심주의(anthropocentrism)와 함께 존재하는 모든 것을 사람과 환경으로 나누어 보는 이분법(dichotomy)을 함축한다.

5  비 인공적 물리 환경은 자연물과 개념의 내포와 언급의 맥락 등이 다르지만, 외연이 서로 별개이거나 존재의 본질이 각기 다른 것은 아니다.

어진 건축물, 도로, 제방 등의 구조물이 '인공적 물리 환경'이다. '비 물리 환경'은 사회 · 문화 · 경제적 조건을 지칭한다. 인구밀도, 사회 제도, 문화 특성, 경제활동 등의 사회 환경을 말한다.

<표 1> 환경의 범주 구분

| 물리 | 비 인공 | • 인간의 조작이 이루어지기 이전부터 존재하는 숲, 하천, 바다 등의 자연물 |
|---|---|---|
| | 인공 | • 인간이 조작하여 이루어진 건축물, 도로, 제방 등의 구조물 |
| 비 물리 | | • 인간이 살아가는 데 필요한 사회적, 문화적, 경제적 조건<br>• 인구밀도, 사회 제도, 문화 특성, 경제활동 등의 사회 상황 |

환경 위기에 대한 인류의 관심과 논의는 인공적 물리 환경 특히 유해 물질에 관한 관심으로부터 시작하여, 한편으로 비 인공적 물리 환경인 자연 생태에 관한 인식으로까지 다른 한편으로 비 물리 환경인 사회 · 문화 · 경제 조건에 관한 인식으로까지 확대한다. 그리고 인공적 물리 환경에 관한 관심과 논의는 환경 오염 문제로부터 시작하여 환경 파괴 문제를 진단하면서 심화하고 확장한다.

자연에 관한 인간의 관심은 기원을 찾을 수 없을 정도로 오래된 것이다. 그러나 환경 문제에 대한 세계의 인식은 산업혁명 이후 환경 오염으로 인해 생존이 위협받게 됨에 따라 본격화한다. 세계는 1950년대 발생한 런던의 스모그 사건, 이타이타이병과 미나마타병 등의 각종 질병 등 이른바 '환경 재앙'이 '환경 오염'에서 비롯하였음을 인식함으로써 환경 보전의 중요성을 자각하게 된다. 산업혁명에 따른 물질문명의 발달은 인간의 삶과 생활에 풍요로움과 안락함과 편리함을 가져왔으나 유해 물질에 의해 누적된 환경 오염은 인류의 생존과 번영에 부정적 영향을 미치는 결과로 남겨졌다고 인식한 것이다. 하지만 환경 오염에 대한 세계의 관심은 UN이 환경 파괴 문제를 공론화하기 전까지는 카슨(Rachel Carson, 1907~1964)[6]의 경우처럼, 산업 사회에 따른 폐단을 고발하고 인류 지성의 반성을 촉구하는 수준에서 그친다.

UN은 1972년 스웨덴 스톡홀름에서 유엔인간환경회의(UNCHE, United Nations Conference on the Human Environment)[7]를 개최하여 유엔인간환경선언(United Nations Declaration on the Human Environment)[8]을 채택한다. 그리고 선언에 따라 환경 문제에 대한 국제협력 추진 기구인 유엔환경계획(UNEP, United Nations Environment Programme)과 유엔환경계획관리이사회(GCUNEP, Governing Council of the United Nations Environment Programme)

---

6 현대 환경운동을 촉발하는 기폭제가 된 『침묵의 봄(1962)』에서 화학약품의 오남용이 환경에 미치는 악영향을 구체적이고 설득력 있게 그린다.

7 회의에서는 100항목에 달하는 행동계획의 권고(勸告)를 채택한다. 환경 보전을 위한 인간정주사회(人間定住社會)의 계획·관리, 천연자원관리(동식물·미생물을 포함한 유전자원 보존을 위한 기관의 설치 등), 유해 물질 제조·사용·폐기에 관한 자료의 국제적 등록제도 설치계획, 방사성물질의 배출에 대한 국제 등록제도의 개발, 세계보건기구(WHO)를 중심으로 하는 식품·대기·수질에 관한 환경기준 및 인체의 허용한도 설정 등이 주요 항목이다.(네이버 지식백과, 두산백과 '유엔인간환경회의' 검색, 부분 인용, 일부 수정)

8 인간 환경의 보전과 개선을 위하여 전 세계에 그 시사(示唆)와 지침을 부여하는 공통의 원칙이다. 선언문은 전문(前文)과 26항의 원칙으로 이루어진다. 전문은 인간 환경의 보호, 개선의 중요성, 개발도상국·공업국을 가리지 않고 각 국가의 입장에서 환경 보전에 임할 것을 밝힌다. 원칙에서는 '인간은 그 생활의 존엄과 복지를 보유할 수 있는 환경에서 자유, 평등, 적절한 수준의 생활을 영위할 기본적 권리를 갖는다'라고 함으로써 환경권을 선언한다. 또한 천연자원이나 야생동물의 보호, 유해 물질이나 열의 배출규제, 해양오염의 방지, 개발도상국의 개발 촉진과 원조, 인구정책, 환경 문제에 관한 교육, 환경보전의 국제협력, 핵무기 등 대량파괴 무기의 제거와 파기를 촉구하고 있으며, 다시 환경에 대한 국가의 권리와 책임, 보상에 관한 국제법의 진전 등을 명기한다.(네이버 지식백과, 두산백과 '인간환경선언' 검색, 전체 인용, 일부 수정) 유엔인간환경선언은 "인간 환경"이라는 조어 개념에서 보듯이 환경으로서 자연이 아니라 환경 안에 있는 인간을 중시한다.

를 설치하고, 지구 전체의 환경 파괴와 천연자원 고갈 등의 문제를 공론화하면서 환경 보전과 자원 관리의 중요성을 강조한다. 유엔환경계획(UNEP)은 국제적 협력체제를 만들어, 지구를 환경 파괴로부터 보호하고 지구의 천연자원이 고갈하지 않도록 하려는 유엔인간환경회의(UNCHE)의 목적에 따라, 환경을 지구 차원에서 보호하기 위한 다양한 국제환경협약(International Convention on Environment)을 세계 각국이 체결하고 실천하도록 촉진하고 조정한다. 나이로비선언, 몬트리올의정서, 바젤협약, 생물다양성협약 등이 환경 보전 및 자원 관리 등과 관련하여 체결한 대표적인 국제환경협약이다.

나이로비선언(Nairobi Declaration)은 1982년 케냐 나이로비에서 유엔인간환경회의(UNEP) 10주년을 기념하여 열린 유엔환경계획관리이사회(GCUNEP) 특별회합에서 105개국의 대표들이 1972년 스웨덴 스톡홀름에서 채택한 유엔인간환경선언을 재확인하기 위해 체결한 국제환경협약이다. 유엔인간환경선언의 제 원칙을 지지하며, 세계의 환경을 보전하고 개선하기 위해 전 세계가 지구적, 지역 및 국가적 그리고 국내적인 노력을 강화할 것 등을 밝힌다.[9]

---

[9] 선언은 세계 환경보호를 보다 발전적으로 추진하기 유엔인간환경선언에 대한 재인식을 다음과 같이 밝힌다. ① 1972년 인간환경선언(스톡홀름 선언)의 제 원칙은 오늘날에도 여전히 유효하며 장래에 걸쳐 환경에 관련한 기본 행동 지침이 된다. ② 환경 보전에 대한 장기적인 통찰과 이해가 불충분했기 때문에 환경 보전에 대한 노력과 방법에 관한 조정이 적절하지 못하여 산성비, 오존층 파괴, 동식물종의 절멸 등 환경악화를 초래한다. ③ 환경 관리 및 평가의 필요성, 환경과 개발과 인구 및 자원의 밀접하고 복잡한 상호관계, 도시 발달과 인구증가로 인한 환경에 대한 압박으로부터 탈피하기 위하여 종합적이고 합리적인 방식을 채택하도록 해야 한다. ④ 제3차 유엔개발 10개년 계획을 위한 국제개발전략 및 신국제경제 질서의 수립은 전 지구적인 노력의 중요한 수단 중의 하나이다. 시장기구와 계획기구를 연계시키는 것도 건전한 개발

몬트리올의정서(Montreal Protocol)는 1987년 캐나다 몬트리올에서 오존층을 파괴하는 화학물질(ODS, Ozone Depleting Substance)의 생산과 사용 금지를 규제하기 위해 UN 회원국 197개국 전체가 합의하여 체결한 국제환경협약이다.[10] 공식 명칭은 '오존층 파괴 물질에 관한 몬트리올 의정서'로서 1989년 1월 발효한다. 오존층 파괴의 주요 원인이 되는 약 100가지 기체 물질 생산을 단계적 감축하고, 비(非)가입국에 대한 통상을 제재하며, 1990년부터 최소한 4년에 한 번 과학·환경·기술·경제적 정보에 근거하여 규제 수단을 재평가한다는 것 등을 주요 골자로 한다.

바젤협약(Basel Convention)은 1989년 스위스 바젤에서 116개국 대표들이 유해폐기물의 국가 간 이동 및 처리를 카이로 지침[11]을 바탕으로 하여 규

---

및 환경 자원의 합리적인 관리에 이바지한다. ⑤ 인종차별, 식민지 외 다른 형태의 외압과 타국의 지배가 없고, 핵전쟁의 위협과 군비를 위한 지적 자원 및 천연자원의 낭비가 없는 평화롭고 안전한 국제정세가 인간 환경에 이바지한다.(네이버 지식백과, 두산백과 '나이로비선언' 검색, 부분 인용, 일부 수정)

10 의정서 각 장은 ODS 규제 측정(2장), 규제 정도 결정(3장), 비 참여국 통상 제재(4장), 개발도상국 특수한 상황(5장), 자료 보고(7장), 불이행(8장), 기술지원(10장)으로 이루어진다. 협약에서 규제하는 물질은 붙임에서는 다루는데, 염화불화탄소(CFCs, 미국 듀폰사 상품명인 '프레온가스'로 알려짐), 할론(halons), 할로겐화염화불화탄소(halogenated CFCs), 사염화탄소(carbon tetrachloride), 메틸클로로폼(methyl chloroform), 수소화염화불화탄소(HCFCs, 프레온 대체물질로 개발됨), 브롬화메틸 혹은 메틸브로마이드(methyl bromide) 등이 그것이다.(네이버 지식백과, 기상학백과 "몬트리올의정서" 검색, 부분 인용, 일부 수정)

11 카이로 지침은 이탈리아 소베소에서 1976년 발생한 다이옥신 유출 사고 때 증발한 폐기물 41배럴이 1983년 프랑스 한 마을에서 그린피스에 의해 발견되면서 유해폐기물이 국제적으로 문제가 되고, 또 그 후 여러 폐기물 관련 사건들이 발생하자, 1989년 '유해폐기물의 환경적으로 건전한 관리를 위한 지침'으로 채택된다.

제하기 위해 체결한 국제환경협약이다.[12] 1992년 5월 발효한 이 협약은 그간의 국제환경협약을 미국과 유럽연합 등의 선진국이 주도한 것과 달리, 아프리카 등 개발도상국들의 연합체인 77그룹이 주도한다. 후진국이 더 이상 선진국의 폐기물 처리장이 되어서는 안 된다는 문제의식을 반영한 것이다. 본문에서 유해폐기물 수출금지, 유해폐기물 수출 시 수입국의 사전 동의 획득, 협약이행을 위한 법적·행정적 조치 강구 등 당사국의 의무와 불법 교역 폐기물 및 불법 교역자에 대한 조치사항 등을 규정한다. 부속서에서 규제 대상 폐기물의 종류(방사성 폐기물, 선박 항해 중 발생폐기물 제외 총 47종)를 명시한다.

생물다양성협약(CBD, Convention on Biological Diversity)은 1992년 브라질 리우데자네이루에서 유엔인간환경회의(UNCHE) 및 유엔인간환경선언 20주년을 기념하여 열린, 유엔환경개발회의(UNCED, United Nations Conference on Environment and Development)에서 채택한 '리우선언(Rio Declaration)'과 '의제 21(Agenda 21)'에 따라, 생물 종의 멸종위기를 극복하기 위해 세계 158개국의 대표가 체결한 국제환경협약으로 1993년 12월 발효한다.[13] 유엔환경계획(UNEP)은 이를 위해 1987년 생물다양성 문제

---

[12] 협약은 전문과 본문 29개 조, 부속서 6개 조로 구성된다. ① 각 나라는 유해폐기물의 발생을 최소화해야 하며 ② 가능한 한 유해폐기물이 발생한 장소 가까운 곳에서 처리해야 하고 ③ 유해폐기물을 적절히 관리할 수 없는 국가에 수출해서는 안 되며 ④ 각 국가는 유해폐기물의 수입을 금지할 수 있는 주권을 가지고 있고 ⑤ 유해폐기물의 국가 간 이동은 협약에 규정된 방법에 따라 이루어져야 한다는 것 등의 원칙을 밝힌다.(네이버 지식백과, 매일경제 "바젤협약" 검색, 부분 인용)

[13] 이 협약은 생물다양성을 보존하고, 지속 가능한 방식으로 생물다양성의 요소를 사용하며, 유전자원으로부터 유래하는 이익을 공정하고 형평에 맞게 공유하는 것 등을 목적으로 한다.(네이버 지식백과, 식물학백과 "생물다양성협약" 검색, 부분 인용)

에 대한 국제적 행동계획을 수립할 것을 결정하고, 1988년 생물다양성의 보존과 지속 가능한 사용을 위한 국제적인 법적 기구를 준비하기 위해 기술적 및 법적 전문가 협의회(Ad Hoc Working Group of Technical and Legal Experts)를 조직하고, 이후 전문가 협의회를 개최하여 국제적인 생물다양성 보호를 위한 국제협약 초안을 작성하여, 1992년 케냐 나이로비에서 생물다양성협약 초안을 채택한다.

한편 국제자연보호동맹(IUCN, International Union for Conservation of Nature)[14]은 1980년 유엔환경계획(UNEP)으로부터 위탁을 받고 세계야생생물기금(WWF: 세계자연보호기금으로 개칭)의 협력을 얻어 「세계환경보전전략(세계자연보전전략이라고도 함)」을 작성하고, 이를 세 기구[15] 공동명의로 발표한다. 이 전략은 토양침식·사막화·동물남획·산림채벌 등으로 인해 지구의 생명 보호 능력이 돌이킬 수 없이 저하되고 있다는 인식을 바탕으로,

---

[14] 유엔환경계획(UNEP)에 앞서 발족한 국제기구로서, 자원 및 자연 보호를 목적으로 한다. 1911년 미국·캐나다·러시아·일본이 중심이 되어 국제조류보호회의(ICBP)를 창설하고, 1928년 국제자연보존연맹으로 결성하여 산하에 국제자연보호사무국을 설치하였는데, 이후 제2차 세계대전으로 인한 자연환경의 파괴가 심각한 문제로 대두하자 1948년 세계 각국이 파리 회담을 열고 UN의 지원을 받아 국제기구로 정식 발족한다. 국제자연보전연맹(IUCN)과 유엔환경계획(UNEP)은 표방하는 개념이 각각 '환경'과 '자연'으로 다른 만큼이나 서로 간의 차이와 간격이 존재하지만, 1980년 이후 환경 위기와 생태 위기에 대한 문제의식을 공유함에 따라 서로 공조함으로써 「세계환경보전전략(1980)」에 이어 「신 세계환경보전전략(1991)」 등을 마련한다.

[15] 이들 세 기구는 1991년 10여 년간의 성과와 경험을 토대로 '신 세계환경보전전략'에 해당하는 '지구를 염려하며-지속 가능한 삶을 위한 전략(Caring for the Earth-A Strategy for Sustainable Living)'을 발표한다. 전 세계 60여 나라가 참여한 이 계획은 모든 사회적·정치적 계층의 사람들이 삶의 질을 높이는 동시에 환경을 보호하고 개선할 수 있도록 하기 위한 132개의 행동강령을 밝힌다.(네이버 지식백과, 두산백과 '세계환경보전전략' 검색, 부분 인용, 일부 수정)

지구의 생태작용과 생명 보호 체계와 종 다양성 등을 유지하도록 하는 것이 주된 목적이다. 이를 위해 각국의 국내 활동 및 국제활동에 있어 예견적 환경정책의 도입, 적정한 환경계획의 수립 그리고 자연환경의 보전 등을 전제로 한 개발원조 등의 원칙을 제안한다.[16]

### 2) 환경 위기와 생태 위기

생태 위기(Ecological crisis)는 환경 위기와 별개가 아니다. 생태 위기는 '자연 생태가 자정 능력과 생명부양 능력을 상실하게 됨으로써 인류가 생존 위기의 상황에 직면하게 된 것' 이외의 다른 것이 아니다. 그 원인 또한 '인간에 의한 환경 오염이 과다하고 환경 파괴가 과도하게 된 것'이 근본이다. 그러나 생태 위기에 관한 인식이나 논의는 지구 전체를 하나의 생태계로 보는 관점과 맞닿아 있다는 점에서 환경 위기에 관한 인식이나 논의와 차별화한다. 문제 상황에 관한 관심이 "환경"으로부터 "생태"를 거쳐 "생태계"에 이르고, 중심 가치에 대한 관점이 "인간중심주의"에서 "생태중심주의"로 변한다. 이에 더하여 환경 위기의 문제가 지속가능개발의 문제와 연계됨에 따라, 환경 위기에 관한 논의로부터 생태 위기에 관한 논의로 심화해 간다.

'생태(ecology, 生態)'는 '생물이 살아가는 상태'를 가리키는 말이다. 그러나 '생태'는 단순하게 살아 있는 생물의 상태만을 일컫는 정적 개념이 아니다. '생태'는 오히려 생물이 환경 조건에 알맞게 적응해 간다는 점에서 동적

---

[16] 이에 더하여 이 전략은 전체론적인 접근방법을 수립하는 데에 있어 자연환경 보전에 초점을 둘 것을 권고하고, 천연자원의 사용이 지속 가능해야 함을 강조한다.(네이버 지식백과, 두산백과 '세계환경보전전략' 검색, 부분 인용, 일부 수정)

의미를 함축한다. '생태'는 생물과 생물을 둘러싼 비 인공적 물리 환경로서 자연물과의 관계를 전제하는 말인데, 이때의 관계는 생물이나 생물집단이 환경과 서로 영향을 주고받고 또 그 안에서 생물과 생물이 서로 영향을 주고받는다는 점에서 상호적이고 집단적이다.[17]

'생태' 개념은 "생물" 개념과 "환경" 개념이 학문 배경이나 맥락에 따라 범주를 달리하는 것과 맥을 같이하여, 생물집단이나 환경의 "상태", 생물집단과 환경과의 "상호작용" 및 생물과 생물과의 "상호작용" 등의 의미를 다르게 함의한다. 예컨대 생물학이나 생태학의 경우, 살아있는 동·식물을 모두 포괄하는 "생물"과 비 인공적 물리 환경인 자연물을 지칭하는 "환경"은 모두 순수 자연과학적 개념이고 따라서 생물집단과 환경의 "상태"나 그 "상호작용"은 순수하게 자연과학적 의미만을 함축한다. 반면 환경과학과 환경공학 그리고 환경 교육 등과 같이 환경 문제를 다루는 응용학문이나 학제 학문의 경우, "생물"은 "가운데 있는" 살아있는 "사람"으로 한정되고 "환경"은 사람을 둘러싸고 있는 비 인공적 물리 환경과 인공적 물리 환경 그리고 비 물리 환경을 모두 아우르는 만큼, "상태"와 "상호작용" 또한 자연과학적 의미로부터 응용과학 및 공학적 의미 그리고 인문과학 및 사회과학적 의미까지를 다양하게 함축한다.

생태는 생물 중심이건 사람 중심이건 살아있는 생물집단과 자연물이 그리고 그 안에서 하위의 생물집단과 다른 하위 생물집단이 상호작용하고, 다시 그 안에서 생물과 생물이 각각 전체적이고 부분적이며 개체적으로 상

---

[17] 각 생물집단은 개체 간의 상호관계뿐만 아니라 토양환경, 대기조성, 기상 등의 자연환경과 밀접한 관계를 형성하면서 종족을 유지해가는데, 이들 관계에서 이루어진 동·식물 집단의 생활 상태를 '생태'라 한다.(이대형·윤혜경·장미정·임수정·조미성·정세연, 2020:17, 참조)

호작용하는 하나의 체계이다. 그런 맥락에서 환경 위기나 생태 위기에 관한 최근의 논의는 종래의 환경 문제나 생태 문제를 '생태계' 차원의 문제로써 다루어 간다. 물론 생물집단과 이를 둘러싸고 있는 무생물 환경이 서로 밀접한 관계를 맺고 있다는 생각은 오랜 것이다. 하지만 '생태계'는 '군집'이나 '군락'과는 달리, 생물집단과 무생물 환경을 단순하게 하나의 집합으로만 일컫는 개념이 아니다. '생태계'는 생태를 '에너지의 흐름'과 '물질 순환'이 일어나는 '체계적으로 조직된 하나의 단위'로써 지칭한다.[18]

'생태' 개념은 '환경' 개념과 내포가 분명히 다르다. 그러나 '생태'와 '환경'은 "가운데 있는 것"이나 "둘러싸고 있는 것"의 차이 또는 두 가지 모두의 차이를 규정하기 위한 개념이 아니다. '생태'에서건 '환경'에서건 "가운데 있는 것"은 "사람"일 수도 있고 "생물"일 수도 있다. 게다가 '생태'는 "둘러싸고 있는 것"의 범주를 비 인공적 물리 환경과 인공적 물리 환경 그리고 비 물리 환경으로 구분하는 점에서 '환경'과 아무런 차이를 보이지 않는다. 물론 '생태'는 논의의 맥락에 따라 "가운데 있는 것"이나 "둘러싸고 있는 것"을 '환경'과 다르게 지칭하기도 한다. 그러나 이는 '생태' 개념과 '환경' 개념의 외연이 별개이거나 생태와 환경의 존재와 본질이 달라서 그런 것이 아니다. 따라서 "가운데 있는 것"을 생태학은 "생물"로 환경과학은 "인간"으로 다르게 보고, "둘러싸고 있는 것"을 생태학은 "비 인공적 물리 환경"으로 보고 환경과학은 비 인공적 물리 환경과 인공적 물리 환경 그리고 비 물리 환경까지를 포괄하는 것으로 보지만, 이러한 차이는 '생태'와 '환경'의 개념 규정에서 비롯한 것이 아니다. 이는 '생태'와 '환경'을 논의하는 맥락과 학문 배경 즉 순수과학과 응용과학의 차이에 따른 것이다.

---

18  이영문 · 추병완 · 차미란 · 황인표 · 이경무, 2020:116, 참조.

'생태계(ecological system)'는 생물집단과 생물집단을 둘러싸고 있는 무생물 환경이 유기적으로 결합해 있는 전체 체계를 가리키는 말로, 가장 넓게는 지구 전체를 하나의 생태 단위로 일컫는 개념이다. '생태계'는 '환경'은 물론이고 '생태'와도 개념적 내포가 분명하게 다르다. 물론 '생태계'도 가운데 있는 사람이나 생물과 이를 둘러싸고 있는 "비 인공적 물리 환경, 인공적 물리 환경, 비 물리 환경"과의 관계를 문제 삼는 점에서, 그리고 이때 사람이나 생물이 환경 조건에 알맞게 적응해 간다는 점에서 '환경'이나 '생태'와 차이가 없다. 그러나 '환경'과 '생태'는 사람이나 생물과 환경과의 "관계" 그리고 환경에 대한 인간과 생물의 "적응"을 각각 "경계"와 "상태"로 지칭하는 반면, '생태계'는 이를 하나의 "체계"로써 지칭한다. 또 '환경'과 '생태'가 각각 "사람"과 "생물"을 중심에 두는 데 반해, '생태계'는 생태 단위 "전체" 특히 지구 생태 전체를 문제 삼는다.

생태계는 단위의 경계와 체계가 확정된 것도 아니고, 고정된 것도 아니다. 그래서 생태계의 단위나 그 체계와 경계를 한정해 보는 것은 개념적으로 필요할 뿐만 아니라 실제적으로도 유용하다. 그런데 생태계는 이를 이해하고자 하는 목적이나 이에 대한 관점에 따라 단위 경계와 체계가 다르게 확정된다. 예컨대 생태학은 생태 단위를 개체(individual)-개체군(population)-군집(community)-생태계(ecosystem)-경관(landscape)-생물군계(biome)-생물권(biosphere)으로 계층화함으로써 '생태계(ecosystem)'를 좁은 의미의 생태 단위로 한정한다. 반면 인문과학이나 사회과학 등은 생태계의 경계와 체계를 넓게 확장하여 지구 전체를 하나의 '생태계(ecological system)'로 보면서, 그 안에서 다시 생태학에서 말하는 경관, 생물군계, 생물권 등을 모두 하위 생태계로 포괄한다.

생태계에 관한 최근의 주장이나 논의는 지구 전체를 하나의 생태 단위

즉 단일한 생태계로 간주해 간다. 이는 생태계의 단위를 가장 넓은 의미에서 지칭하는 것인데, 이러한 지구 생태계의 범주는 생태권(ecosphere)과 일치한다. '생태권'은 '동물, 식물, 미생물 등 지구상의 모든 생물과 이를 둘러싸고 있는 환경 권역'을 가리키는 용어로, 이들 권역은 지구 단위 생태계의 하위 생태계를 모두 포괄한다. 이를테면 생태권은 생물권(biosphere), 대기권(atmosphere), 습수권(hydrosphere), 암토권(lithosphere) 등의 하위 권역으로 구분되는데, 이는 지구 생태의 생물, 기후, 수질, 토양과 각각 대응한다. 카프라(Fritjof Capra, 1939~ )는 이러한 지구 단위 생태계의 특징을 관계망(net-work), 순환(cycles), 태양에너지(solar energy), 상호의존(partnership), 다양성(diversity), 역동적 균형(dynamic balance) 등 여섯 가지 원리로 설명한다.[19]

생태계의 문제 상황에 대한 인식과 중심 가치에 관한 생태중심주의 관점은 환경 위기와 지속가능개발에 대한 문제 인식이 국제적인 기구를 통해 공론화된 것과는 다르게, 학계의 논의를 통해서 제기되고 심화한다.[20] 환경 위기와 지속가능개발 문제에 관한 여러 학문 분야 및 학제적 연구와 논의 등에서 종래의 '환경' 개념을 대신하여 '생태계' 개념을 제기하고, 인간중심

---

[19] *The Web of Life: A New Scientific Understanding of Living Systems*(1996). 이하에서 '생태계'는 특별한 언급이 없는 한 '지구 생태'를 지칭한다. 또한 그런 경우 생태학에서 말하는 '생태계(ecosystem)'와 구별하기 위해 지구 생태를 '생태계(ecological system)'로 표기한다.

[20] '생태계'는 1935년 탄슬리(Arthur Tansley)에 의해 제창된 이래, 생물학과 생태학 등 자연과학으로부터 철학 등 인문학에 이르기까지 환경과 생태를 다루는 모든 학문 분야와 영역에서 다양한 의미로 논의된다. '생태중심주의'는 1960년대와 1970년대 환경 운동이 활발하게 전개되면서 생태 중심의 사상(ecologism)과 이론(ecology)으로 제기된 이후 심층생태주의(deep ecology), 사회생태주의(social ecology), 생태여성주의(eco-feminism) 등 여러 가지 흐름과 다양한 맥락에서 전개된다.

주의에 대한 생태중심주의를 주장해 간 것이다. 이러한 과정은 지구 단위의 생태를 지칭하는 '생태계(ecological system)'가 '환경(environment)'과 '생태(ecology)'에 대한 인문과학 및 사회과학적 성찰을 통해서 제기된다는 점 그리고 생태중심주의(ecocentrism)[21]의 관점이 환경-인간의 이분법(dichotomy)과 인간중심주의(anthropocentrism)를 철학적으로 숙고함으로써 도출될 수 있다는 점과 맥을 같이한다.

지구는 단일한 생태계이자 하나의 공동체라는 점에서 생태공동체이다. '생태공동체(ecologic community)'는 '공동체' 개념을 '생태' 개념과 결합한 용어이다. 이는 인류가 당면한 생태 위기에 대응하기 위해 제안된 것으로, 두 개념의 연결 고리는 '지구' 또는 '세계'이다. 지구 세계 전체가 심각한 생태 위기의 상황에 직면해 있다는 문제 인식과 이러한 생태 위기를 해결하기 위해서는 지구의 구성원 전체가 하나가 되어 공동으로 대처하지 않으면 안 된다는 책임 의식을 담아내기 위해 제안된 개념이 '생태공동체'이다.[22] 생태권과는 다르게 생태공동체는 물리 환경으로 한정되지 않고, 경제와 사회 그리고 문화 영역까지를 포괄한다. 이러한 생태공동체 안에서 사람은 사람뿐만 아니라 생물 그리고 무생물과도 상호작용을 주고받는다. 그래서 생태공동체에 관한 관심과 논의는 사람과 사람의 관계로부터 사람과 경제, 사회, 문화의 관계를 거쳐 사람과 자연 생태의 관계로까지 확장한다.[23]

'생태계'와 '생태공동체'는 지구 전체를 하나의 생태 단위로 규정하고 단

---

[21] 생태주의(ecologism)로 지칭하기도 한다. 하지만 여기서는 인간중심주의(anthropocentrism)가 인본주의(humanism)와 구별된다는 점에서, 인간중심주의에 대응하기 위해 생태중심주의(ecocentrism)로 지칭한다.
[22] 이영문·추병완·차미란·황인표·이경무, 2020:114, 참조.
[23] 위와 같음, 117-118, 참조.

일한 공동체로 보는 점에서 생태중심주의(ecocentrism) 관점을 지향하는데 이러한 생태중심주의는 인간중심주의에 대한 인식론적 전환을 촉구한다. 인간중심주의(anthropocentrism)는 생태와 사람이라는 존재의 이분법(dichotomy)과 목적적 존재로서 사람과 수단적 존재로서 생태가 가지는 가치의 위계성(hierarchy)을 근거로 생태에 대한 사람의 절대적 우선성(superiority)을 주장한다. 그러나 지구 전체를 단일한 생태계이자 공동체로 보게 되면, 지구 단위 생태계는 사람을 위한 수단적인 가치만을 갖는 것이 아니다. 지구는 그 자체로 본래 목적과 가치를 지닌 존재이므로, 사람은 지구 단위 생태계의 목적적 가치를 인정하고 존중해야 한다. 사람은 지구 단위 생태계는 스스로 작동하는 법칙과 원리를 갖춘 체계로 인식하고, 그러한 체계의 한 구성원으로 존재할 수 있어야 한다.[24]

지속가능개발의 문제는 1987년 UN의 세계환경개발위원회(WCED, World Commission on Environment and Development)가 발간한 보고서 「우리 공동의 미래(Our Common Future)」를 통해 공론화한다. 세계환경개발위원회(WCED)는 1983년 유엔 총회의 결의를 거쳐 출범한 위원회로서 환경을 보전하면서 자연을 개발해 가는 방법을 모색하기 위해 조직하였다. 의장인 전 노르웨이 총리 그로 할렘 브룬트란트의 이름을 따서 브룬트란트 위원회라고도 하는데, 「우리 공동의 미래」라는 보고서를 출간한 후 해산한다. 이 보고서는 '지속가능개발(SD, Sustainable Development)'이라는 용어를 공식적으로 도입하고 정의한다. 이에 따르면, 지속가능개발(SD)은 '미래 세대의 요구를 충족시킬 수 가능성을 해치지 않으면서 현재 세대의 요구를 충족시킬 수 있는 개발'을 가리킨다. '환경적으로 건전하고 지속 가능한 개발

---

[24] 추정완 · 김병환 · 이청호 · 양해성 · 추병완, 2020:75, 참조.

(ESSD, Environmentally Sound and Sustainable Development)'이어야 하고 '미래 세대를 고려하면서 환경, 사회, 경제가 균형적으로 발전'하는 개발이라는 것이다.[25]

환경적으로 건전하고 지속 가능한 개발(ESSD)은 환경 위기에 대한 문제의식을 현재 세대의 관점으로부터 미래 세대의 관점으로까지 확장해 간 것이다. 그래서 설령 지속가능개발(SD)이라는 개념이 「우리 공동의 미래(1987)」에서 공식화되었다고 하더라도, 지속가능개발에 관한 문제의식은 환경 위기에 대한 국제적 차원의 문제 인식과 논의 속에 이미 내재한다. 예를 들어 로마 클럽의 제1차 보고서인 「성장의 한계(1972)」는 환경과 개발에 대한 우려를 표명하면서, 일찍이 '지속가능개발(SD)'이라는 용어를 사용한다. 또 앞서 보았듯이 국제자연보호연합(IUCN)과 국제연합환경계획(UNEP)과 세계자연보호기금(WWF)이 공동 작성한 「세계환경보전전략(1980)」는 벌써 생태계, 생명계 유지, 생물종 다양성 보전, 자원의 지속적 이용성 확보 등을 주장하면서 '지속 가능한 사회(sustainable society)', '지속 가능한 생활(sustainable living)' 등을 논한다.

지속가능개발의 문제는 지속가능개발(SD) 개념이 「우리 공동의 미래

---

[25] [그림 1] 지속가능개발의 세 영역

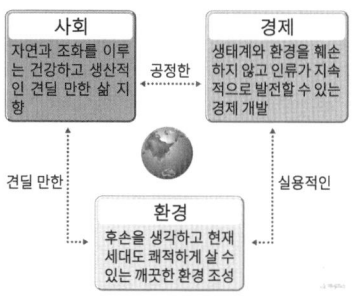

출처: 비상학습백과 중학교 사회 ②

(1987)」에서 공식화된 이후로는 환경이나 생태 관련 논의 등에서도 본격적으로 다루어진다. 먼저 1991년 국제자연보호연합(IUCN)과 국제연합환경계획(UNEP)과 세계자연보호기금(WWF)은 「세계환경보전전략(1980)」을 마련한 이래 10여 년간의 성과와 경험을 토대로 '지구를 염려하며 −지속 가능한 삶을 위한 전략(Caring for the Earth −A Strategy for Sustainable Living)'을 새로운 세계환경보전전략으로 마련한다. 또한 UN은 1992년 브라질 리우데자네이루에서 개최한 유엔환경개발회의(UNCED)[26]에서 '환경적으로 건전하고 지속 가능한 개발(ESSD)'을 위한 기본 원칙을 담은 '리우선언'과 리우선언의 이행을 위한 21세기의 세부 행동강령을 담은 '의제 21'을 채택한다. 이 회의에서 세계 각국은 리우선언과 의제 21의 이행을 주기적으로 점검 및 평가하고 지구 환경 보전을 위한 효과적인 전략을 수립하기 위해 '유엔지속가능개발위원회(UNCSD, United Nations Commission on Sustainable Development)'를 설치하기로 한다. 그리고 구체적인 국제환경협약으로서 지구 온난화 방지를 위한 '기후변화협약', 멸종위기 생물과 생태계 보호를 위한 '생물다양성협약', 사막화 방지를 위한 '삼림 원칙' 등을 체결한다.

 그러나 지속가능개발에 관한 논의는 새로운 세계환경보전전략을 마련하고 리우선언과 의제 21을 채택하며 유엔지속가능개발위원회를 설치했음에도 불구하고, 한동안 소강 국면에 접어들게 된다. 국가 간의 이해관계에 따른 갈등이 심화함으로써 새로운 세계환경보전전략이나 리우선언의 기본 원칙 및 의제 21의 행동강령 등이 이행되지 못하고 국제환경협약도 실제적인 성과를 거두지 못하게 된 것이다. 그렇지만 UN은 리우데자네이루

---

26  지구의 환경 보전을 위해 세계 각국 대표단이 모여 논의한 사상 최대의 환경회의라는 점 그리고 전 세계가 처음으로 인류의 미래를 공동으로 고민한 회의라는 점에서 '지구회담(Earth Summit)'이라고도 한다.

에서 개최한 유엔환경개발회의(1992) 이후, 10년마다 유엔지속가능개발정상회의(UNCSD, United Nations Conference on Sustainable Developm)를 개최하고, 리우선언에서 밝힌 '환경적으로 건전하고 지속 가능한 개발(ESSD)'에 따른 세부 이행계획을 마련해 간다.[27]

먼저 2002년 남아프리카공화국 요하네스버그에서 개최된 정상회의(리우+10)에서는 빈곤, 물, 위생 등 지속가능개발을 위한 분야별 세부 이행계획을 마련한다. 이 회의는 요하네스버그 선언을 채택하고 기아 문제, 영양실조, 분쟁, 조직범죄, 자연재해, 테러리즘, 인종차별, 질병 등을 지속 가능한 발전을 위협하는 심각한 위협 요인으로 지적하고, 이러한 환경과 보건 문제를 해결하기 위해 다자주의(multilateralism)가 필요함을 역설한다. 또 2012년 정상회의(리우+20)에서는 "녹색경제(Green Economy)"를 의제로 채택하고, '우리가 원하는 미래(The Future We Want)'라는 성명을 낸다. 이 성명은 기후변화의 주범인 탄산가스 배출량을 줄이고 자원의 효율성을 높이면서 사회적 통합을 지향하는 새로운 경제모델인 녹색경제로 이행할 것을 강력하게 촉구하면서 사막화, 어류자원 고갈, 오염, 불법 벌목, 생물 종 멸종위기, 지구 온난화 등을 지구에 대한 위협 요인으로 명기한다.

한편 UN은 제47차 총회(1992.12) 결의에 따라 리우의 유엔환경개발회의에서 합의한 유엔지속가능개발위원회(UNCSD)를 유엔경제사회이사회(ECOSOC) 산하에 설치하여 매년 회의를 개최한다. 그리고 2015년에는 유엔 총회에서 열린 유엔지속가능개발정상회의(UNCSD)의 의결에 따라 "우리가 사는 세상의 전환: 지속가능개발 의제 2030"를 채택하고. 2016

---

[27] 2002년 정상회의(리우+10)와 2012년 정상회의(리우+20)에 관한 내용은 네이버 지식백과의 시사상식사전 "리우+20"의 항목을 부분적으로 인용하고 수정한 것이다.

년부터 2030년까지 추진해야 할 지속가능개발목표(SDGs, Sustainable Development Goals)[28]를 선정하여 체계화한다. 지속가능개발목표(SDGs)는 17개의 주요 목표와 169개의 세부 목표로 체계화되는데, 이는 인류의 경제 문제(기술, 주거, 노사, 고용, 생산 소비, 사회구조, 법, 대내외 경제)와 사회문제(빈곤, 질병, 교육, 성평등, 난민, 분쟁 등)로부터 지구 환경 문제(기후변화, 에너지, 환경 오염, 물, 생물다양성 등)까지를 모두 포괄한다. '미래 세대를 고려하면서 환경, 사회, 경제가 균형적으로 발전'할 수 있는 개발은 '환경적으로 건전하고 지속 가능한 개발'이어야 한다는 것이다.[29]

---

[28] UN은 이에 앞서 2000년 뉴욕 유엔본부에서 열린 밀레니엄 정상회의에서 국제사회의 공동목표를 밀레니엄개발목표(MDGs, Millennium Development Goals)로 채택하고 2000년부터 2015년까지 추진하기로 의결한다. 밀레니엄 개발목표는 세계의 빈곤 문제를 개선하는 것을 주요 골자로 하여, 8대 목표(① 극한적인 가난과 기아 퇴치 ② 초등교육의 확대와 보장 ③ 남녀평등과 여성 권익 신장 ④ 유아 사망률 감소 ⑤ 임산부 건강 개선 ⑥ 에이즈, 말라리아, 기타 질병 퇴치 ⑦ 지속 가능한 환경 보호 ⑧ 개발을 위한 전 세계적 협력 구축 등으로 세분된다.

[29] [그림2] 지속가능개발의 세 영역과 생태계

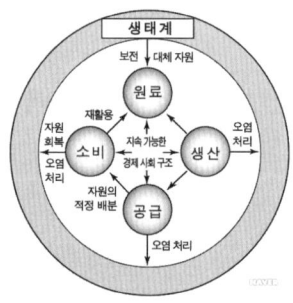

출처: Basic 고교생을 위한 지리 용어사전

### 3) 생태 위기와 기후 위기

'기후 위기(climate crisis)'는 '이상 기후(abnormal climate)' 특히 '지구 온난화(Global Warming)'로 인한 기상재해(meteorological disasters)가 지역이나 국가 차원을 넘어 지구 생태계 차원에서 발생함으로써, 인류 전체가 절체절명의 생존 위기에 직면하게 된 것을 말한다. 대기권(atmosphere)은 지구 전체의 생태권(ecosphere)을 구성하는 하나의 요소이지만, 대기오염에 따른 남극과 북극 오존층 파괴와 지구 온난화 문제는 습수권(hydrosphere)의 수질 오염이나 암토권(lithosphere)의 토양 오염의 경우와 양상이 다르게 전개된다. '폭염(이상고온), 열대야, 한파(이상저온), 호우(홍수), 폭설, 가뭄 등' 부분적이거나 지엽적인 위험을 초래할 뿐만 아니라 빙하 해빙과 해수면 상승 등 전면적이고 총체적인 재앙을 초래한다. 기후 위기는 전례에 없는 위기로서, 지구 생태계 전체의 붕괴를 직접적으로 가져올 수 있는 위기라는 점에서 생태 위기의 핵심이자 주요 원인으로 자리한다.

'기후 위기'는 개념적으로 최근에 논의되기 시작한다. 그러나 기후 위기 상황에 관한 지구 차원의 문제의식은 '환경 위기'나 '생태 위기'에 관한 논의에서 이미 '오존층 파괴'에 대한 문제의식과 '기후변화(climate change)'라는 개념으로 제시된다. 예컨대 나이로비선언(1982)은 '오존층 파괴'의 문제를 환경악화의 주요 원인으로 인식하고, 몬드리올의정서(1989)는 오존층을 파괴하는 화학물질(ODS)의 생산과 사용을 규제한다. 또 리우+20 정상회의(2002)가 채택한 "녹색경제"라는 의제와 그에 따른 성명 그리고 유엔직속가능개발정상회의(2015)가 채택하고 선정한 "지속가능개발 의제 2030"과 "지속가능개발목표(SDGs)" 등은 '기후변화'를 중요한 환경 문제로 분류한다. 환경 위기와 생태 위기가 산업혁명 이후 가속화된 배경에는 석탄과 석유 등의 화석 연료 급증과 함께 온실가스 배출로 인한 대기오염과 오존층 파괴 등의 '기후변화'가 중요한 요인으로 자리한다고 본 것이다.

    기후는 환경과 생태 그리고 생태계의 주요 요소라는 점에서 환경 위기나 생태 위기의 중요한 요인이다. 이러한 기후를 환경 위기나 생태 위기의 중요한 요인으로 일컫는 용어가 바로 '기후변화'이다. 그런데 '기후변화'는 환경 위기나 생태 위기의 요인으로 언급한 경우, '지구의 평균 기온이 상승하는 현상' 즉 '지구 온난화'를 가리킨다.

    지구 온난화 문제는 1980년 이전에도 이미 여러 과학자가 경고한 바 있지만, '기후변화에 관한 정부 간 협의체'가 결성되고 '유엔기후변화협약'이 체결됨으로써 본격적으로 다루어진다. '기후변화에 관한 정부 간 협의체(IPCC, International Panels on Climate Change)'는 1988 스위스 제네바에서 유엔환경계획(UNEP)이 UN 전문기구 세계기상기구(WMO)와 함께 유엔기후변화협약의 협상에 필요한 기후변화에 대한 과학적 정보를 제공하기 위해 설립한 국제 협의체이다. '유엔기후변화협약(UNFCCC, United Nations Framwork Convention on Climate Change)'은 1992년 브라질의 리우데자네이루에서 지구 온난화 문제에 대응하기 위해 '생물다양성협약' 등과 함께 체결된 국제협약이다.

    기후변화에 관한 정부 간 협의체(IPCC)는 기후변화에 따른 위기 상황을 진단하고 실현 가능한 전략을 평가하며, 유엔기후변화협약(1992)과 이후의 교토의정서(1997) 그리고 파리기후협정(2015) 등의 실행에 관한 평가보고서를 주기적으로 발행한다. 1990년 처음 평가보고서를 발행한 이후 2차 평가보고서(1995), 3차 평가보고서(2001), 4차 평가보고서(2007), 5차 평가보고서(2013)를 발행하고, 2022년 6차 평가보고서를 발행할 예정이다.

    기후변화에 관한 정부 간 협의체(IPCC)가 발행한 1차부터 5차까지의 평가보고서는 지구 온난화에 따른 기후 위기 상황은 잘 드러낸다. 1988년에 시작하여 1990년에 발간한 1차 평가보고서는 지난 100년 동안 지구 표면의 대기 평균 온도가 0.3~0.6℃ 상승하고 해수면 높이는 10~25㎝ 상승했음을 적시하고, 산업활동과 에너지 이용 시스템이 현재의 추세로 지속된다면 이산화탄소 배출량이 매년 1.7배 증가할 것으로 전망한다. 1995년 발간한 2차 평가보고서는 온실가스 배출이 현재의 추세로 증가할 경우, 2100년 지구의 평균 기온은 0.8~3.5℃ 상승하고 해수면 높이는 15~95㎝ 상승할 것이라고 경고한다. 2001년 발간한 3차 평가보고서는 향후 100년 동안에 지구의 평균 기온이 5.8℃ 증가할 수 있고, 이로 인해 해수면 높이가 1000년 안에 3m 증가할 수 있다고 우려하면서, 기후변화는 자연적 요인이 아니라 사람이 만든 공해물질 때문에 일어나는 것으로 공해물질이 현재의 추세로 지속된다면 21세기 내에 지난 1만 년 동안 겪은 것보다 심각한 기후변화를 겪게 될 것이라고 경고한다. 2007년 발간한 4차 평가보고서는 지난 100년(1906-2005) 동안 지구의 평균 기온이 0.74℃ 상승했으며, 현재의 추세가 계속된다면 기온이 매년 1.1%씩 상승하여 2100년까지 6.4℃ 이상 상승할 것으로 추정한다. 2013에서 2014에 걸쳐 발간한 5차 평가보고서는 향후 2100년까지의 온실가스 배출량에 따른 대기 중 농도 변화 예측 시나리오를 4가지 대표농도경로(RCP)로써 설명하면서, 지구의 평균 기온이 1880년부터 2012년까지 130여 년 기간에 0.8℃ 상승했지만, 2016부터 2035년까지 20여 년 기간에는 0.3~0.7℃ 상승할 것으로 추정한다.[30]

---

[30] 1차부터 4차까지의 평가보고서 관련 내용은 네이버 지식백과의 두산백과 'IPCC' 항목과 시사상식사전 '기후 변화에 관한 정부간 패널' 항목을 참조하고, 5차 평가보고서 관련 내용은 네이버 지식백과의 식물학백과 '기후변화' 항목을 참조하여 정리한 것이다.

기후변화에 관한 정부 간 협의체(IPCC)는 2018년 간행한 "「지구 온난화 1.5℃」특별보고서"는 지구 온난화에 따른 기후 위기 상황을 실증적이고 극적으로 잘 보여 준다. 기후변화에 관한 정부 간 협의체(IPCC)는 제6차 평가보고서를 준비하는 동안 세 종류의 특별보고서를 발간하기로 했는데, 「지구 온난화 1.5℃」특별보고서는 그중 하나이다.[31] 이 보고서는 지구 온난화가 지구 생태계에 끼친 영향을 거의 절대화하다시피 하면서, 지구 온난화 상황을 1.5℃의 경우와 2.0℃의 경우로 비교함으로써 인류가 지구 생태

---

[31] 특별한 주제가 대두되거나 각국 정부 대표의 요구가 있는 경우 작성하고, 실무그룹의 평가보고서와 같은 과정과 절차에 따라 특별보고서를 발간한다. 지금까지 발간한 특별보고서는 '항공', '기후변화의 지역별 영향', '기술 이전', '배출시나리오', '토지이용과 토지이용의 변화와 산림', '이산화탄소 포집과 저장', '오존층 보존과 기후시스템의 관계' 등 다양한 주제를 다룬다. 2011년에는 두 종류의 특별보고서가 완성된다. 하나는 '재생에너지원과 기후변화의 완화에 관한 특별보고서(the Special Report on Renewable Energy Sources and Climate Change Mitigation, SRREN)'이고, 다른 하나는 '기후변화 적응을 위한 극한 현상 및 재해위험 관리에 관한 특별보고서(the Special Report on Managing Risks of Extreme Events and Disasters to Advance Climate Change Adaptation, SREX)'이다. 이들 특별보고서는 각국 정부의 요청에 따라서 작성되었다. SRREN은 기후변화의 완화를 위한 미래 재생에너지의 가능성을 다룬 기존 문헌들을 평가하여 작성되었다. 이 보고서는 중요한 여섯 가지의 재생에너지 기술을 다루고, 현재와 미래에너지 시스템으로서 그 기술의 통합 가능성을 다룬다. 또한 이들 기술이 환경과 사회에 미치는 영향, 비용, 적용과 확산을 방해하는 기술적 및 비기술적 한계의 극복전략도 포함한다. 약 130명의 저자들과 100명의 기여 저자들이 이 보고서에 참여했다. SREX는 자연재해에 미치는 기후변화의 영향을 평가하고, 극한기상 패턴의 빈도와 강도의 예측된 변화에 각국이 어떻게 잘 대처할 수 있는지를 평가한다. 이 보고서는 극한 기상현상의 위험에 효과적으로 대비할 수 있는 정보를 정책결정자들에게 제공하고자 작성되었다. 극한 현상의 변화 경향을 탐지하고 그 원인이 인류 영향인지 규명하는 과정은 중요하다고 강조한다. 80명의 저자, 19명의 리뷰 편집자, 100명 이상의 기여 저자들이 SREX 작성에 참여하였다. (네이버 지식백과, 기상학 백과 "기후변화에 관한 정부간 협약체" 검색, 부분 인용, 일부 수정)

계에 미치는 0.5℃의 영향력을 드러낸다. ⟨표 2⟩는 이를 해수면, 생물 종, 북극 해빙, 빈곤층 상황, 산호초, 물 부족 등의 수준에서 구체화하여 드러낸 것이다.

<표 2> 지구 생태계에 미치는 지구 온난화의 영향력 비교

|  | 지구 온난화 1.5℃ | 지구 온난화 2.0℃ |
|---|---|---|
| 해수면<br>(2100년경 예상) | 0.4(0.26~0.62)m 상승 | 0.46(3.30~0.69)m 상승 |
| 생물 종 (분포범위 절반 이상 상실 비율) | 곤충(6%), 식물(8%), 척추동물(4%) | 곤충(18%), 식물(16%), 척추동물(8%) |
| 북극 해빙<br>(완전 해빙 빈도) | 100년에 한 번 정도 | 10년에 한 번 정도 |
| 산호초(감소) | 70~90% | 99% 이상 |
| 빈곤층 상황<br>(빈곤과 기후위험) | 2400만명 ~ 3억 5700만명 | 8600만명 ~ 12억 2000만명 |
| 물 부족(현재 세계인구 80%) | 현재 기준 8% 증가 | 현재 기준 4% 증가 |

유엔기후변화협약(UNFCCC)은 1992년 브라질 리우데자네이루에서 개최한 유엔환경개발회의(UNCED)에서 체결한 국제협약이기에 '리우환경협약'이라고도 한다. 1994년 발효한 이 협약은 1988년 캐나다 토론토에서 지구 온난화에 대응하기 위한 국제협약 체결이 제의되어, 1990년 스위스 제네바에서 기본적인 협약이 체결된 다음, 1992년 기후변화협약의 문구가 작성된 데 이어 정식 협약으로 체결된 것이다. 이 협약의 목적은 인류의 간섭으로 기후시스템이 위험에 처하지 않는 수준까지 온실가스의 농도를 안정화하는 것이다. 각국의 온실가스 배출·흡수 현황에 대한 국가통계 및 정책 이행에 관한 국가보고서 작성, 온실가스 배출 감축을 위한 국내 정책

수립 및 시행, 온실가스 배출량 감축 권고 등을 주요 내용으로 한다.[32] 유엔기후변화협약(UNFCCC)은 지구 온난화 문제에 대응하기 위한 기본 협약이자 공식 협약이라는 점에서 의의가 있다. 또한 협약의 목적과 내용 설정의 기준을 '생태계가 자연적으로 기후변화에 적응할 수 있고, 식량 생산성이 위협받지 않고, 지속 가능한 방법으로 경제개발이 가능할 수 있는 충분한 시간에 성취되어야 한다'라고 제시하는 점에서도 의미가 있다. 그러나 이 협약은 기후변화 문제를 환경 위기의 차원에서 다룰 뿐 아직은 '기후 위기' 문제로까지 인식하지 않는다. 또 그 자체로 법적 구속력이나 강제성이 없다. 그래서 교토의정서와 같은 시행 방안이 필요하거나 파리기후협정과 같은 대체 방안이 모색된다.

교토의정서(Kyoto protocol)는 1997년 일본 교토에서 열린 제3차 유엔기후변화협약 당사국 총회에서 유엔기후변화협약(UNFCCC)의 이행을 담보하기 위해 채택한 일종의 시행령이다. 이는 1995년 독일 베를린에서 개최된 제1차 유엔기후협약 당사국 총회에서 유엔기후변화협약의 구체적인 이행 방안을 마련하기로 의결한 위임사항에 따라 채택된 것이다. 2005년 공식 발효한 이 의정서는 2001년 모로코 마라케시에서 열린 제7차 유엔기후협약 당사국 총회에서 '마라케시합의'를 지침으로 채택하고, 선진국의 온실가스 총배출량을 감축하기 위해 2008년부터 2012년까지 제1차 감축 공약 목표와 2013년부터 2020년까지 제2차 감축 공약 목표를 나누어 규정한다. 1990년 수준을 기준으로 하여 제1차 기간은 5.2% 감축하는 것을 목표로 하되 국가별 목표량을 −8%에서 +10%까지로 차별화하고, 제2차 기간은 25~40% 감축하는 것을 목표로 한다. 제1차 기간과 제2차 기간 모

---

[32] 협약의 목적과 주요 내용은 네이버 지식백과의 두산백과 'IPCCC' 항목과 시사상식사전 '유엔기후변화협약' 항목을 참조하여 정리한 것이다.

두 미국, 오스트레일리아, 유럽연합(EU) 회원국, 일본, 캐나다 등 총 37개국을 의무이행 대상국으로 한다. 그러나 제1차 기간의 공약 목표는 각국이 의회 승인을 받아 법적 구속력을 갖게 됨으로써 실효성을 담보하지만, 목표가 그리 크지 않아 효과적이지 않다. 더하여 제2차 기간의 공약 목표는 각국 정부 차원의 약속으로 그쳐 법적 구속력이 없는 데다가 미국, 러시아, 일본, 캐나다 등 전 세계 온실가스 배출량의 절반 이상을 차지하는 나라들이 불참함으로써 실효를 거두지 못한다.

파리기후협정(Paris Climate Change Accord)은 2015년 프랑스 파리에서 열린 제21차 유엔기후변화협약 당사국 총회 본회의에서 채택한 협정이다. 2016년 발표한 이 협정은 2020년 이후 적용할 새로운 기후협약으로, 1997년 채택한 교토의정서를 대체한다. 지구의 평균 온도가 산업화 이전 수준 대비 2℃ 이상 상승하지 않도록 더욱 강력하게는 1.5℃ 이상 상승하지 않도록 유지하는 것을 목표로 한다. 이를 위해 온실가스 감축 목표를 선진국이 부담하는 것으로만 그치지 않고, 협정에 참여한 195개 당사국 모두가 온실가스 감축 의무를 갖도록 한다. 그리고 기후변화에 대해 모든 당사국이 공조하여 대응하기 위해, 각 국가가 자발적 감축 기여분을 정하도록 하고 개발도상국에 대한 선진국의 지원을 강화하도록 한다. 이에 따라 세계 각국은 2030년까지 이행하고자 하는 온실가스 배출량 감축목표 전망치를 제시하고 추진 중이다. 환경부는 2020년 관계부처와 합동으로 온실가스 감축 2030 목표를 발표하면서, '2030 국가온실가스감축목표(NDC, Nationally Determined Contribution)' 설정 방식을 〈표 3〉과 같이 비교하여 제시한다.

<표 3> 2030 국가 온실가스 감축목표 설정 방식 비교

|  | 절대량 방식 | 배출전망치 방식 |
|---|---|---|
| 2030 목표 | 2017년 배출량 대비 24.4% 감축 | 2030년 배출전망치 대비 37% 감축 |
| 채택국가 | 미국, 유럽, 일본 등 100여 개국 | 멕시코, 에디오피아, 터기 등 80여 개국 |
| 특징 | • 명확한 감축 의지 표명<br>• 이행과정의 투명한 관리 및 공개<br>• 국제사회의 높은 신뢰 | • 경제성장 변동에 따른 BAU 가변성<br>• 국제사회의 낮은 신뢰 |

 환경부가 제시한 2030 목표는 절대량 방식으로 2017년 배출량 대비 24.4%를 감축하는 것이다.

 유엔환경계획(UNEP)은 2019년 파리기후협정에 따른 각국의 온실가스 감축목표와 관련하여 「2019 Emission Gap」 보고서를 발행하였다. 이 보고서는 185개국이 당시까지 제출한 온실가스 감축 목표를 모두 달성한다고 하더라도 지구의 평균 기온은 산업화 수준 대비 2℃ 이하보다 훨씬 높은 3.2℃까지 상승할 것으로 예상한다. 이 보고서에 따르면 지구의 평균 기온을 산업화 수준 대비 1.5℃ 이하로 유지하기 위해서는 각국이 지금까지 제출한 온실가스 감축목표를 5배 이상으로 상향 조정해야 한다.

 기후 위기는 지구 온난화 현상으로 대표되고, 지구 온난화 문제는 기후변화로 지칭된다. 따라서 '기후변화'는 기후 위기를 일컫는 것과 다름이 아니다. 그런데 '기후(氣候)'는 '일정한 지역에서 장기간에 걸쳐 나타나는 기상의 평균 상태'로서, 기온, 강우, 강설 등과 같이 비나 눈의 양이나 내리는 모양, 춥고 더운 변화, 바람이 부는 모양, 갠 날수, 습기 등 대기 중의 여러 현상을 포함한다.[33] 때문에 '기후변화'는 지구의 기후가 변화한다는 사실을 객관적으로 지칭하는 개념만으로 인식될 수 있고, 그로 인해 기후의 변화

---

[33] 날씨(weather)가 하루하루의 기상 변화를 가리킨다면, 기후(climate)는 1년을 주기로 반복하는 기상 변화를 약 30년간의 평균 기상 상황으로 나타낸다.

에 따른 지구 생태계의 위기 상황을 정확하게 드러내지 못할 수 있다.[34] 게다가 '기후변화'라는 개념은 지구의 위기 상황에 대응하기 위해 책임 있고 효과 있는 대응 방안을 마련해야 한다는 당위의 논거보다는 오히려 이를 회피하기 위한 명분으로 작용하기도 한다.[35] 그래서 영국 런던에서 발행하는 일간지 가디언(The Guardian)은 최근 인류가 직면한 위기 상황을 정확하게 묘사하기 위해 기후 위기 관련 스타일 가이드(style guide)를 명확히 하기로 하고, '기후변화(climate change)'를 '기후 비상사태(climate emergency)', '기후 위기(climate crisis)', '기후 붕괴(climate breakdown)' 등으로 대체한다.

## 2 기후 위기 시대의 생태 시민성

환경 교육과 시민 교육에 관한 최근의 논의는 생태 시민과 생태 시민성[36]을 새로운 주제의 하나로 다룬다.[37] 환경 교육, 생태 교육, 지속가능개발 교

---

[34] '기후'는 1년 주기의 반복과 약 30년간의 평균이라는 조건을 전제하기는 하지만 근본적으로 기상 변화(meteorological changes)를 기초로 하는 개념이다. 그래서 '기후변화(climate change)'는 원래부터 '기후가 오랜 시간에 걸쳐 서서히 변화하는 현상'을 지칭하는 말로도 이해된다.

[35] 박순열, 2019:68, 주1) 재인용.

[36] 이하 환경 소양, 생태 소양, 생태 시민성 등에 관한 논의는 최효식 · 추병완 · 이경무 · 은지용 · 이기훈(2021)의 "Ⅱ. 이론적 배경" 중 "2. 생태 시민성"에서 생태 시민성의 개념 및 구성요소와 관련하여 메타 분석적으로 다루어진 연구 특히 진옥화(2004)의 "Ⅱ. 이론적 배경"과 임진경(2017)의 "Ⅱ. 생태 소양의 개념화" 중 "1. 생태 소양의 개념 모색" 등을 중심으로 한다. 환경 소양, 생태 소양, 생태 시민성 등에 관한 연구는 "청소년용 시민성 척도 개발 및 타당화"를 위한 메타 분석이 이루어진 뒤에도 이어지지만, 개념 및 구성요소에 관한 내용은 종래와 차이가 없다.

[37] 박순열(2010a)과 박순열(2010b)과 박순열(2019)은 각각 '생태시티즌십'의 '의

육 그리고 기후 교육 등이 시민 교육과 연계되고 민주 시민의 정체성이 사회 시민과 국가 시민으로부터 지구시민 또는 세계 시민으로까지 확장됨으로써, 환경 소양이나 생태 소양 등을 사회 시민과 국가 시민 그리고 지구시민이 갖추어야 할 생태 시민성으로 다루어 간 것이다.[38] 이러한 흐름은 한

미'와 '인식유형'과 '쟁점과 함의'를 '새로운 시민'과 연계하여 논하고, 김찬국(2013)은 '생태시민성의 의미'를 '기후변화교육'의 맥락에서 규명하고, 조미성·윤순진(2016)은 '생태시민성 학습'을 '기후변화에 대한 대응'의 내용과 연계하여 다룬다. 게다가 환경 소양, 생태 소양, 생태 시민성 등에 관한 가장 최근 연구는 장미연·임진경(2020)의 경우처럼 환경 소양보다는 '생태 소양'을 더 나아가 홍서영(2020), 장미란·천호성(2020), 박수경·남영숙(2020), 김종민·손다정·남미자(2021)의 경우처럼 '생태 시민성'을 주로 다룬다.

[38] 현행(교육부 고시 제2015-74호) 국가 교육과정은 구성의 중점이 원론적으로 '바른 인성을 갖춘 창의 융합형 인재를 양성'하는 데에 있음에도, 현 정부는 인성 및 창의성 교육과 함께 시민 교육을 중시한다. 인성 및 창의성 교육은 국가 교육과정이 여러 차례 걸쳐 바뀌고 개정되는 과정에서도 지속하여 국가 교육의 과제요 목표로 자리한다. 그런데 우리 정부는 초·중등 예비교사의 시민교육역량을 강화하기 위해 2017년 교육부에 민주시민교육과를 신설하여 시·도 교육청 민주시민(교육)과의 역할을 강조하고 학교 교육 현장에서의 시민 교육을 강화하고자 하는가 하면, 2019년부터 "교원양성대학 시민 교육 역량 강화사업"을 4년 연계(2+2) 사업으로 추진한다. 또한 '학교 민주시민교육'을 추진하기 위해 학교 민주시민교육의 기본 개념, 추진원칙 등 민주시민교육의 최소 공통기준을 마련하기 위한 공론의 장을 마련(2019.9~11)하고 시민적 가치, 시민 역량, 교육 원칙, 정책추진 원칙 등 학교 시민 교육의 시행 방안을 구안해 간다. 이러한 흐름은 다분히 '민주 시민'이 그간에도 줄곧 '우리 교육과정이 추구하는 인간상'의 중요한 자질로 강조되었음에도 교육의 성과는 미흡했다는 평가와 반성을 계기로 인성 및 창의성 교육과 함께 민주시민교육을 국가 교육의 목표로 설정하겠다는 의도로 이해된다. 그런데 정작 문제는 오늘날 우리 사회와 교육 현장에서 논의되고 있는 시민 개념이 종래의 시민 개념과 그 영역이나 범주를 달리한다는 점이다. 시민 교육의 핵심이 민주 시민을 육성하는 데 있음을 현재에도 불변이지만, 시민과 시민성 개념은 종래와 달리 민주 시민과 민주시민성 개념만으로 한정되지 않고 매우 폭넓게 다의적으로 활용되고 있고, 그에 따라 시민 교육 또한 다양한 시민성을 내포하지 않을 수 없게 된 것이다. 이를테면 시민의 외연이 민주 시민으로부터 디지털 시민, 생태

편으로 지구 생태 전체가 하나의 생태 단위이자 공동체 즉 생태공동체라는 인식과 다른 한편으로 기후 위기가 생태공동체 위기의 핵심이라는 성찰과 맥을 같이한다.

### 1) 환경 교육의 목적과 환경 소양

'환경 소양(EL, Environmental Literacy)'은 '환경에 관한 사람의 기량'을 나타내는 말로, 환경 위기를 극복하기 위해 갖추어야 하는 환경과 환경 위기 문제나 쟁점 그리고 문제나 쟁점의 해결 방안 등에 관한 기본적인 지식(knowledge)과 역량(competence) 등을 지칭한다. 지구 전체의 환경 위기를 극복하기 위해서는 인류의 환경 소양을 함양해야 하는데, 환경 소양을 함양하기 위해서는 교육이 필수적이다. 환경 교육은 이에 따른 것으로, 환경 위기 상황이 인식되고 이를 극복하기 위한 환경 소양의 필요성이 제기됨에 따라, 환경 소양을 함양하기 위한 교육이 환경 교육(environmental education)으로부터 생태 교육과 지속가능개발 교육을 거쳐 기후 교육에 이르기까지, 개인 수준에서 국제협력의 수준까지 다양하고 광범위하게 논의되고 전개된다.[39]

---

시민, 다문화 시민, 글로벌 시민 등으로 확장됨에 따라 시민에게 요구되는 자질과 역량인 시민성 또한 디지털 시민성, 생태 시민성, 다문화 시민성, 글로벌 시민성까지 확대된 것이다. 이러한 점을 간과한다면 시민성 개념의 다양성은 인성 개념의 불명료성과 함께 인성 교육과 시민성 교육 모두에 혼란과 논란을 일으키는 요인이 될 수도 있다.(이영문·추병완·차미란·황인표·이경무, 2020:112-113, 참조)

[39] 이하 환경 교육과 환경 소양에 관한 논의는 진옥화(2004:4-25), 임진경(2017:16-23), 임진경(2019:4-12)을 참조하여 정리한 것이다. 이때 임진경(2019)은 임진경(2017)을 분절하여 학술지에 게재한 것으로, 내용상 차이가 없다.

환경 교육과 생태 교육 그리고 지속가능개발 교육 등은 '사람을 가르치고 기르는 일'로서, '교육'을 일컫는 점에서 도덕 교육과 시민 교육 그리고 인성 교육 등과 다르지 않다. 그러나 환경 교육과 생태 교육 그리고 지속가능개발 교육 등은 개념의 조어 방식이 도덕 교육과 시민 교육 그리고 특히 인성 교육과 다르고, 그래서 '환경', '생태', '지속가능개발' 등이 '교육'을 한정하는 방식이 '도덕', '시민', '인성' 등과 다르다. '생태'나 '환경'은 맥락에 따라 교육의 목적을 지칭할 수도 있고 교육의 내용을 지칭할 수도 있는 만큼, 환경 교육이나 생태 교육은 '생태'나 '환경'의 내포에 따라 교육의 범주와 개념적 내포 등이 달라진다. 예컨대 환경 교육은 Lucas(1972)가 설명하듯이, '환경'의 의미를 어떻게 풀이하느냐에 따라 '환경에 관한 교육(about)', '환경 안에서의 교육(in/from/through)', '환경을 위한 교육(for)' 등으로 구분되고, 그로 인해 '교육의 강조점', '교수자의 역할', '학습자의 역할' 등을 달리한다.[40] 물론 '도덕 교육'이나 '시민 교육' 그리고 '인성 교육'의 경우에도, '도덕'이나 '시민' 그리고 '인성'이 지칭하는 것이 '교육 내용'과 '교육 대상'으로 엇갈리기도 한다. 그러나 '인성 교육'은 '환경 교육' 등과는 달리, '사람의 마음 바탕이나 됨됨이 등의 성품을 함양하는 교육'을 말한다. 그리고 이때의 '인성'은 사람이 사람으로서 갖추어야 하는 성품이나 덕성(virtue)을 가리킨다. 같은 맥락에서 보면, 도덕 교육의 '도덕'은 사람이 사람으로서 갖추어야 하는 '도덕성(morality)'을 그리고 시민 교육의 '시민'은 사람이 시민이 시민으로서 갖추어야 하는 '시민성(citizenship)'을 가리킨다. 따라서 '도덕 교육'은 '도덕에 관한 교육'이나 '도덕을 위한 교육'이 아니라 '도덕성을 함양하

---

[40] Lucas, A. M. (1972). Environment and environmental education: conceptual issues and curriculum implications. Ph.D. thesis, Ohio State University.(이대형 · 윤혜경 · 장미정 · 임수정 · 조미성 · 정세연, 2020:15, 재인용)

는 교육'을 지칭하고, '시민 교육'은 '시민에 관한 교육'이나 '시민을 위한 교육'이 아니라 '시민성을 함양하는 교육'을 지칭한다. 그런 경우 '인성 교육'과 같은 조어 방식에 따라 교육의 목적적 가치를 드러내면, '도덕 교육'은 '도덕성 교육'을 '시민 교육'은 '시민성 교육'을 말한다. 같은 논리에 따르면, 환경 교육은 '환경 소양 교육'을, 생태 교육은 '생태 소양 교육'이나 '생태 시민성 교육'을 말한다.

환경 교육의 목적적 가치를 드러내는 '환경 소양(EL)'은 '환경' 개념과 '소양' 개념을 결합한 말이다. 그리고 이때의 '소양'은 'literacy'를 번역한 말로, 사람의 기량(skill)을 일컫는다. 'literacy'는 원래는 말을 듣고 할 수 있는 것에 대하여 글을 읽고 쓸 줄 아는 능력(ability) 즉 '문해력'을 지칭하는 특수 개념이지만, 환경 소양(EL)의 경우는 보편 개념으로 일반화하여 환경 분야에 관련한 기본적인 지식이나 역량 등을 일컫는다. UNESCO(United Nations Educational, Scientific, & Cultural Organization, 2004)는 이러한 'literacy'를 사람이 갖추어야 할 지식이나 역량으로 지칭하면서, 사람은 자신의 목적을 달성하고 자신이 속해 있는 사회와 더 넓은 사회에 참여하기 위해 지속적인 배움을 통해 자신의 역량을 개발할 것을 주장한다.[41] 그리고 이런 맥락에서 사회와 인류가 직면하고 있는 복잡한 주제와 이슈를 이해하고 합리적인 의사 결정을 내릴 수 있는 역량을 갖춘 사람을 '소양 있는 시민(literate citizen)'으로 지칭한다.

'소양'은 언어적으로나 논리적으로나 'literacy'로부터 'illiteracy'가 파생하는 것으로 이해하기 쉽다. 그러나 개념상으로나 과정적으로는

---

[41] UNESCO Education sector. (2004). *The plurality of literacy and its implications for politics and programs: position paper.* UNESCO, Paris, France. (임진경, 2019:5, 참조)

'illiteracy'가 'literacy'보다 앞서 나타난다고 한다. 특수 개념이건 보편 개념이건 'illiteracy'에 대한 자각이나 문제의식으로부터 'literacy'의 필요성이 제기된다는 것이다. '환경 소양'의 경우도 그러하다. 환경에 관한 기본 지식이나 역량을 갖추지 못한 사람이 '환경 소양이 없는 시민'으로 문제시됨에 따라, 사람에게 '환경 소양을 갖춘 시민'의 자격이 요구되게 된 것이다. 이와 관련하여 Roth(1968)는 일찍이 '사람들의 "환경에 대한 무지(environmental illiteracy)"가 환경을 오염시킨다.'라고 주장하고, '"환경 소양을 갖춘 시민(environmentally illiterate citizen)"을 어떻게 알 수 있는가?'라는 질문을 던진 바 있다. 그러나 이런 주장과 질문에도 불구하고, '환경 소양'은 주목을 받지 못한다.[42]

'환경 소양'은 1970년 미국의 닉슨 대통령의 환경교육법(EEA, Environment Education Act)안에 관한 연설을 계기로 공식화하고 공론화한다. 닉슨 대통령은 연설에서 사람과 환경에 관한 시민의 새로운 이해와 인식을 발달시키는 데 있어 중요한 것은 "환경 소양"이고, 국가 교육과정은 모든 시점에서 환경 개념을 가르치고 환경 소양을 발달시킬 수 있어야 한다고 주장한다. 그런데 닉슨 대통령의 연설 이후로도 한동안, 시민의 역량이나 자질로서 환경 소양은 별개로 논의되지 않고 환경 교육의 목적에 포괄되어 다루어진다. 이와 관련하여 진옥화(2004)는 Roth(1992)를 기준으로 하여, '1992년 이전에는 환경 소양(EL)의 정의를 광범위하고 모호하게 사용하는 반면, 1992년 이후에는 보다 세부적으로 정의하고, 위계적으로 연구한다.(: x)'고 주장한다. 그러나 전체적인 흐름을 보면, 환경 소양은 1990년을 전후하여 이전에는 환경 교육의 목적에 포괄하여 다루어지고 이

---

[42] 임진경, 2019:6, 7, 참조.

후로는 별개로 다루어진다.

환경 소양을 환경 교육의 목적에 포괄하여 다루는 흐름은 미국의 환경교육법 제정으로부터 시작하여 유엔환경계획(UNEP)과 UNESCO가 주도한 베오그라드 헌장, 환경 교육 이행 41개 권고안 등의 채택과 41개 권고안에 대한 이행 실태 점검 등의 과정으로 이어진다.[43] 먼저 미국은 1970년 '환경교육법(EEA)'을 제정한 데 이어 1971년 '북미환경교육협회(NAAEE, North American Association for Environmental Education)'를 설립함으로써 1960년 대 중반부터 논의되던 '환경 교육'을 하나의 고유 분야로 공론화한다. 이어 유엔환경계획(UNEP)은 UNESCO와 함께 1975년 유고슬라비아 베오그라드에서 '베오그라드 국제 환경 교육 회의'를 개최하여 '베오그라드 헌장'을 채택하고 환경 교육의 철학적 기저와 골자 등을 밝히는가 하면, 1977년 조지아(Republic of Georgia) 트빌리시에서 '환경 교육에 관한 정부 간 회의'를 개최하고 환경 교육의 기본 지침 선언과 41개 이행 권고안을 채택함으로써 환경 교육에 관한 공동 노력의 방향 등을 국제적인 수준에서 제안한다.[44] 한편 Harvey(1976), Hungerford와 Tomera(1977, 1985), Sia(1985) 등

---

[43] 이하 베오그라드의 국제 환경 교육 회의, 트빌리시의 환경 교육에 관한 정부 간 회의, 모스크바의 환경 교육과 훈련에 관한 국제회의 등에 관한 논의는 진옥화(2004:15), 임진경(2017:17-18), 임진경(2019:7-8)을 참조하여 정리한 것이다.

[44] 1975년 유고슬라비아 베오그라드에서 개최된 '국제 환경 교육 회의'는 '베오그라드 헌장'을 채택하는데, 이 헌장은 환경 교육의 목적이 '환경 및 환경과 연관된' '문제를 인지하고 우려하며' '현재 문제를 해결하고 미래 문제를 해결하기 위해 개인 또는 집단으로 노력할 수 있는 지식, 기술, 태도, 동기 및 책무 의식을 갖춘 사람을 길러내는 것'임을 분명히 한다. 또 1977년 조지아 드빌리시에서 열린 '환경 교육에 관한 정부 간 회의'는 환경 교육의 기본 지침 선언을 구체적으로 이행하기 위한 41개 권고안을 채택하면서 '경제, 사회, 정치 및 생태의 상호의존 관계에 대한 우려와 인식 제고', '환경을 보호하고 개선하는 데 필

은 환경 교육의 결과 또는 목적을 환경 소양과 연계하여 설명한다.[45] 그래서 Hungerford와 Tomera(1985)는 환경 소양을 촉진하는 것이 환경 교육의 목적이라 보고 환경 소양 모형을 개발하지만, 환경 소양을 촉진하는 변인은 '책임 있는 환경 행동(REB, Responsible Environmental Behavior)'을 예언하는 것이라 주장한다.[46]

환경 소양을 별도의 주제로 다루는 것은 유엔환경계획(UNEP)을 시발점으로 하여 개인 연구와 협력 연구 그리고 기관 연구 등으로 확산한다. 먼저

---

요한 지식, 가치, 태도, 책무 의식과 기술 등을 습득할 기회 제공', '환경보호를 위한 개인과 집단 및 사회의 새로운 행동 패건 형성' 등을 환경 교육의 3대 목적으로 합의한다. 그리고 1987년 소련 모스크바에서 열린 '환경 교육과 훈련에 관한 국제회의'는 1990년대를 대비하기 위해, 환경 교육에 관한 지침과 원칙 그리고 목적을 확인하고 트빌리시 회의에서 채택한 41개 항에 대한 회원국의 이행 실태를 점검한다.

[45] Harvey(1976) 환경 교육의 예상되는 결과를 환경 소양으로 정의하면서, 환경 소양을 '환경적으로 소양 있는', '환경적으로 능력 있는', '환경적으로 헌신하는' 등의 세 수준으로 설명한다. Hungerford와 Tomera(1977)는 환경 교육의 목적을 환경적으로 소양 있는 시민 즉 환경 쟁점에 대해 비판적인 행동을 취할 수 있고 그런 행동을 할 의욕이 있는 시민을 양성하는 것이라고 주장함으로써 환경 소양의 행위적 특징을 강조한다. Sia(1985)는 환경 교육의 궁극적 목적은 책임 있는 환경 행동을 실천하는 것이고, 이것이 바로 환경 소양이라고 주장한다.(진옥화, 2004:8, 참조)

[46] 환경 소양 모형은 선행 연구에서 '책임 있는 환경 행동'과 강한 연관성을 갖는 8개의 환경 소양 요소를 추출하여 '책임 있는 환경 행동'의 독립 변인으로 설정한 것으로, 8개 독립 변인 간의 상호 작용에 따라 '책임 있는 환경 행동'이 이루어진다고 설명한다. 8개의 요소는 '생태적 관점', '쟁점에 대한 기능', '가치', '신념', '쟁점에 대한 지식', '태도', '통제의 위치(조절점)' 등이다.(진옥화, 2004:17, 참조) 그러나 이 모형은 후속 연구에서 '환경 소양'을 '책임 있는 환경 행동'으로 대체한 것에서도 드러나듯이, 8개의 변인을 환경 소양의 내용 요소라고 보기는 어렵다. Sia(1985)도 환경 교육의 목적을 책임 있는 환경 행동(REB)의 실천으로 주장하는 점에서, 마찬가지로 환경 소양에 관한 본격적인 논의라고 보기 어렵다.

유엔환경계획(UNEP)은 UNESCO와 함께 1988년 환경 교육을 '모두를 위한 환경 소양(Environmental literacy for all)[47]' 교육으로 공식화하고, 환경 교육의 목적이 인류 전체의 환경 소양을 함양하는 데 있음을 밝히고 환경 소양의 필수 구성요소를 구분하고 정의한다. 그런가 하면 Roth(1992)는 환경 소양을 개발하는 것은 환경 교육의 목적일 뿐만 아니라 지구의 책임 있는 시민을 양성하는 것을 목표로 하는 것이라고 역설한다. 그는 환경 소양을 '환경 시스템의 상대적인 건강성을 인식하고 이해하고, 이러한 시스템의 건강성을 유지, 회복, 향상하는데 적절한 행동을 취할 수 있는 능력'으로 정의하고, 이는 '주요 개념에 대한 지식', '획득된 기능', '쟁점에 대한 성향' 등 학습한 것을 관찰할 수 있는 형태로 입증되어야 한다고 주장한다.[48] 그는 〈표 4〉 환경 소양의 단계와 내용 요소에서 보듯이 환경 소양의 세 범주를 성취 수준에 따라 '명목적 단계', '기능적 단계', '조작적 단계'로 나누고, 12학년의 학교 교육을 받은 평균 학생은 기능적 단계에 도달할 것이라고 주장한다.

---

[47] UNESCO-UNEP. (1989). Environmental literacy for all. connect: UNESCO-UNEP. *Environmental Education Newsletter XIV(2)*, 1-8.(임진경, 2019:8, 참조)

[48] Roth, C. E. (1992). *Environmental literacy: It's roots, evolution, and direction in the 1990s*. Ohio: ERIC Clearinghouse for Science, Mathematics, and Environmental Education.(진옥화, 2004:9, 참조) '쟁점에 대한 성향'의 '성향'은 '정서'와 '행동'으로 나누어지는데, 이후의 후속 연구(1996)에서는 이 둘을 '기질'로써 아우른다.

<표 4> 환경 소양의 단계와 내용 요소(Roth, 1992)

| 명목적 단계 | 기능적 단계 | 조작적 단계 |
|---|---|---|
| • 환경에 관한 의사소통에 필요한 기본 용어 인식 | • 인간 사회와 자연 간의 상호작용에 대한 폭넓은 이해 | • 환경에 대한 인간 행위의 영향과 결과 평가 |
| | • 인간 사회와 자연 간의 부정적 상호작용 인식 및 관심 | • 건강한 환경을 위한 정보수집분석, 대안 선택, 행위실천 |
| • 환경에 대한 인식과 감수성, 자연을 존중하는 태도와 관심, 환경에 대한 인간의 영향 이해 | • 환경에 대한 1차, 2차 정보 분석, 종합, 평가 | • 환경 파괴를 예방과 치료에 관한 개인 및 집단적 책임감 |
| | • 환경 문제에 대한 증거와 가치 및 윤리에 기초한 평가 | • 국지적 수준에서 지구적 수준으로 환경 관련 행위의 고양 및 실천 |
| • 자연의 변화와 인간 사회와의 상호작용에 대한 초보적 이해 | • 환경 문제(결과물/느낌 등)에 대한 다른 사람과 의사소통 | • 환경적으로 소양 있는 타고난 특정적 기질 개발 |
| | • 환경 문제를 수정하기 위한 전략적 지식에 대한 동기와 관심 | |

    Simmons(1994)은 북미환경교육협회(NAAEE)가 '환경 교육 지침'을 개발하기 위해 후원한 '환경 교육의 수월성을 위한 국가 프로젝트'에서 협력 연구, 기관 연구, 주립 및 국립 연구 등 26개 연구로부터 환경 소양의 정의, 틀, 모델 등을 추출한다. 26개의 선행 연구는 각각의 환경 소양 틀이 서로 다른 배경을 가지는 만큼 내용 요소의 우선순위에서도 차이를 보이지만, 〈표 5〉에서 보듯이 '정서', '생태학적 지식', '사회-정치적 지식', '환경 쟁점 지식', '인지적 기술', '환경적으로 책임 있는 행동', '환경적으로 책임 있는 행동의 부가적 결정 요인' 등 7개의 구성요소를 공통된 내용으로 추출한다.[49]

---

[49] Simmons, D. (1994). *The NAAEE Standards Project: Papers on the Development Of Environmental Education Standards.* Ohio: North American Association for Environmental Education.(임진경, 2019:10, 참조)

<표 5> 환경 소양의 구성요소(Simmons, 1994)

| 구성요소 | 내용 |
| --- | --- |
| 정서 | 개인적 수준에서 환경 문제/쟁점을 인식하고 그러한 인식이 정당화 된다고 판단할 경우, 그에 따른 행위를 실천할 수 있는 능력 |
| 생태 관련 지식 | 자연이 어떻게 변화하고 있는지, 자연의 변화와 인간 사회는 어떻게 상호작용하는지 등 생태 환경에 대한 이해 |
| 사회·정치적 지식 | 다양한 사회 정치적 신념 및 제도와 환경 가치 사이의 관계 이해, 생태적 견해에 따른 인간의 문화 활동이 환경에 미치는 영향에 대한 이해, 환경 문제/쟁점 해결에 참여하는 시민과 관련한 지식 등 |
| 환경 쟁점 지식 | 인간과 환경과의 상호작용의 결과로 야기된 환경 문제/쟁점에 대한 이해, 환경 문제/쟁점에 대한 대안적 해결과 관련한 지식 등 |
| 인지적 기능 | 적절한 행동전략을 선택하고 행동계획을 수립하고 평가하고 수행하는 능력을 포함하여, 환경 문제/쟁점에 관한 정보를 분석, 종합, 평가하고 증거와 개인의 가치에 기초하여 선택한 문제/쟁점을 평가하는 데 필요한 능력 |
| 환경 행동 결정 부가 요인 | 환경적으로 책임감 있는 행동을 위해 필요한 조절점과 개인적 책임감 |
| 책임감 있는 환경 행동 | 설득, 소비자 행위, 생태 관리, 정치적 행위, 법적 행위 등 환경 문제/쟁점의 해결을 목표로 하는 능동적이고 사려 깊은 행위 |

북미환경교육협회(NAAEE, 2004, 2011)는 Simmons(1994)이 제시한 환경 소양의 구성요소를 '환경 교육 지침'에 포함한 데 이어, 환경 소양 개발을 위한 환경 교육의 '유도 지표(guidelines)'와 '기본 체계(framework)' 등을 개발해 간다.[50]

한편, Hngerford, Peyton, & Wilke(1980), Wilke(1995) 등과 같이 환경 교육의 목적을 '환경 행동'을 중심으로 다룬다.[51] 또 더러는 '환경 태도'나 '환

---

[50] NAEE, (2000, 2004). *Excellence in environmental education: guidelines for learning(K-12)*. Washington. D.C.; NAEE, (2011). *Developing a framework for assessing environmental literacy*. Washington. D.C.(임진경, 2019:9, 참조)

[51] Hngerford, H. R., Peyton, R. B., & Wilke, R. J. (1980). Goals for Curriculum development in environmental education. *Journal of*

경 감수성' 등을 중심으로 설명하기도 한다. 하지만 이들 개념은 환경 소양을 대체하는 것이라기보다는 환경 소양의 구성요소를 드러낸 것이다. '환경 행동'과 '환경 태도'와 '환경 감수성'은 각각 Simmons(1994)이 제시하고 북미환경교육협회(NAAEE, 2000, 2004, 2011)가 채택한 환경 소양의 7가지 구성요소 중 '환경적으로 책임 있는 행동'과 '정서'와 '환경적으로 책임 있는 행동의 부가적 결정 요인'에 다름 아니다.

### 2) 환경 소양과 생태 소양

생태 소양(eco-literacy)은 환경 소양과 별개가 아니다. 생태 위기가 환경 위기와 별개가 아닌 것과 같다. '사람이 갖추어야 하는 기능'으로써 '기본적인 지식이나 역량 등'을 지칭하는 '소양'은 생태에 관한 것과 환경에 관한 것이 별개로 따로 있는 것이 아니고, 또 앞서 드러나듯 '생태'와 '환경'은 "가운데 있는 것"이나 "둘러싸고 있는 것"의 차이 또는 둘 모두의 차이를 규정하는 개념이 아니다. 그러나 생태 소양은 환경 소양과 논의의 맥락이나 학문 배경을 달리한다. 환경 소양에 관한 논의와 연구는 인류가 직면한 환경 위기를 해결하기 위해 환경과학이나 환경공학 등 응용학문을 배경으로 전개된 데 비해, 생태 소양에 관한 논의와 연구는 지구 생태계 전체의 생태공동체 위기를 해결하기 위해 넓게 사회학이나 인문학까지를 포괄하는 학제 학문을 배경으로 전개된 점에서 차이가 난다. 또한 생태 소양은 생태학적 소양(ecological literacy)과도 논의의 맥락이나 학문 배경을 달리한다.[52] 생태학적 소양에 관한 논의나 연구는 생태학적 지식에 대한 오개념을

---

*Environmental Education, 11(3)*. (진옥화, 2004:18, 참조)

52 생태주의(ecologism)를 인본주의(humanism)와 대비하고 구분하면서 생태중심주의(ecocentrism)를 인간중심주의(anthropocentricism)와 대비하여 구분한

바로 잡기 위해 순수학문인 생태학을 배경으로 전개된 점에서 환경 소양은 물론이고 생태 소양에 관한 논의나 연구와도 차별된다.[53] 생태학적 소양은 순수 자연과학의 영역을 기반으로 하지만, 생태 소양은 순수학문으로부터 응용학문 영역을 넘어 학제 학문 영역까지를 아우른다.

환경 소양에 관한 응용학문 분야의 논의와 연구가 본격화한 이후, 순수학문인 생태학 분야에서 환경 소양과 별개로 생태학적 소양에 관한 논의와 연구가 진행되고, 이어 학제 학문 분야에서 생태 소양에 관한 논의와 연구가 생태학적 소양과 구별하여 전개된다. 그런데 생태 소양과 환경 소양은 '생태' 개념과 '환경' 개념의 내포를 달리함으로써 차이를 드러내지만, 생태 소양과 생태학적 소양은 '생태' 개념을 공유함으로써 둘의 차이가 잘 드러나지 않는다. 게다가 '생태 소양'의 '생태'나 '생태학적 소양'의 '생태학'이 모두 'ecology'로 표기됨으로써 혼란을 더한다. 그러나 'ecology'는 생태학을 지칭하는 경우와 생태(계)를 지칭하는 경우 각각의 개념적 내포가 다를 뿐 아니라 외연 또한 다르다. 그래서 '생태 소양'은 '생태학적 소양'과 개념적 조어 방식뿐만 아니라 '소양'의 의미 또한 서로 다르다. 생태학적 소양은 사람이 '생태 문제를 해결하기 위해 알아야 하는 생태학적 지식'을 일컫는다. 반면 생태 소양은 환경 소양의 경우처럼 사람이 '생태 문제를 해결하기 위해 갖추어야 하는 역량'을 일컫는다.

'생태 교육(ecological education)은 생태와 생태학이 모두 'ecology'로 표기된다는 점에서, 이중적 의미를 함축한다. 이를 생태 교육의 목적적 가치

---

것은 생태 소양(eco-literacy)과 생태학적 소양(ecological literacy)의 구분 더 나아가 생태계(ecology)와 생태학(ecology)의 구분을 개념석으로나 논리적으로 전제한다.

[53] 이하 생태 소양에 관한 논의는 임진경(2017:24-31), 임진경(2019:13-18)을 참조하여 정리한 것이다.

를 기준으로 드러내면, '생태 소양을 함양하는 교육'과 '생태학적 소양을 함양하는 교육'으로 구분된다. 둘의 차이는 교육의 내용에서도 드러난다. 생태학적 소양을 함양하는 교육은 생태에 관한 과학적인 지식과 시스템적 사고를 기반으로 한다. 생태 소양을 함양하는 교육은 생태에 관한 과학적 지식과 시스템적 사고에 더하여 자연과학 및 사회과학적 응용과 적용 그리고 인문학적 성찰까지를 포괄한다. 따라서 생태 교육의 이중적 함의는 두 가지 목적적 가치를 환경 교육의 그것과 연계하여 비교해 보면, 생태 교육의 두 가지 범주 차이로 확연하게 구별된다. 즉 '생태학적 소양을 함양하는 교육'으로서 생태 교육은 환경 교육에 포함되는 반면, '생태 소양을 함양하는 교육'으로서 생태 교육은 환경 교육을 포괄한다.[54]

유엔환경계획(UNEP) & UNESCO(1988), Roth(1992), Simmons(1994) 등이 환경 소양의 정의, 내용 요소를 다루고 그 틀이나 모형 등을 개발할 즈음 Risser(1986), Cherrett(1989), Orr(1992), Mumson(1994), Kerbs(1999)등은 생태학 분야에서는 환경 문제를 해결하기 위해서는 생태학적 소양이 필요하다고 주장한다.[55] 이들은 생태학적 지식에 기반한 과학

---

[54] 환경 소양을 함양하는 교육이 생태학적 소양을 함양하는 교육을 포함한 것을 '환경생태교육'이라 한다.(이대형 · 윤혜경 · 장미정 · 임수정 · 조미성 · 정세연, 2020:17, 참조) 생태 소양을 함양하는 교육은 논의 관점과 맥락이 환경에서 생태(계)로 전환되고 확장되듯이, 환경 교육으로부터 생태 교육으로 확장된 것으로 보아야 한다. 그런 경우 '생태 교육은 생태 감수성을 자극하여 생태계에 대한 올바른 이해를 도모하며, 인간을 포함한 생태계 구성요소의 개별 특성과 구조 및 상호 연관성에 대한 이해를 통해 바람직한 인간상 및 역할을 체득할 수 있도록 돕는 교육을 의미한다.(이대형 · 윤혜경 · 장미정 · 임수정 · 조미성 · 정세연, 2020:18, 재인용)'

[55] Risser, P. G. (1986). Ecological literacy. *Bulletin of the Ecological Society of America 67*, 264-270. Cherrett, J. M. (1989). Ecological concepts. *Key concepts: the results to a survey of our members opinions.*, 6-7. Orr, W. D.

적 소양을 '생태학적 소양(ecological literacy)'이라 지칭하면서, 생태학적 소양은 환경 문제를 해결하는 데 필수적임에도 미국 국민에게는 부족하다고 진단하고 이를 함양하는 교육의 필요성을 역설한다. 또한 이들은 환경 문제를 해결하기 위해서는 과학적 탐구와 생태학적 사고가 필수적이라 주장하고, 생태 교육에 적용 가능한 생태학적 주요 개념(key concepts)과 기술 즉 실용성이 보장된 생태학적 소양을 20개의 내용 요소로 간결하게 목록화한다. 나아가 이들은 생태학을 교육에 접목하고 생태학적 소양 개념을 정립함으로써 생태학적 소양을 함양하는 교육으로서 생태 교육의 정체성을 확립한다. 생태학적 오개념(ecological misconceptions)을 문제 삼고 생태학에 기반한 과학적 소양 즉 생태학적 소양이 사람들에게 부족하다고 적시하고, 과학적 오개념(scientific misconceptions)을 문제 삼으면서 당시 사람들이 가진 생태학에 관한 그릇된 견해, 즉 생태학을 환경보호주의와 동일시한 것을 비판한다.

생태학적 소양에 관한 논의가 생태학 분야에서 활발히 전개될 때, 생태학으로부터 환경과학과 환경공학을 거쳐 인문학까지를 포괄하는 여러 학제 분야에서 생태 소양과 지속 가능성에 관한 논의가 전개된다.[56] 먼저 Orr(1992)[57]는 한편으로 생태학적 소양 개념을 정립하면서도 다른 한편으로

---

(1992). *Ecological literacy: Education and the transition to a mordern world*, NY: Sunny Press. Mumson, B. H. (1994). Ecological misconceptions. *Journal of Environmental Education 24*, 30–34. Kerbs, R. E. (1999). *Scientific development and misconceptions through the ages: a reference guide*. Greenwood Oublishing Group. 이하 생태학적 소양에 관한 논의는 임진경(2019:13 14) 참조.

56  이하 생태 소양과 지속 가능성에 관한 논의는 임진경(2019:15–18)을 참조하여 정리한 것이다.

57  Orr, W. D. (1992). *Ecological literacy: Education and the transition to a*

생태 소양 개념을 생태학적 소양 개념과 구별해야 한다고 주장한다. 그에 따르면 생태 소양은 생태학이 아니라 '자연에 대한 경이로움'과 '생명에 대한 사랑'을 기반으로 하는 것으로, 교실 안에서가 아니라 교실 밖에서 자연을 경험함으로써 길러진다. Capra(1997, 2002, 2009)[58]는 생태 소양을 생태계 전체 체계의 상호 의존성을 이해하고 적응하는 것으로 규정하고, 지속 가능한 생태공동체를 만들기 위해 생태 소양을 함양해야 한다고 주장한다. 그는 생태 소양의 핵심역량이 머리(인지), 마음(감성), 손(활동), 정신(관계)으로 이루어진다고 주장하고, 각각의 내용을 〈표 6〉과 같이 제시한다.

<표 6> 생태 소양 핵심역량(Capra, 1997, 2002)

| 구분 | 내용 |
| --- | --- |
| 머리(Head)<br>인지적(Coginitive) | • 생태계의 상호 의존성과 시스템적 관점에서 문제 접근<br>• 비판적 사고 : 인간 행동의 윤리적 효과와 영향 평가<br>• 판단과 결정에 따른 장기적인 결과 예측 |
| 마음(Heart)<br>감성적(Emotional) | • 사람과 생명체에 관한 관심, 존중, 공감<br>• 다양한 관점(배경, 동기 및 의도) 수용<br>• 모든 사람을 위한 정의와 평등에 전념 |
| 손(Hand)<br>활동적(Active) | • 지속 가능한 공동체를 만들기 위한 도구 및 절차의 개발과 사용<br>• 실용적이고 효과적인 행동에 의한 신념의 변화<br>• 에너지와 자원 사용에 대한 인지 및 조절 |
| 정신(Spirit)<br>관계적<br>(Connectional) | • 자연에 대한 경외와 경이로움 경험<br>• 지구 생태의 모든 생명체에 대한 존중<br>• 삶의 터전으로서 생태공동체에 대한 깊은 유대감<br>• 자연과의 연대감 체험 및 타인과의 감정 교류 |

---

*mordern world,* NY: Sunny Press.

[58] Capra, F. (1997). *The web fo life: a new scientific understanding of living system.* NY: Anchor Books. Capra, F. (2002). *The hidden connections: a science for sustainable living.* NY: Anchor Books. Capra, F. (2009). The new facts of life: connecting the dots and food, health, and the environment. *Public Library Quarterly, 28(3),* 242-248.

Cutter-Mackenzie & Smith(2003)[59]는 〈표 7〉과 같이 생태 소양을 복합적 지식(complex knowledge), 신념(beliefs), 생태철학(ecophilosophy) 등의 구성요소와 비 생태 소양(ecological illiteracy), 명목적 생태 소양(nominal ecological literacy), 기능적 생태 소양(functional ecological literacy), 고등 생태 소양(highily leveled ecological literacy)의 단계로 구분한다.

<표 7> 생태 소양의 구성요소와 단계(Cutter-Mackenzie & Smith, 2003)

|  | 복합적 지식 | 신념 | 생태 철학 |
|---|---|---|---|
| 비 생태 소양 | • 환경 이슈와 환경 위기에 대한 무개념<br>• 환경 이슈에 관한 많은 오개념 | • 자연은 인류의 발전을 위한 수단<br>• 과학 기술이 환경 문제를 해결함<br>• 모든 경제적 성장은 유익함 | 기술 중심 시각 |
| 명목적 생태 소양 | • 환경에 관한 기본 용어 인지<br>• 환경 시스템에 대한 설명 미숙, 일부 오개념 | • 자연 개발과 경제성장의 지속성<br>• 자연적 지역적 수준에서 효과적인 환경 관리전략 대비<br>• 사회와 교육에서 환경에 대한 인식과 관심의 증대 필요 | 조절 시각 |
| 기능적 생태 소양 | • 환경에 관한 바르고 정확한 용어 사용<br>• 환경 문제에 관한 지역 수준의 인지와 행동<br>• 환경 교육에 관한 관심 | • 인류의 생존과 번영을 위한 자연환경의 내재적 가치<br>• 대규모 경제 성장과 기술 발전에 대한 반성적 성찰<br>• 환경 소양이 있는 시민을 기르기 위한 환경 교육의 필요 | 생태 사회 주의 시각 |
| 고등 생태 소양 | • 환경 파괴와 위기의 유동성에 대한 이해<br>• 지속 가능성 모델과 그에 따른 환경적 전망 이해<br>• 환경 정보를 종합하고 환경 지속성을 위한 행동 실천 | • 지속 가능한 자원 이용에 기반한 인류공동체 형성<br>• 자연의 본질적 가치와 보존의 필요성<br>• 생태적으로 소양 있는 행동하는 시민 | 가이아 생태 중심 시각 |

---

[59] Cutter-Mackenzie, A. & Smith, R. (2003). Ecological literacy: the 'missing paradigm' in environmental education. *Environmental Education Research, 9(4)*, 497-524.

한편 Thomshow(1995), Ston & Barlow(2005) 등은 생태 소양의 구성요소나 틀을 별개로 다루지는 않지만, 지속 가능성(sustainable)을 문제 삼고 이를 위한 교육의 토대로써 생태(학)적 정체성(ecological identity)과 생태(학적) 소양(ecological literacy) 등을 논한다.[60] 또한 Bowers(2001), Woolpert(2004), Jardin, Singer, Vaughan & Berkowitz(2009) 등은 생태 소양을 명백하게 다루지 않지만, 환경 정의(eco-justice), 생태적 사고(ecological thinking), 생태 관련 시민(citizen) 인식 등을 지속 가능성의 맥락에서 다룬다.[61]

### 3) 생태 소양과 생태 시민성

'생태 시민성(eco-citizenship, ecological citizenship)[62]'은 '생태 소양'의 '소양' 개념을 '시민성' 개념으로 대체한 것이다. 이는 특히 최근 과학과 교육, 사회과교육, 도덕과 교육 등의 환경 교육 영역이나 생태 교육 영역에서 새

---

[60] Thomshow, M. (1995). *Ecological identity: becoming a reflective environmentalist.* Massachusetts MIT Press. Ston, M. K., & Barlow, Z. (2005). *Ecological literacy: education our children for sustainable world.* California: Sierra Club Books and University of California Press.

[61] Bowers, C. A. (2001). *Education for eco-justice and community.* Georgia: University of Gerogia press. Woolpert, S. (2004). Seeing with new eyes: "ecological thinking" as a bridge between scientific and religious perspectives on the environment. *International Journal of the Humanities, 2,* 4-30. Jardin, R., Singer, F., Vaughan, J., & Berkowitz, A. (2009). What should every citizen know about ecology. *Frontiers in Ecology and the Environment, 7(9),* 495-500.

[62] 'eco-citizenship'은 생태 시민성이 생태주의(ecologism)가 아닌 생태중심주의(eco-centrism)를 지향한다는 점을 강조하는 반면, 'ecological citizenship'은 지구 전체가 하나의 생태계요 공동체를 이룬다는 점을 반영한다.

롭게 제기된다.[63] 그래서 아직은 생태 시민성의 개념이나 구성요소 등에 관한 명확하게 합의된 이론이 없다. 학자들은 생태 시민성의 개념 정의와 구성요소를 각자 나름의 타당성과 객관성을 갖추어 제시하고 있을 뿐이다.[64]

생태 시민성은 얼핏 보면, 생태 위기를 해결하기 위해 갖추어야 하는 기능으로써 '기본적인 지식이나 역량'의 주체를 "사람"에서 "시민"으로 바꾼 것에 지나지 않는 듯하다. 그러나 생태 시민성은 생태 소양과 달리, 생태 문제를 해결하기 위해 갖추어야 하는 기본적인 지식이나 역량을 생태공동체의 차원에서 생태 시민을 주체로 다루는 점에서 특징적이고 차별적이다. 물론 일찍이 Roth(1968)는 생태 소양에 앞서 환경 소양의 필요성을 논하면서 '소양 있는 시민(literate citizen)'의 자격을 말하고, 닉슨 대통령은 환경교육법(EEA)안 관련 연설(1970)에서 시민의 환경 소양을 발달시키기 위한 국가 교육의 필요성을 주장함으로써 '소양'의 주체가 '시민'임을 분명히 한다. 그런가 하면 시민 교육 관련 분야에서는 "시민(citizen)"에 대한 관심과 논의가 이미 시민의 법적 지위(legal status)인 시민권(civil rights)의 문제에서 시민의 도덕적 덕성(moral virtues)인 시민성(civic attitudes)의 문제로 확장되어 가는데, 이때의 '시민성'은 시민의 도덕적 자질과 역량을 지칭하는 것으로 '소양과 별개가 아니다.[65] 또 앞서 보듯이, 환경 위기에 관한 논의가 생태

---

63 최효식 · 추병완 · 이경무 · 은지용 · 이기훈, 2021:39-40, 참조.
64 최효식 · 추병완 · 이경무 · 은지용 · 윤택남 · 박보람 · 이기훈, 2020:19, 참조.
65 '시민성'은 'citizenship'의 번역어로, 시민이 민주공동체 구성원으로서 갖추어야 하는 자질과 역량 등의 능력이나 특성을 가리킨다. 즉 민주시민이 공통으로 갖추고 있거나 갖추어야 하는 가치관, 행동 양식, 사고방식, 기질 따위의 특성이 '시민성(civic attitudes, civil virtues)'이다. 그런데 'citizenship'은 넓게는 '시민성'을 지칭하기도 하지만, 본래는 시민이 갖는 법적 권리인 '시민권(civil rights)'을 지칭하는 개념이다. Leca(1992)는 'citizenship'의 의미와 특징을 세 가지로 나누어 설명한다(김찬국, 2013:40, 재인용). 첫째는 정치적 집

위기에 관한 논의로 심화하는 과정에서, 문제 상황에 관한 관심은 "환경"으로부터 "생태"를 거쳐 "생태계"에 이르고 중심 가치에 관한 관점은 "인간중심주의"에서 "생태중심주의"로 변화하는데, 이런 변화의 배경에는 지구 전체를 단일한 생태계이자 하나의 공동체로 보는 "생태공동체" 관념이 자리한다.

그러나 생태 시민성은 "생태 시민"을 주체로 하는 점에서 "시민"과 "시민성"에 관한 종래의 논의와 기본 틀을 달리한다. 시민 교육 관련 분야에서 말하는 시민권이나 시민성은 둘 다 국가 구성원의 자격을 가진 "시민(citizen)"을 법적 권리나 도덕적 의무의 주체로 상정하고, 그런 점에서 "민주 사회"의 "국민 국가"와 "국가 시민"의 형성을 기초로 하는 개념이다. 따라서 그간의 시민 교육이 목적으로써 지향한 시민성은 정확하게는 국민 국가의 국가 시민이 민주 사회의 시민으로서 갖추어야 하는 자질과 역량을 가리킨다.[66] 그러나 '시민'과 '시민성' 개념에 대한 논의는, 과학과 정보통

---

합체를 통해 시민의 권리와 의무를 부여받은 법적 지위로서 시민권이고, 둘째는 '좋은' 시민의 성격에 필요하다고 보이는 도덕 자질(qualities)의 총체로서 시민성이며, 셋째는 사회적 역할, 직업적 역할, 경제적 역할과 달리 특정한 사회적 역할의 집합으로서 시민성으로 역량(competence)이라고 지칭한다. Kymlicka & Norman(1995)도 'citizenship'에 대한 일반적 논의들이 서로 다른 두 의미를 내포하고 있다고 주장한다(김찬국, 2013:40, 재인용). 하나는 '법적 지위(legal status)'로서 시민권인데, 이는 특정 정치 공동체에 속하는 완전한 성원으로서 권리에 해당하며, 다른 하나는 바람직한 행동(desirable activity)을 할 수 있는 덕성(virtues)으로서 시민성인데, 공동체에 참여하는 기능과 정도와 질이 같다는 것이다. 이렇듯 'citizenship'은 맥락에 따라 '시민성'의 의미로도 쓰이고 '시민권'의 의미로도 쓰이지만, '시민권'과 '시민성'은 개념적으로 분명하게 구별된다.

66 이영문 · 추병완 · 이경무 · 황인표, 2021:63, 참조. '시민' 개념의 기원은 고대 그리스의 '시민(polites)'까지 소급되기도 하고, '시민권'의 유래는 로마 시민의 자유권(투표권, 공무담임권)에서 찾아지기도 한다. 그러나 '국가(state, nation)'의 '국민(nation, people)'을 '군주의 신하'를 가리키는 '신민(subjects)'

신 기술이 발달함에 따라 지구 세계를 하나의 공동체로 고려하게 되는데, 이는 다시 지구 전체 수준에서 공동으로 대응해야 하는 문제들이 많아짐에 따라 다양한 맥락에서 전개된다.[67] 예컨대 '지구시민'이나 '지구 시민성'처럼, '국가 시민(민주 시민)'과 '국가 시민성(민주시민성)'을 넘어 새로운 시민과 시민성으로 요구되는 것이다. 정보화와 세계화는 인류에게 국가 시민의 역할만이 아니라 지구시민의 역할까지를 요구하고 있는 만큼, 인류는 국가 시민뿐만 아니라 지구시민으로서의 자질과 역량을 함양할 필요가 있게 된 것이다. 물론 지구시민이 국가 시민과 별개로 따로 존재하는 것은 아니고, 따라서 지구 시민성이 국가 시민성과 별개로 있는 것도 아니다. 지구 시민성과 국가 시민성은 시민의 도덕적 자질이나 역량, 바람직한 덕성을 가리키는 점에서 차이가 없다. 지구 시민성의 주체는 지구시민이면서 동시에 국가 시민이다. 하지만 국가 시민과 지구시민, 국가 시민성과 지구 시민성은 '공동체'의 범주가 다르다는 점에서 분명한 차이를 보인다. 국가 시민과 국가 시민성은 국가공동체를 기초로 하지만, 지구시민과 지구 시민성은 인류공동체를 기초로 한다.[68]

---

과 구별하여 '민주 사회'의 '시민(citizen)'으로 지칭한 것은 근대 '시민혁명' 이후의 일이다. 따라서 'citizenship'은 '시민의 권리'로서 건 '시민의 역량'으로서 건 '시민'을 '국가 구성원으로서 권리를 가진 정치 주체'로 하고 있고, 그런 점에서 국민 국가와 국가 시민(민주 사회)의 형성을 기초로 하는 개념이다. 즉 '시민성'은 정확하게는 '국민 국가'의 국민이 '국가 시민(민주 시민)'으로서 갖추어야 하는 자질과 역량 등을 가리킨다.

67 Attifield(1992)는 '지구시민사회'의 특징을 상호 의존성, 지구 환경의 복잡성, 지구 거버넌스 등장 등으로 설명한다.(김찬국, 2013: 37 재인용) 이하의 주68), 주70), 주72), 주74)는 이영문 · 추병완 · 차미란 · 황인표 · 이경무(2020:120-126)에서 다룬 내용이지만 논의의 전개를 위해 참조 형식으로 인용한다.

68 이영문 · 추병완 · 차미란 · 황인표 · 이경무, 2020:120, 참조.

'생태 시민'과 '생태 시민성' 개념은 '시민'과 '시민성' 개념에 대한 새로운 인식과 다양한 논의를 반영하는 점에서, 지구시민이나 지구 시민성과 맥을 같이한다. 그러나 '생태 시민'과 '생태 시민성'에 대한 논의는 지구시민과 지구 시민성에 대한 논의와 발생 배경이 서로 다르다. 지구 자연의 생태 위기에 대한 인식이 심화함에 따라 '생태 시민'과 '생태 시민성' 개념에 대한 논의의 필요성이 지구시민이나 지구 시민성과 별개로 제기된 것이다. Steenbergen(1994)이 '생태 시민'을 '살아 있는 유기체로서 지구의 탄생과 성장의 유기적 과정을 (점차) 깨닫는 시민'이라고 정의한 것은 물론이고, Thomashow(1995)가 '자신이 살아가는 장소에 대한 책임 의식을 갖고, 공통의 문제를 해결하기 위한 집합적 결정의 중요성을 이해하고 공공선을 실현하는 시민'을 '생태적으로 깨어 있는 시민'으로 규정함으로써 시민 개념을 확장한 것은 이를 잘 보여 준다.[69] 물론 생태 시민성의 주체는 지구 시민성과 마찬가지로 국가 시민이면서 동시에 지구시민이라는 점은 말할 것도 없다. 생태 시민성의 주체인 생태 시민이 지구 시민성의 주체인 지구시민과 별개로 따로 있는 것이 아니다. 생태 시민성은 국가 시민으로서 국민 개개인이 갖추어야 할 자질과 역량이라는 점에서 국가 시민성에 해당하고, 동시에 지구시민으로서 인류 개개인이 갖추어야 할 자질과 역량이라는 점에서 지구 시민성에 해당한다. 그러나 생태 시민성은 생태 시민이 주체이고 지구 시민성의 주체는 지구시민이다. 그리고 이때 생태 시민은 공동체의 정체성에 대한 인식을 지구시민과 달리한다. 생태 시민에게 공동체는 생태계까지 확장되지만, 지구 세계의 시민에게는 인류로 한정될 뿐이고, 그래서 생태계는 생태 시민에게 유기체적 공동체이지만, 지구 세계의 시민

---

[69] 김소영 · 남상준, 2012:106, 재인용.

에게는 자연환경일 뿐이다. 바로 여기에서 생태 시민성을 지구 시민성과 구별하여 논의할 필요성이 제기된다.[70]

생태 시민성이 지구 시민에게 요구되는 새로운 유형의 시민성으로 논의되기 시작한 것은 1990년대 중반부터이다. 생태공동체와 지구시민에 대한 인식이 심화함에 따라 전통적 시민성과는 다른 유형의 시민성을 요구하게 되는 것이다. 그런데 당시 연구자들은 새로운 유형의 시민성을 각자의 필요에 따라 여러 맥락과 관점에서 논의하고 개념화한다. Steenbergen(1994), Christoff(1996), Smith(1998), Curtin(1999, 2002), Dobson(2003) 등의 "생태 시민성", (Barry(1999, 2002)의 "생태적 책무감", Dean(2001), Smith(2005) 등의 "녹색 시민성", Luque(2005), Horton(2006) 등의 "환경 시민성", Barry(2006)의 "지속 가능한 시민성" 등이 그것이다.[71] 따라서 '생태 시민성'은 원래는 새로운 유형의 시민성을 지칭하는 개념들 가운데 하나지만, 현재는 녹색 시민성, 환경 시민성 등의 개념까지를 포괄하는 열린 개념으로 쓰인다. 국내에서는 2010년경부터 생태 시민성 개념과 그 교육적 함의에 대한 박순열(2010), 김병연(2011, 2012, 2015), 김소영·남상준(2012), 김희경(2012) 등의 논의들이 이루어지기 시작한다. 그러나 생태 시민성에 관한 논의 가운데, '생태 시민성' 개념을 명확하게 정의한 경우를 찾아보기 어렵다. '생태 시민성'은 논란이 있는 개념으로, 그 의미를 명확하게 정의하기 어렵기 때문일 것이다. 국내에서는 김소영과 남상준(2012)에 이어 김찬국(2013)이 '생태 시민성'의 의미를 밝히고 있지만, '생태 시민성'의 정의라고 보기는 어렵다. 김소영과 남상준(2012)은 "오늘날 새롭게 요구되는 시민성으로서 생태 시민성은 환경 문제를 야기한 사회구조적

---

[70] 이영문·추병완·차미란·황인표·이경무, 2020:123-124, 참조.
[71] 김찬국, 2013:37-38, 재인용.

인 측면에 대한 문제의식을 갖고 이를 생태적으로 건전하게 조정하고 재구성할 수 있는 능력, 거시적이고 총체적인 관점에서 인간과 자연의 관계 및 사회와 자연의 관계를 바라볼 줄 아는 안목, 정의와 사회 정책적 분배에 대한 문제의식 등을 갖춘 시민이다."라고 주장한다. 이 주장은 주술 관계가 부적절하고 문맥도 불명확하다. 특히 '이를 생태적으로 건전하게 재구성할 수 있는 능력'이라고 할 때의 '이를'이 무엇인지 불분명하여 '생태 시민성'의 의미를 명료화할 수 없다. 김찬국(2013)은 "오늘날 새롭게 요구되는 시민성으로서 생태 시민성은 환경 문제를 야기한 사회구조적인 측면과 그에 따른 정의와 사회 정책적 분배에 대해 문제의식을 갖고 총체적인 관점으로 인간과 자연의 관계 및 사회와 자연의 관계를 바라보고 이를 생태적으로 건전하게 재구성할 수 있는 능력을 갖춘 시민성을 의미한다."라고 주장한다. 이 주장 역시 문맥이 복잡하다. '이를'이 '인간과 자연의 관계 및 사회와 자연의 관계를' 지칭하는 것으로 이해한다고 하더라도 여전히 '생태 시민성'의 의미를 이해하기 어렵다. 김병연(2015)은 "생태 시민성은 자신이 속해 있는 가까운 지역뿐만 아니라 먼 세계에서 발생하는 다양한 환경 문제에 관한 관심을 가지고 그 문제의 원인이 나와 무관하지 않고 직접적인 관련이 있음을 인식하고, 그러한 인식에 따라 행동을 할 때 윤리적 책임감과 의무감을 가지고 행동할 수 있는 능력을 지닌 새로운 유형의 시민성이라고 할 수 있다."라고 주장한다. 그러나 이는 정의라기보다는 설명에 가깝고, 지리적 개념을 중심으로 하고 있다. 김희경(2012)은 생태 시민성을 '생태적이면서도 민주적인 시민성으로 전통적 시민성에 기초하되, 관심의 대상을 전 지구인 및 다른 생물로까지 확대했을 뿐만 아니라, 생태적 틀로 세상을 이해함으로써 환경 문제 해결에 기여하는 자질 또는 태도'라고 설명하지만, 단

순성의 원리에 따르면, 이 역시 생태 시민성의 정의라고 보기 어렵다.[72]

생태 시민성의 의미를 규정하기 어려운 것은 아마도 첫째로 '생태 시민성'이 '생태공동체' 개념과 '시민성' 개념을 연계하기 위한 개념이고, 따라서 그 의미가 고정되지 않은 열린 개념이기 때문일 것이다. 그리고 둘째로 '생태공동체'가 생태계를 유기적 공동체로 지칭하는 개념이고, 그래서 인간과 자연의 상호작용뿐만 아니라 인간과 사회 및 인간과 인간의 상호작용까지를 포괄하기 때문일 것이다. 그러나 만약 누군가가 생태 시민성의 교육적 함의나 생태 시민성의 함양을 논하고자 한다면, 어떻게든 먼저 '생태 시민성'의 의미를 드러내지 않으면 안 된다. 그래서 더러는 '생태 시민성' 개념을 정의하는 대신에 생태 시민성의 특징이나 구성요소를 밝히기도 한다. 이를테면 Dobson(2003)은 생태 시민성의 특성을 공간적으로 국가, 시간적으로 세대를 넘어서는 비 영토성, 권리보다는 공공선을 위한 책임과 의무 중시, 정의와 배려의 덕성 강조, 공적 연역과 연결된 사적 영역의 강조 등의 네 가지로 주장한다.[73] 또 Kadir Karatekin(2018)은 생태 시민성의 발달 방안을 논하면서, 그 범위를 책무(responsibility), 지속 가능성(sustainability), 정의(rights and justice), 참여(participation) 등의 네 가지 차원으로 설명한다. 국내의 경우 김소영과 남상준(2012)은 생태 시민성의 토대를 생태주의, 환경 정의, 생태공동체로 상정하고, 이를 각각 생태 의식, 덕성·사고력, 정치의식, 기능·합의 기제, 발원지·지향태, 합의 기제 등의 요소와 연계하여 구조화한다. 그러나 생태 시민성의 특징, 범위나 차원, 토대 등을 밝히는 일은 다분히 조작적이다. 특히 김소영과 남상준이 상정한 세 가지 토대와 구조는 환경 정의와 생태공동체가 모두 생태주의를 기초로 하는 점에

---

72  이영문·추병완·차미란·황인표·이경무, 2020:124-125, 참조.
73  김희경, 2018:25, 재인용.

서 토대 간의 위계가 불균형적이다. 하지만 생태 시민성에 관한 논의의 기틀을 마련하기 위해서는 이러한 시도가 불가피하다. 그리고 그런 경우 김소영과 남상준의 시도는 생태주의를 생태 시민성의 토대로 제시하고, 생태 시민의 덕성·사고력과 연계하고 있다는 점에서 중요한 의미를 지닌다. '생태 시민성'이 '생태공동체 구성원 즉 생태 시민으로서 인류가 국가 시민과 지구시민의 차원 모두에서 갖추어야 하는 자질과 역량 등의 능력이나 특성'이라 할 때, 생태 시민이 필수적으로 갖추어야 하는 가장 근본적이고도 핵심적인 역량이나 능력은 생태주의 신념 체계를 근간으로 해야 한다.[74]

생태 시민성의 개념 정의와 구성요소를 생태 위기와 생태 소양에 관한 논의를 종합하고 이를 생태공동체 및 생태 시민과 연계하여 정리할 필요가 있다. 최효식·추병완·이경무·은지용·이기훈(2021)은 이러한 과정을 거쳐 생태 시민성 개념의 정의와 구성요소를 도출하고, 이에 더하여 환경 소양 및 생태 소양의 측정 도구 개발과 관련한 국내·외의 연구를 종합적으로 고찰하고 구성 요소별 세부 내용 요소를 제시한다. 이를 생태 시민성의 정의, 하위영역, 세부 내용으로 정리하면, 〈표 8〉과 같다.

〈표 8〉 생태 시민성의 정의, 하위영역, 세부 내용

| 정의 | 지구 생태공동체 구성원으로서 생태 시민이 갖추어야 할 자연과 사회와 인간에 대한 자질과 역량 ||||
| --- | --- | --- | --- | --- |
| 하위영역 | 지구 생태공동체와 생태 시민에 대한 지식과 이해 | 생태 시민으로서 기능과 기술 | 지속 가능한 발전에 대한 신념과 태도 | 생태 시민으로서 책임 있는 행동 실천 및 실천 의지 |
| 세부 내용 | • 생태 지식<br>• 사회 정치적 지식<br>• 환경 쟁점 지식 | • 인지적 기술<br>• 환경 전략 지식 | • 정서<br>• 환경 감수성<br>• 환경 태도 | • 환경 책임감<br>• 책임 있는 환경 행동 |

---

[74] 이영문·추병완·차미란·황인표·이경무, 2020:125-126, 참조.

## 참고문헌

곽호철, 2019, "지구온난화 1.5℃」특별보고서에 나타난 기후위기와 기독교윤리적 대응", 『대학과 선교』, 42, 한국대학선교학회, 171-203.
김병연, 2012, 「생태시민성과 지리과 환경교육 : '관계적 지리' 담론과 적용」, 한국교원대학교 박사학위논문.
김병연, 2015, 『생태시민성과 페다고지: 에코토피아로 가는 길』, 박영 스토리.
김소영·남상준, 2012, 「생태시민성 개념의 탐색적 논의: 덕성과 기능 및 합의기제를 중심으로」, 『환경교육』 25(1), 한국환경교육학회, 105-116.
김찬국, 2013, 「생태시민성 논의와 기후변화교육」, 『환경철학』 16, 한국환경철학회, 35-60.
김희경, 2018, 「우리나라 생태시민성의 특성 탐색을 위한 경험적 연구」, 『환경교육』 31(1), 한국환경교육학회, 23-34.
민정희, 2019, "기후 위기를 해결하려면", 『한국여성신학』, 90, 한국여신학자협의회, 189-197.
박순열, 2010a, "생태시티즌십(ecological citizenship) 논의의 쟁점과 한국적 함의", 『환경사회학연구 ECO』, 14(1), 한국환경사회학회, 167-194.
박순열, 2010b, "한국 생태시티즌십(ecological citizenship) 인식유형에 관한 경험적 연구", 『환경사회학연구 ECO』, 14(2), 한국환경사회학회, 7-52.
박순열, 2019, "생태시티즌십 : 생명과 자유를 구현하는 새로운 시민의 모색", 『환경사회학연구 ECO』, 23(2), 한국환경사회학회, 67-98.
심광택, 2017, 「생태적 다중시민성과 교과 계통에 근거한 초등사회과 교실수업 설계」, 『사회과교육』 56(3), 한국사회과교육연구학회, 1-17.
오재호·우수민·허모량, 2012, "기후위기", 『Crisisonomy』, 8(2), 위기관리 이론과 실천, 201-214.
이대형·윤혜경·장미정·임수정·조미성·정세연, 2020, 『모두를 위한 환경교육의 이론과 실천』, 춘천교육대학교 출판부.
이영문·추병완·차미란·황인표·이경무, 2020, 『예비교사를 위한 인성·도덕교육』, 춘천교육대학교 출판부.
이영문·추병완·이경무·황인표, 2021, 『통일교육과 민주시민교육』, 춘천교육대학교 출판부.
임진경, 2017, "유아 생태소양척도 개발 및 타당화 연구", 가천대학교 대학원 박사학위논문, 2017.02.
임지경, 2019, "생태소양의 개념화 연구", 『영유아교육지원연구』, 한국영유아교육지원학회, 4(1), 1-30.
조미성·윤순진, 2016, "에너지전환운동 과정에서의 생태시민성 학습", 『공간과 사회』, 한국공간환경학회, 26(4), 190-228.

진옥화, 2004, "환경소양 개념의 변천과 환경소양 측정 연구", 한국교원대학교 대학원 석사학위논문, 2004.02.

추정완 · 김병환 · 이청호 · 양해성 · 추병완, 2020, 『지속가능발전교육을 위한 이론적 기초』, 춘천교육대학교 출판부.

최효식 · 추병완 · 이경무 · 은지용 · 윤택남 · 박보람 · 이기훈, 2020, 『Big Five 시민성 측정 도구』, 한국문화사.

최효식 · 추병완 · 이경무 · 은지용 · 이기훈, 2021, 『청소년용 시민성 척도 개발 및 타당화』, 도서출판 하.

Bowers, C. A. (2001). *Education for eco-justice and community.* Georgia: University of Gerogia press. Woolpert, S. (2004). Seeing with new eyes: "ecological thinking" as a bridge between scientific and religious perspectives on the environment. *International Journal of the Humanities, 2,* 4-30.

Capra, F. (1997). *The web fo life: a new scientific understanding of living system.* NY: Anchor Books.

Capra, F. (2002). *The hidden connections: a science for sustainable living.* NY: Anchor Books.

Capra, F. (2009). The new facts of life: connecting the dots and food, health, and the environment. *Public Library Quarterly, 28(3),* 242-248.

Cherrett, J. M. (1989). Ecological concepts. *Key concepts: the results to a survey of our members opinions.,* 6-7.

Cutter-Mackenzie, A. & Smith, R. (2003). Ecological literacy: the 'missing paradigm' in environmental education. *Environmental Education Research, 9(4),* 497-524.

Hungerford, H. R., Peyton, R. B., & Wilke, R. J. (1980). Goals for Curriculum development in environmental education. *Journal of Environmental Education, 11(3).*

Jardin, R., Singer, F., Vaughan, J., & Berkowitz, A. (2009). What should every citizen know about ecology. *Frontiers in Ecology and the Environment, 7(9),* 495-500.

Kadir Karatekin, 2018, "Ecological Citizenship Scale Development Study", International Electronic Journal of Environmental Education Vol.8, Issue2, 82-104.

Kerbs, R. E. (1999). *Scientific development and misconceptions through the ages: a reference guide.* Greenwood Oublishing Group.

Lucas, A. M. (1972). Environment and environmental education: conceptual issues and curriculum implications. Ph.D. thesis, Ohio State University.

Mumson, B. H. (1994). Ecological misconceptions. *Journal of Environmental*

*Education 24,* 30-34.
NAEE. (2000, 2004). *Excellence in environmental education: guidelines for learning(K-12). Washington. D.C.*
NAEE. (2011). *Developing a framework for assessing environmental literacy.* Washington. D.C.
Orr, W. D. (1992). *Ecological literacy: Education and the transition to a mordern world,* NY: Sunny Press.
Risser, P. G. (1986). Ecological literacy. *Bulletin of the Ecological Society of America 67,* 264-270.
Simmons, D. (1994). *The NAAEE Standards Project: Papers on the Development Of Environmental Education Standards.* Ohio: North American Association for Environmental Education.
Ston, M. K., & Barlow, Z. (2005). *Ecological literacy: education our children for sustainable world.* California: Sierra Club Books and University of California Press.
Thomshow, M. (1995). *Ecological identity: becoming a reflective environmentalist.* Massachusetts MIT Press.
UNESCO Education sector. (2004). *The plurality of literacy and its implications for politics and programs: position paper.* UNESCO, Paris, France.
UNESCO-UNEP. (1989). Environmental literacy for all. connect: UNESCO-UNEP. *Environmental Education Newsletter XIV(2),* 1-8.

## 2장
## 온난화 · 기후변화, 생태 위기 극복을 위한 동양철학의 지혜

김병환(서울대학교 교수)

### 1  온난화 · 기후변화, 생태 위기

온난화로 인한 기후변화는 인류의 삶에 지대한 영향을 미치고 있다(Black, 2013: xiii-xx).[1] 유엔기후변화협약(United Nations Framework Convention on Climate Change, UNFCCC)에 의하면, '기후변화(climate change)'는 '직접적 또는 간접적으로 전체 대기의 성분을 바꾸는 인간 활동에 의한, 그리고 비교할 수 있는 시간 동안 관찰된 자연적 기후 변동'을 의미한다. 여기서 말하는 '기후변화'는 '기후변동성'과 다른 개념이다. 일반적으로 평균 한 세대 동안(30년) 평균값에서 조금씩 변화가 있더라도 일반적인 수치 범위에서 벗

---

[1] 또한 *United Nations Framework Convention on Climate Change*, 1992, pdf ed., p.1. 참조

어나지 않는 자연적인 기후 변동은 '기후변동성'이라고 한다. 이 자연적 기후변동성의 범위를 벗어나 평균 상태로 돌아오지 않는 기후 체계의 변화를 기후변화라 규정한다.

　기후변화의 원인은 다양하지만, 크게 자연적인 요인과 인위적인 요인으로 구분할 수 있다. 전자의 경우, 화산 분화에 의한 성층권의 에어로졸 증가, 태양 활동의 변화, 태양과 지구의 천문학적인 상대 위치 변화 등이 원인이다. 물론 이외에도 지구 내부의 대기, 해양, 육지, 설빙, 생물권 등 여러 생태계 요소들이 각기 상호작용하여 자연적으로 기후에 변동이 있을 수 있다. 후자는 인간의 활동이 원인이 되어 기후가 인위적으로 변화되는 경우다. 흔히 이를 '지구온난화(Global Warming)'라고 부른다. 오늘날 기후변화위원회(IPCC: Intergovernmental Panel on Climate Change)가 심각하게 논의하고 있는 '기후변화'란 바로 이 지구온난화로 인한 기후변화를 가리킨다. 즉, 기후변화와 [지구]온난화는 생태 문제를 논할 때 거의 동의어로 사용되고 있다.

　주지하듯 인류를 포함하여 많은 생물체가 지구에서 번창할 수 있는 이유는 대기 중 온실가스가 온실의 유리와 같은 작용을 해서 지구 표면의 온도를 평균 15℃로 일정하게 유지해주기 때문이다. 그런데 온실가스 농도가 급격히 짙어지자 지구의 평균 기온이 급격하게 높아지고 있다. 이것이 현재 인류가 직면하고 있는 '강화된 온실효과'로 인한 지구온난화이고 이는 급격한 기후변화를 야기한다. 산업화 이후 인류는 지난 3만 년 동안 땅속에 매립되어 있던 화석연료를 대량 사용하기 시작했고, 이로 인한 온실가스 증가는 기후 체계를 급격하게 변화시키고 있다. 지난 1만 년간 지구의 기온 상승은 1℃에 불과했는데[2] 최근 100년간 평균온도가 약 0.6℃도나

---

2　인류 문명은 지구 온도의 안정적 추이에 전적으로 의지하고 있다. 약 만 년

상승했다. 현 추세대로라면 2100년까지 3℃도 상승이 예상되며, 이는 극심한 기후변화를 초래할 것이다. 대기 중에 증가된 이산화탄소 같은 온실가스 때문에 생긴 온도 상승이 대기 흐름에 변화를 가져왔으며, 이 변화들은 차례로 다양한 형태의 기후변화를 일으키고 있다. 지난 1만 1000년 동안 중단 없이 계속된 강력한 자연 기후 변동 현상인 엘니뇨와 라니냐도 앞으로 사라질 수 있다는 관찰도 있다. 엘니뇨와 라니냐는 각각 적도 부근 동태평양의 해수 온도가 평균보다 높은 상태와 낮은 상태를 의미하는데, 그동안 만년 넘게 순환하면서 자연적 기후 변동을 주도했다. 이 자연적 기후 변동이 사라지면 어떤 기후 이변이 발생할지 예측 불가능한 상황이다.

온난화를 일으키는 온실가스에는 이산화탄소, 일산화이질소, 메탄, 염화플루오르화탄소, 일산화탄소 등이 있다. 이 기체는 지구 안으로 들어오는 햇빛과 같이 짧은 파장은 통과시키지만, 지구 밖으로 나가는 긴 파장의 적외선은 흡수하거나 막는다. 따라서 지구의 기온을 올리는 온실효과를 일으킨다. 산업 활동이 늘어나면서 대기 중으로 배출되는 온실가스의 양이 증가하고 있다. 특히 이산화탄소는 배출량이 급격히 늘어나는 반면, 산림 훼손으로 '이산화탄소의 고정량'은 줄어들어 대기 중의 농도가 급격히 높아지고 있다. 온실가스 총 배출량에서 이들이 차지하는 비율은 아래 도표에

---

전부터 지구의 기온 변화가 1도 이내로 안정적으로 유지되었기에 인간은 농경과 목축 등을 통해 생존을 도모하고 문명을 일으킬 수 있었다. 국제지질과학회연맹(IUGS)에 의하면, 이 시기는 '홀로세(Holocene)'에 속한다. 홀로세는 신생대 제4기의 2번째 시기로서 마지막 빙하기가 끝나는 약 1만 년 전부터 현재까지, 그리고 가까운 미래도 포함한 지질 시대를 말한다. 인류에게 홀로세는 은총의 시기이다. 우리 종은 이 시기에 번창하였으나 인간의 대량이주와 인구 팽창, 지나친 자원 착취로 인해 지금은 '홀로세 절멸(Holocene extinction)'이 일어나는 중이다. 홀로세 절멸은 현재 진행 중인 전지구적인 종의 절멸을 의미한다. 생물 종의 멸종 현상은 일반적으로 기후변화에 의한 것으로 판단한다. 이외, 이 시기 동안의 급격한 인구 증가도 한 원인이 된다.

서 알 수 있다.

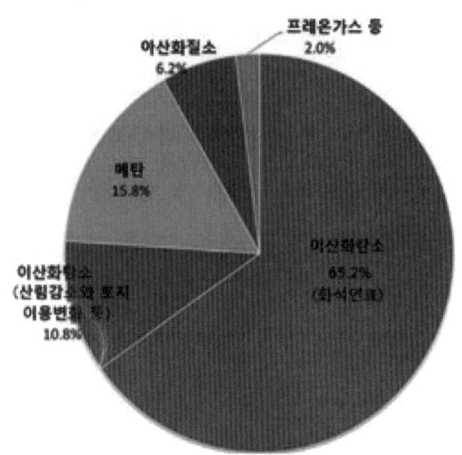

<그림> 온실가스 총 배출량에서 차지하는 가스 종류별 비율
자료 : IPCC (Intergovernmental Panel on Climate Change) 제5차 평가 보고서

 온난화로 인한 기온 상승과 해수면 상승, 오존층 파괴, 대기 환경 관련 문제들은 이미 우리가 일상생활에서 마주하고 있는 시급한 현안들이다. 실제로 1940년대 이후로 지구의 환경은 전반적으로 추워지고 있지만, 어떤 지역은 더 따뜻해지고 있다. 유사하게 더 습해지는 지역이 있지만, 더 건조해지는 지역도 있다. 지구의 기온이 올라가면 극지방의 빙산은 녹아내리고, 해수면이 높아져 해변 주거지는 전부 파괴된다. 전지구적으로 비가 오는 날은 적어지지만, 일 년 강수량이 하루, 이틀만에 쏟아지는 폭우는 점점 늘어나 막대한 피해가 발생한다. 사계절의 추이도 변하게 되어 이미 겨울이 짧아지고 더 따뜻해지고 있다. 온난화는 기후뿐 아니라 지구생태계 전체를 변화시킨다. 기후가 변화하게 되면 생태계가 파괴되고, 생태계 먹이사슬 위에 있는 인류의 삶에도 심대한 위해가 미치게 된다.

인간의 지나친 자연 파괴로 인한 온난화·기후변화의 영향은 아래 도표처럼 정리된다.

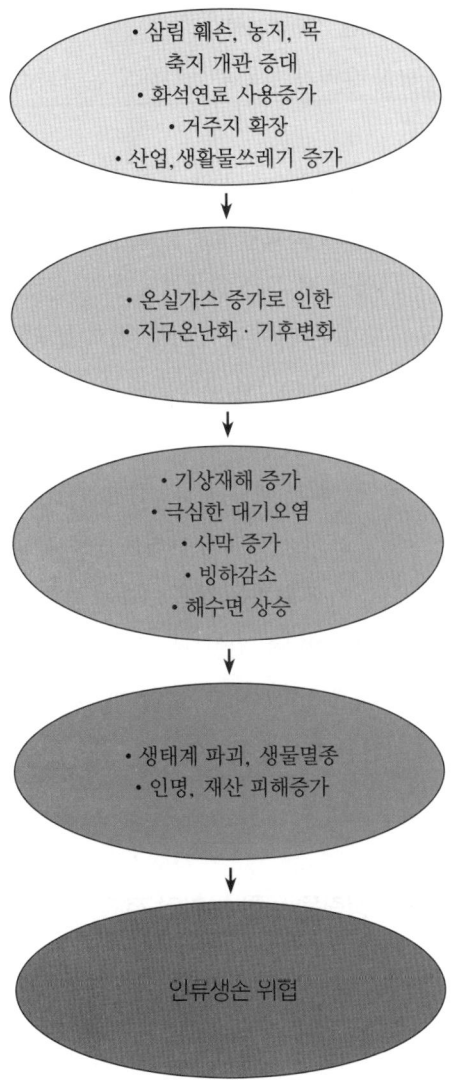

그런데 이산화탄소와 메탄 등의 온실가스를 줄여 공기 중의 온실가스 양을 줄인다면 대기 환경이 바로 괜찮아질까? 지금 당장 이산화탄소 배출량을 줄인다고 해도 대기 중의 이산화탄소 수치가 예전처럼 정상화되는 데에는 약 100년에서 300년 정도의 시간이 걸린다. 이것이 '기후변화의 관성'인데, 이 때문에 당장 우리가 행동을 개시해도 온난화는 몇 세기 동안 지속될 수 밖에 없다.

더구나 기후변화로 온실가스 발생에 책임이 거의 없는 가난한 국가들이 도리어 극심한 기후재난에 빈번하게 노출되고 있다. 기후재난의 피해가 특정 국가나 특정 지역에서 더 크게 발생한다면 이는 단순히 자연현상이 아니라 국제정치의 문제가 된다. 이것이 바로 '기후 불평등(climate inequality)'이다. 지구온난화에 책임이 미약한 국가들이 기후변화로 인한 부정적 영향을 가장 많이 받는 현실은 정의롭지 못하다. 이처럼 온난화·기후변화는 경제, 통상, 인권, 국제사회의 역학관계와 광범위하게 관련이 있는 이슈이다. 그러나 선진국이 주도하는 현재의 논의는 주로 환경과 경제 문제 중심으로 전개되고 있으며, 기후 불평등 같은 이슈는 관심밖에 있다. 분명 기후변화의 후유증은 인류의 미래를 위협하는 중대 사안이다. 이는 우리가 자연과 인간의 관계에 대해 철학적으로 성찰하게 하는 심각한 도전이며, 우리의 생존과 직접 관련된 현실적 문제이다.

## ❷ 동양적 생태관 정립을 위한 논의의 전제

산업혁명 이후 인간에 의한 자연 개발이 수만 년이나 유지되어 오던 지구 생태체계의 기본 질서를 근간에서부터 흔드는 심각한 상황에 이른 원인에는 자연계에서 타 생물체보다 인간이 절대적 지위를 점했다고 인정하는 인간중심주의가 있다. 또 자연 생태계를 물리적 세계로 보는 근대 서구의 기계론적 자연관, 자연과 인간을 구분하는 이원론적 형이상학과 개개인을 공동체보다 더 앞에 놓는 개체주의 실체관 등이 있다.

먼저 자연계에서 인간의 절대적 우위를 인정하는 인간중심주의부터 살펴보자. 여기에는 서구 문명의 한 축을 이루는 기독교의 인간 중심적 구원관이 큰 역할을 한다. 특히 창세기 1장 26, 28절에서 언급된 인간에 의한 자연 지배 명령은 자연 파괴의 주원인으로 지목된다.

---

26. 하나님이 이르시되 우리의 형상을 따라 우리의 모양대로 우리가 사람을 만들고 그들로 바다의 물고기와 하늘의 새와 가축과 온 땅과 땅에 기는 모든 것을 다스리게 하자 하시고

28. 하나님이 그들에게 복을 주시며 하나님이 그들에게 이르시되 생육하고 번성하여 땅에 충만하라, 땅을 정복하라, 바다의 물고기와 하늘의 새와 땅에 움직이는 모든 생물을 다스리라 하시니라.

---

창세기에 따르면 자연 만물은 초월자인 신이 창조한 피조물이다. 그 중 인간만이 신의 이미지를 본떠 창조되었기 때문에 자연의 다른 존재들과 근본적으로 다르다. 인간은 자연 만물에 대한 지배권을 신으로부터 부여받았다. 그래서 자연은 내재적 가치가 아닌 인간존재를 위한 도구적 가치만을 갖는다.[3] 비록 현대 조직신학자들이 이런 지적을 부인하고 창세기를 생태

---

[3] 주로 불교 쪽 연구들이 기독교의 인간중심주의를 비판한다. 예를 들어 김종욱(2004), 『불교생태철학』, 서울: 동국대학교출판부, p.67; 서재영(2007), 『선의 생태철학』, 서울: 동국대학교출판부, p.226.

신학으로 재해석하려 한다. 하지만 본격적으로 생태 위기가 논의되기 전에는 인간의 자연 지배에 대한 정당성을 부여하기 위해 창세기 1장 26, 28절을 인용한 전례를 보면 아무래도 일관성이 떨어진다. 한때는 신의 권능을 대신하는 청지기 역할을 인간의 소임으로 여겼기 때문이다. 인간중심주의는 자연스럽게 인간이 세계의 인식 주체라는 사실로부터 인간이 이 세계뿐만 아니라 형이상학적 중심이라는 신념을 갖게 하여, 만물의 지배자로 자신을 과대평가하게 만든다. 이런 잘못된 신념체계가 바로 오늘날 온난화·기후변화 같은 생태 위기를 일으킨 주범이다. 이 인간 중심적 형이상학의 특성은 개체주의적이어서, 이는 인간과 자연을 확연하게 구분하고 둘이 대립하는 것으로 파악한다. 이를 극복하기 위해서는 인간과 자연이 대립하거나 서로 독립적으로 존재하는 것이 아니고 인간과 자연이 긴밀하게 연결된 상태라는 관계성에 주목한 세계관이 필요하다(Capra, 1994: 201). 인간이 생태계의 순환 과정에 관련되어 있으며 우주의 모든 존재가 상호의존적으로 존재한다는 세계관 즉, 우주를 통합된 전체로 보는 전일적 세계관이 요청된다. 개체주의적이고 인간 중심적인 사고 패턴을 넘어설 수 있는 새로운 생태친화주의를 확립해 생태 위기를 극복할 해결책을 제시해야 한다. 이런 맥락에서 자연과 인간의 조화를 추구하고, 자연과 인간을 전일적 관계의 틀 속에서 조망하고 있는(Tu, 1998: 105-118, 특히 106-112) 동양사상이 새로운 생태관으로서 그 가능성을 주목받고 있다. 예를 들어 그리스 시대의 예술품을 봐도 서구 문화 속에서 인간은 자연과는 다른 특이한 존재로 인식되었다. 반면에 동양사상에서는 인간이 가진 수기(秀氣)의 특수성을 인정하더라도, 자연이란 인간을 만들어 낸 모태이고 인간은 자연의 일부였다. 동양의 예술 작품을 일별해 보기만 해도 쉽게 동양인의 자연 친화적 경향과 삶의 정조를 알 수 있다. 동양 산수화에 흔히 보이듯이 산과 물에 동화된 듯한 인간이 동양의 예술에 묘사된 자연과 인간의 관계를 적절하게 보여준다.

그런데 우리가 생태 문제에 대한 대안으로 동양사상을 탐색하고 거기서 지혜를 얻으려고 할 때 염두에 둘 것이 있다.[4] 작금의 온난화·기후변화 문제를 논함에 있어, 특정 시대에 나타나는 특정 사상의 경향 및 몇몇 관련 구절로부터 얼핏 보기에 생태 위기의 원인이라 여겨지는 단서들을 찾고, 이 단서들을 역사적인 맥락에서 깊이 있게 조감하는 노력 없이, 모든 위기의 책임을 이 단서들에 섣불리 돌려버리는 형식적이고 관념적인 접근은 논의를 요한다. 위에서 논한 인간중심주의를 온난화·기후변화의 원인으로 비판할 때도 세심한 주의가 필요하다. 예를 들어 인간 중심적 자연관의 원조는 고대 그리스의 인간관이고 이는 그리스의 미술품 및 문학작품의 지배적 주제가 인간이었다는 점에서 쉽게 알 수 있다고 말한다거나, 또 다른 서양 문명의 한 축인 기독교의 성서 창세기 1장 26, 28절을 인간에 의한 자연 파괴의 주범이라고 단순하게 주장하는 것은 당시의 역사적 상황을 무시한 몰역사적인 관념적 해석이 될 수 있다.

고대 사회에서는 인간이 자연을 지배하는 관계가 성립될 수 없었다. 당시는 인간이 자연 지배를 생각할 상황이 아니었다. 자연의 위력에 압도되어 오히려 인간이 자연을 숭배하던 시기였다. 자연을 초자연적 존재의 화신으로 여겨 숭배하는 것은 많은 고대 문명에서 쉽게 찾아볼 수 있는 일반적 현상이다. 생존을 위해 어마어마한 위력을 발휘하는 자연과 투쟁하지 않을 수 없었던 고대에 인간을 중심 테마로 삼은 예술 작품이 성행했다는 것은 자연에 대한 인간 주체성의 확립을 나타낸다. 나약한 인간이 스스

---

[4] 이하의 본 장 내용은 김병환(2017), 『생명공학과 유가윤리사상』, 서울: 새문사, pp. 262-264를 수정 보완함.

로 자연을 개척한 것은 고무적인 일이다. 마찬가지로 자연의 위력에 압도된 인간에게 너희 자신이 바로 자연의 주인이며 자연을 관리하라는 명령은 나름의 의미가 있다. 인간이 자연을 넘어설 수 있다는 이 복음은 기독교라는 종교의 범위를 넘어서 인류 문명사에까지 전파되었다. 그러므로 자연을 개발할 기술력을 갖춘 그래서 자연이 두렵지 않은 근대시대 이후의 자연과 인간의 관계가 자연을 숭배할 수밖에 없었던 시대의 자연과 인간의 관계를 판단하기 위한 척도로 그대로 사용될 수는 없다. 고대 사회에서 인간 중심적 사고와 자연에 대한 통제를 천명하는 것은 원래 자연의 위력이 엄청나나 인간이 그것을 벗어났다는 의미가 담겨 있다. 자연에서 인간이 해방된 것이다. 이런 맥락과 차이를 무시한 채 고대 그리스 이래의 인간 중심적 철학이나 성서적 세계관이 자연 파괴의 주범이라고 단정하고서 거기에 안주하는 일은 역사적 상황을 무시한 단순한 발상이 될 수 있다. 정교하게 다듬어지지 않으면 이런 비판은 몰역사적이며 피상적 수준에 머물 수밖에 없다.

비슷한 맥락에서 근대의 인간중심주의를 비판할 때도 근대 인본주의자들의 역사적 공헌을 전적으로 무시하는 설명 방식 또한 논의가 필요하다. 이는 현재적 가치에 모든 과거사상을 환원시켜버리는 환원주의적 접근이다. 인간이 만물의 중심일 뿐만 아니라 역사의 주체라고 주장하는 근대 인간중심주의는 본래 당대의 비인간적이고 압제적인 사회경제 제도를 타파하고 계몽과 혁명을 통하여 억압의 쇠사슬을 끊고 진정한 인간 해방을 성취하고 싶다는 희망의 표현이었다. 현대의 많은 사람들은 이런 긍정적인 점을 완전히 잊고 있다. 실제로 19, 20세기 그리고 지금까지도 제3세계 일부 지역에서 인본주의는 인간의 기본권을 주장하는 해방의 이데올로기로 사용되고 있다. 예를 들어 탈레반이 지배하는 아프가니스탄의 신정체제(新

政體制) 하에서 인간중심주의는 신중심주의에 대한 계몽의 성격을 갖는다. 더구나 이런 사회를 살아가는 여성에게 인간중심주의는 여성의 주체적 인간상 확립이라는 해방의 이데올로기가 된다. 이런 면을 도외시하고 당대의 생태 문제에만 집중해 인간중심주의의 부정적인 면만을 탈맥락적으로 강조하는 주장은 부분적이고 피상적인 접근이다.

마지막으로 생태 위기를 초래한 주범이 기술이며, 기술의 배후에 이를 가능케 한 과학지식이 있었고, 이 과학지식은 철학적으로 근대 도구적 이성주의에 기인하며, 다시 이는 인간을 자연의 관리자 혹은 지배자로 여기는 인간중심적 자연관 및 인간을 형이상학적 중심으로 파악하는 형이상학으로부터 영향받았다는 주장은 논리적으로 타당하다. 하지만 자연 파괴의 직접적 원인은 가치 중립적 기술이나 형이상학에 있다기보다, 최대의 효용과 이윤을 추구하는 자본주의 경제 체제에 있다. 대량소비 자체를 재생산을 위한 미덕으로 여기고 무제한의 생산과 발전을 추구하는 자본주의 경제 체제를 한정된 자원만으로써 감당한다는 것은 애당초 어려운 일이다. 모든 가치를 상품 가치로 환원시키는 자본원리는 소비와 향락을 권장한다. 물론 자본주의 경제 체제가 도구적 이성이나 인간을 절대시하는 인간 중심적 사유 체계와 관계가 없는 것은 아니다. 하지만 현실에 작동하는 구체적 제도로서 자연 파괴의 주범은 아무래도 대량생산과 대량소비를 부추겨 자원를 고갈시키는 후기 자본주의 소비사회 체제이다.

온난화·기후화의 위기를 극복하기 위해서는 종래의 세계관이 내포하고 있는 치명적 결점을 지적하고, 이에 대한 인문학적인 비판과 대안이 제시되어야 한다. 동시에 끝없는 개발이라는 구호 아래 한정된 자원을 착취하여 생태 위기를 촉발한 현 자본주의 경제체제를 보완하거나 이를 대신할 새로운 사회경제체계에 관한 사회과학적 대안도 모색해야 한다. 새로운 사회경제체계에 대한 탐색을 위해, 현존하는 모든 문명 및 사회제도 체계에 대한 인문학적 비판과 대안이 절실하다. 아울러 현실적으로 자연 친화적 사회를 어떻게 실현할 것인가 하는 경제·사회제도도 함께 연구하고 제시되어야 한다.

필자는 대안적 경제사회 제도에 관한 연구 없이 인간 중심적 세계관의 타파만으로 온난화·기후변화로 발생한 생태 위기를 극복할 수 있다고 믿지 않는다. 이는 지나치게 순진한 발상이다. 대량생산 자체를 줄이는 새로운 경제체제의 선택은 새로운 문화관에 기초한 정치적 동의와 결단 없이는 불가능하다. 이런 결정은 어느 국가, 사회에서든 혁명에 준하는 정치적 변혁이다. 요컨대 단순한 인문학적 연구작업을 통해서 온난화를 멈추는 생태친화적 사회가 실현될 수 있다는 믿음에서 벗어나야 한다. 동시에 온난화·기후변화는 현실적으로 정치·경제·사회제도와 분리될 수 없는 문제이기에 인문학적 연구로는 아무것도 할 수 없다는 패배감도 극복해야 한다. 세계관과 철학적 관점의 변화가 사회체제를 변화시켜 새로운 생태관과 경제체제를 만드는 초석이 되기 때문이다. 기존 세계관에 대한 철학적 비판을 통한 대안적 세계관의 모색과 제안은 미래 인류를 위한 중요한 작업이다.

### ❸ 온난화·기후변화 문제에 대한 동양의 지혜

위의 논의를 전제로 하여 온난화로 인한 기후재난, 생태파괴 문제를 종식시키기 위해서 동양사상은 어떤 지혜를 줄 수 있을지 살펴보자. 아래에서 동양사상에서 얻을 수 있는 지혜 중 대표적인 몇 가지를 논하고자 한다.

### 1) 무한 우주관에서 유한 우주관으로

서양의 자연관에는 자연 자원이 무궁무진하다고 보는 무한 우주관이 내재해 있다. 인류는 산업사회 이후 욕망 충족을 위한 재화의 대량소비에 익숙하다. 서양은 자연 자원이 무한하다고 여겼고, 인류의 진보와 성장도 계속될 것이라 믿었다. 이런 이념이 생태계를 파괴하며 급속히 물질문명을 구축해온 '지배적 서구의 세계관(dominant Western worldview)'이다(Merchan, 1992/허남 역, 2001: 129). 이런 무한 우주관은 개발 기술이 발달하지 못했던 근대 이전에는 문제를 노출하지 않았다. 하지만 산업혁명 이후 대량생산 기술이 발달하고, 본격적으로 개발 시대에 접어들어 자원 채굴의 속도가 급증하자 자원고갈과 환경파괴라는 심각한 생태 문제를 일으켰다. 무한 우주관에는 광활한 우주를 개발해 이를 인간의 터전으로 삼을 수 있다는 전제가 있다. 하지만 아직 우주 개발은 초보적인 수준에 머물러 있고 인류는 여전히 우주를 탐사하는 과정에 있다. 현재와 같은 소비 증가와 채굴 속도가 지속된다면 지구의 산림자원이나 수산자원은 물론 철광석이나 희토류 등과 같은 지하자원도 곧 고갈될 게 분명하다. 현재 근근이 버티는 자원들도 곧 바닥을 드러낼 것이기에 지구 자원의 한계성을 인정하는 유한 우주관의 정립이 절실하다. 서구 문화권의 무한 우주관에 기초한 무한 개발 논리를 추종하여, 지구의 모든 자원이 고갈되면 대체 에너지 개발이나 우주 탐사를 통해 더 큰 자원을 충분히 확보할 수 있다는 개발만능주의가 지금도 일부에서 유행한다. 지구라는 천체의 자원이 다 고갈되면 다른 별로 이주할 수 있다는 막연한 낙관론도 이 무한 우주관에 기초하고 있다. 하지만 예를 들어 SF 영화에 자주 등장하는 인간의 화성 이주는 언제쯤 가능할까? 칼 세이건(Carl Sagan)은 우주 탐사에서 깨달은 지구의 소중함과 한계를 강조한다.

우리 행성은 우주의 어둠에 크게 둘러싸인 외로운 티끌 하나에 불과하다. 이 광막한 우주 공간 속에서 우리의 미천함으로부터 우리를 구출하는 데 외부에서 도움의 손길이 뻗어올 징조는 하나도 없다. 지구는 현재까지 생물을 품은 유일한 천체로 알려져 있다. 우리 인류가 이주할 곳—적어도 가까운 장래에—이라고는 없다. 방문은 가능하지만 아직 불가능하다. 좋건 나쁘건 현재로선 지구만이 우리 삶의 터전이다(Sagan, 1994/현정준 역, 2001: 27).

우주 속에서 보일 듯 말 듯 한 작은 점에 지나지 않는 지구를 칼 세이건은 '창백한 푸른 점(Pale Blue Dot)'[5]이라고 부른다. 이런 표현은 우주 속에서 지구라는 작은 행성이 점한 위치를 적절히 보여준다. 작은 점에 불과한 지구 자원의 한계는 명백하다. 위 인용문의 바로 앞부분에서 그는 '우리의 거만함, 스스로의 중요성에 대한 과신, 우리가 우주에서 어떤 우월한 위치에 있다는 망상은 이 엷은 빛나는 점의 모습에서 도전받는다.'라고 고백한다. 칼 세이건은 '우리가 살고 있는 이 지구는 우주의 아주 작은 한 점에 불과하다.'라는 사실을 깨닫고 천문학을 배우는 이들이 겸손해진다고 강조한다.[6] 광활한 우주를 연구하는 전문가가 하나뿐인 지구의 가치를 우리보다 더 잘 알고 있다.

우주는 무한한가, 유한한가? 혹은 우리 행성의 자원은 무한한가, 유한한가? 전자에 대한 답은 유보하더라도 후자에 대한 답은 분명하다. 자원 낭비와 고갈을 촉진하는 무한 우주관보다 하나뿐인 지구라는 유한 우주관 속

---

5  보이저 2호가 태양계 외곽인 해왕성 궤도 밖에서 찍어 전송한 사진 속의 지구 모습을 그는 '창백한 푸른 점'이라 부른다. 사진을 보면, 지구는 우주라는 망망대해에 떠 있는 하나의 작고 푸른 점에 지나지 않는다.

6  Pale Blue Dot: 창백한 푸른 점
https://www.youtube.com/watch?v=c83V1ilN2NQ

에서 자원고갈 및 생태 보존 문제에 대한 근본 해결책이 나올 수 있다. 요컨대, 생태 문제 해결을 위해서는 무한 우주관의 위험성을 직시하고 유한 우주관으로 돌아가는 우주관의 대전환이 있어야 한다(김충열, 2020: 346). 그래야만 인류는 하나뿐인 지구생태계가 대체 불가능한 생명의 어머니임을 깨닫게 될 것이다.

우주관의 전환을 전제로, 우리가 흔히 사용하는 한자어 우주(宇宙)의 의미를 살펴보자. 우주는 상하 사방의 공간[天地四方謂之宇]과 과거 · 현재 · 미래의 시간적 흐름[古往今來謂之宙]을 의미한다. 즉 우(宇)는 위아래 동서남북으로 구성된 공간 구조를, 주(宙)는 과거에서 현재를 지나 미래로 흘러가는 시간의 변화 추이를 뜻한다. 이처럼 우주라는 단어는 한정된 공간 속에서 계속 진행되는 시간의 흐름을 가리킨다. 이는 마치 우리가 조상에게서 물려받아 살다가 다시 자손에게 물려주는 터전 및 그 터전 안에서 일어나는 시간의 흐름과 같다. 한자어 우주라는 용어에는 우리 삶의 터전인 지구가 우리가 거주하는 집처럼 한정된 공간이라는 의식이 담겨 있다. 삶의 근거지는 오직 하나라는 생각이 바로 '하나뿐인 지구'라는 표어로 나타난다. 내가 생명을 의탁하고 살아가는 이 지구의 자연 생태계는 한정된 영역으로서 무한 개발의 대상이 아니다. 이것이 동양의 유한 우주관이 내포한 생태학적 메시지이다.

이렇게 동양은 공간적으로 유한하다는 우주관을 가졌지만, 그 공간 속에서는 시간의 흐름이 끝없이 이어지며 변화와 생생(生生)의 과정이 무궁하다는 무한 시간관을 가지고 있다. 이 점이 '생명의 탄생 과정이 끊임이 없다[生生不已]'라는 동양적 우주관을 잘 보여준다. 만약 무궁한 시간 개념이 없었다면 동양의 유한 우주관은 좁은 공간의 틀로 한정되어 무궁한 작용[用]을 발휘할 여지가 없었을 것이다. 다행히 동양은 공간의 유한성을 인정한 대신 생명이 생생하는 흐름의 무한함을 주장하여, 유한 공간 내에서 영속되는 보편 생명(universal life)의 흐름이라는 생기주의(生機主義) 자연관을 구축했다(김충열, 2020: 324-327).

유한한 지구라는 세계관은 당연히 자원을 사려 깊게 개발하고 절약해야 한다는 의식을 낳는다. 유가는 "포진천물(暴殄天物)"[7]하는 낭비나 연못을 말려서 고기를 모두 포획하는 자원 약탈에 강하게 반대한다. 『맹자』는 고기를 잡을 때 촘촘한 그물을 사용해 수산자원을 모두 소진하는 행위를 비판하고, 시기에 맞는 산림 채벌(採伐)[8]을 주장한다. 『예기(禮記)』「왕제(王制)」의 '초목이 다 진 다음에 산림에 들어간다'는 구절이 의미하는 바는 한정된 자원을 보존하며 사용해야 한다는 경고이다. 물론 이런 구절을 물자가 풍족하지 못했던 시대에 강조한 절약 생활이라 치부할 수도 있다. 하지만 자원 부족에 대한 의식이나 검약은 물자의 풍족 여부에 관계없이 우리가 꼭 지켜야 할 소비윤리이다. 나아가 자원의 대량소비가 가져오는 환경오염을 생각할 때, 이는 우리가 꼭 지켜야 할 생태 친화적 덕목이다. 불필요한 자원의 낭비가 자행되는 것은 대량생산과 대량소비를 지향하는 후기 산업사회의 특징인데 반면, 동양의 이런 생활 태도는 자원 낭비를 현저하게 줄여서 생태 위기를 극복할 수 있는 가치관이다.

### 2) 기계론적 자연관에서 유기체적 자연관으로

동양의 생태 자연관을 고찰하기 위해서는 먼저 자연이라는 개념어가 어떻게 사용되었는지를 알아야 한다. 사실 고전에 등장하는 '自然'이란 개념은 지금 우리가 사용하고 있는 자연의 의미와 결이 다르다. 고전에서 자연

---

[7] "[今商王受無道] 暴殄天物" 『書經』「周書, 武成」.
[8] 『孟子』「梁惠王」上.

이란 용어는 한자의 뜻 그대로 '스스로 그러함[自然而然]'을 의미한다. '스스로 그러함'이라는 것은 외부 존재의 간섭이나 영향을 받지 않는다는 뜻이다. 즉, 자신의 존재를 신과 같은 다른 존재에 의존하지 않고 존재나 생성의 원인이 그 자체 내에 있다는 것이다. 다시 말해, 자기 존재의 자발성과 자기 원인성을 자체 내에 갖추고 있다. 한자어에 익숙하지 않은 세대라면 영어의 'self-so'가 더 잘 이해될 수 있다. 이런 '自然[自己如此 ]'의 함의는 서구 학자들에게 자신들의 자연관과는 구분되는 동양 특유의 자연관으로 이해된다.

동양의 자연관을 올바르게 파악하기 위해서는 이들의 견해를 살펴보는 방법이 유용하다. 저명한 동양학자 조셉 니담(Joseph Needham)은 동양 특유의 유기체적 자연관을 신이라는 절대 존재 없이 스스로 기능하는 체계라고 설명한다. 그는 "제정자 없이 질서 잡힌 의지들의 조화"(Needham, 1969: 287)[9]라고 동양의 유기체적 자연을 묘사한다. 그가 보기에 동양의 '자연'은 외부의 어떤 존재에 의지하거나 근거함이 없이 그 자체적으로 원만한 조화와 균형을 이루어 나가는 정합(整合)적 전일체(全一體)이다. 자연은 그 스스로 생명의 기능을 해나갈 수 있는 존재이다. 프레드릭 모트(Frederick Mote) 역시 이 살아 있는 자연의 모습을 '유기체적'이라고 풀이한다.

---

말하자면 그들은 세계와 인간을 창조되지 않은 것으로, 그리고 어떤 조물주나 신 – 궁극적 원인 혹은 외부의 의지도 가지고 있지 않은, 저절로 자기 발생하는 우주의 중심적 양상들을 구성하는 것으로 파악해 왔다(Mote, 1988: 18).

---

[9] 자세한 동양의 자연관에 대해서는 Callicott, J. B. & Ames, R. ed. (1989). *Nature in Asian Traditions of Thought*, New York: State University of New York Press가 상세하다.

모트는 동양의 우주론을 "유기체적 우주 발생론"으로 이해하여, "전체 우주의 모든 부분들이 하나의 유기체적 전체에 속하여, 그 모든 부분들이 저절로 자기 발생하는 하나의 생명의 과정"(Ibid.: 19)이라고 설명한다.

자연을 자체적으로 기능하는 생명체로 파악하여 우주 현상을 생명의 흐름으로 파악하는 것이야말로 동양 자연관의 특징이다. 동양에서 자연은 약동하는 생명력 그 자체로 파악되었으며, 방동미(方東美)는 우주를 생명의 광장으로, 생명의 흐름을 "보편 생명(universal life)"의 흐름으로 해석한다(김병환2017: 268-269).[10]

---

우주란 만상을 포괄하는 생명의 약동(Urge of Life)이며, 만상에 충만한 대생기(大生機, Vital Impetus)로서 잠시도 창조와 화육을 쉬지 않으며 어느 곳이든 유행(流行)되고 관통되지 않는 데가 없다(Fang, 1980/정인재 역, 1983: 51).

---

방동미의 이런 관점을 '생기주의적 자연관(生機主義的 自然觀)'이라 부른다. 그에 의하면 자연은 역동적으로 생명을 창생하는 창조의 끝없는 과정(continuous process of Creation)이며 이 생명 창생의 과정에서 자연과 인간은 융화하여 "광대화해(廣大和諧, comprehensive harmony)"를 이룬다(Ibid.: 26-27). 그에게 이 세계는 생명이 약동하는 광장이며, 전 우주는 생명 흐름의 터전이다. 우주 현상을 생명의 흐름으로 파악하는 그의 관점이 동양의 유기체적 자연관의 특징을 잘 드러낸다. 자연은 약동하는 생명력 그 자체이며, 생명의 지속적인 흐름이 우리가 몸을 의탁하는 우주의 특징이라는 것이다. 이런 자연관은 유가에만 한정된 것이 아니다. 도가는 물론이고 대승

---

10  동양의 유기체적 자연관에 대해서는 김병환(2017), 『생명공학과 유가윤리사상』, 서울: 새문사, pp. 266-272에 근거함.

불교 시대의 불교도 자연을 살아 있는 것으로 본다. 묵자(墨子) 또한 "하늘은 만물이 살아 있는 것을 바라며 만물의 쇠락을 싫어한다."[11]라고 하여 생명이 충만된 자연을 전제한다.

이 유기체적 자연관은 서양의 가이아(Gaia) 이론과 기본적으로 유사하다. 가이아 이론에서는 생물이 고정된 환경에 둘러싸여 있다는 근대적 생물관에서 탈피하여 생물과 환경은 서로 작용하여 진화한다고 주장한다. 지구 전체를 하나의 살아 있는 유기체로 보기에 생물은 지구의 물리적 속성들과 서로 작용한다. 나아가 이 둘은 생태적으로 연결되어 있으며 근본적으로 하나라고 여겨진다(Lovelock, 1982). 국내에서 가이아 이론과 흡사한 논리를 찾아보면, 장회익의 '온생명'론이 있다. 생명이라는 주제로 오랫동안 연구해 온 그의 온생명론에 의하면, 생태파괴 행위는 자신의 생명 터전을 파괴하는 일종의 자해 행위이다(장회익, 1995: 140-144; 장회익, 2000: 7-11). 그가 온생명과 낱생명의 상생을 주장하는 근거가 바로 이것이다. '온생명'론과 유사하지만 이를 좀 더 확장한 한면희의 주장도 그 기본 아이디어가 방동미의 생기주의적 자연관과 매우 유사하다. 가이아 이론이나 온생명론을 확장했을 때 전체 태양계를 생명 실체로 볼 수 있다는 점을 지적하면서 한면희는 온가치론을 주장한다(한면희, 2000: 242-268, 특히 262-268).[12] 엄밀한 자연과학의 관점에서 가이아 이론이나 온생명론은 아직 가설이다. 하지만 동양의 자연관이 현대 과학의 이론과 상통하는 점이 있다

---

11  "天欲其生而惡其死"「天志」『墨子』.

12  동양의 유기체적 생명관에 대한 여러 국내외의 논문은 저자들이 직접 언급하지 않았더라도 논의의 맥락상 方東美에게 힘입은 바가 큰 것으로 보인다. 방동미의 해석은 "온생명", "보생명" 등의 논의들과 상당히 유사하다. 方東美 (1980). *The Chinese View of Life*. 정인재 역(1983). 『중국인의 생철학』, 서울: 탐구당, pp.26-27, 50-51.

는 것을 보여주는 한 예시로서 이들은 시사하는 바가 적지 않다.

### 3) 인간중심주의에서 만물제동(萬物齊同)·만물일체의 인간관으로

인간을 우선적으로 고려하는 인간중심주의는 생태환경을 보존하는 데 근본적인 한계가 있다. 인간 중심주의는 인간이 자연에 대해 우월적 지위를 갖고 있다는 관점을 갖고 있기 때문이다. 심층생태론자들이 인간중심주의를 비판하면서 인간을 생태계의 다른 모든 존재와 동등한 지위를 가진 것으로 간주해야 한다고 주장하는 이유가 바로 이것이다. 사회생태주의(Social Ecology)를 개창한 머레이 북친(Murray Bookchin)[13]에 의하면, 자연만물보다 인간이 우위에 있다는 관념은 인간사회에서 지배자와 종속자가 있는 게 당연하다는 믿음으로부터 기인한다. 그는 다음처럼 간단하게 이를 정리해 준다. '인간에 의한 자연의 지배라는 관념은 인간에 의한 인간 지배에 뿌리를 둔다(Bookchin, 1982: 1-4; Bookchin, 2007/서유석 역, 2012: 17-18).' 사회생태론의 입장에서 자연 정복은 자연에 대한 인간의 지배이며 이는 인간의 권력 지배 형태의 한 모습이다. 그에 의하면 '사회의 위계적 지배 구조의 파괴야말로 인간과 자연에 대한 정상적인 관계를 가능하게 한다.' 자연 생태환경에 대한 인간의 우위성을 부정하고 인간과 자연이 동등한 존재라는 것을 받아들여야 생태계의 위기를 끝낼 수 있다. 그러기 위해서는 우리 종이 생태 질서의 평형을 이루는 수많은 다른 생물 종과 다를 게 없고, 그들과 우리는 서로 같은 존재로 밀접하게 연결된 동등한 존재라는 점을 각성해야 한다.

도가의 만물제동(萬物齊同), 유가에서 말하는 만물일체, 불교의 만물과 나

---

[13] 그의 사회생태론은 1964년 「생태주의와 혁명사상」과 1965년 「해방적 기술을 향하여」라는 논문을 통해 제창되었다.

는 하나[萬物與我一體]라는 가르침은 인간중심주의를 넘어선다. 불교에서 기본 가르침으로 내세우는 상호의존적 발생[緣起, dependant origination]은 모든 타 존재와 우리가 하나로서 서로 밀접하게 연결된 상태라는 점을 아주 적실하게 보여준다. 자연 속의 모든 존재가 서로 연결되어 있다는 것은 우주 자연과 이 안에 사는 인간 세계가 밀접하게 연결되어 전일(全一)적으로 작동한다는 뜻이다. 단절이 아닌 연속으로 자연의 양태를 파악해야, 지구생태계가 전체로 통합되어 상호 작용하는 유기체적 전체라는 것을 깨닫게 된다(Tu, 1998: 105-106, 108-109).

이런 유기체적 자연관을 수용하면서 두유명(杜維明)은 "존재의 연속성(continuity of Being)" 개념으로 이를 설명한다. 그에 의하면 동양사상에는 '존재의 양식들이 유기적으로 연결되어 있다는 가정'이 전제되어 있다. 모든 존재는 조화 속에 통합되어있는 연속체의 부분들이고 이 정합적 연속체 외부에 어떤 유대-기독교적 인격신의 존재를 설정하고 있지 않다. 생태계의 만물은 각각의 부분으로 분리된 원자적 개체가 아니며 전체로 상호 작용한다. 갑은 을에게, 을은 병에게, 병은 정에게 영향을 주며 그 관계는 끝없이 계속된다. 인간의 열대우림과 산림파괴는 기후변화를 일으켜야생 동물과 각종 곤충, 균류의 생존에까지 영향을 준다. 이로 인한 다양한 생물종의 감소는 생태 불균형을 초래해 결국 인간을 병들게 한다. 자연 속에서의 상호 관계 맺음이라는 상호 의존성이 우리 삶의 터전인 자연 생태계의 본 모습이다.

이처럼 생태공동체는 관계 맺음이 그 본질적 모습이다. 인간을 포함해서 모든 생물체는 서로 의지하며 살고 있다. 포트르 크로포트킨(Pyotr A. Kropotkin)이 제창한 상호부조(mutual aid)처럼 이들은 서로 도우며 살아간다. 유불도 모두 동일하게 우주 자연의 변화 속에서 공생공존하는 생명공동체를 주장한다.

- 모든 천지 만물은 나와 하나의 뿌리이며, 모든 만물은 나와 같은 한 몸이다.[14] [불교]
- 대체로 만물은 생성도 허물어짐도 없이 다시 통합되어 하나가 되는데 오직 [道에] 통달한 자만이 통합되어 하나가 되는 줄 안다.[15] [도가]
- 인자(仁者)는 천지만물을 자기와 한몸으로 여겨 자기 아닌 것이 없다. …… 인자는 혼연히 만물과 하나가 된다.[16] [유가]

불교는 유불도 중 생태계의 상호 의존성을 가장 강조한다. 모든 존재는 상호의존적으로 생겨[緣起]나기에 만물은 자성[svabhāva, 自性]이 없는 존재이며, 공[śūnyatā,空]하다는 불교의 가르침은 온 세계가 밀접하게 상호 연결되어 있다고 설파한다. 만유 존재와 모든 사태는 선행하는 조건들에 의해 야기된다. 즉 모든 것은 연결되어 있다. 연기송은 이런 생각을 간략하고도 효과적으로 노래한다.

이것이 있기 때문에 저것이 있고 이것이 생기기 때문에 저것이 생긴다. 이것이 없기 때문에 저것이 없고 이것이 사라지기 때문에 저것이 사라진다.[17]

---

14　"天地與我同根 萬物與我一體"僧肇『肇論』.
15　"凡物無成與毀 復通爲一, 唯達者知通爲一."『莊子』「齊物論」.
16　"仁者以天地萬物爲一体 莫非己也……仁者渾然與物同体"『二程遺書』卷二 上 뒤 구절은「識仁篇」.
17　"此有故彼有 此起故彼起, 此無故彼無 此滅故彼滅"『雜阿含經』.

인간이나 자연물, 모든 존재[有爲法]는 조건인 인연에 의해 일시적으로 현재 상태로 이 세계에 머물고 있다. 모든 것은 무상[anitya, 無常]하고 불변하는 실체는 없다. 어떠한 인간과 자연물도 상의성(相依性)의 원칙에서 벗어나지 않는다. 인간과 인간, 인간과 자연물 나아가 인간과 별, 은하계, 우주 전체가 모두 연기적으로 존재한다(고영섭, 2008: 38). 자연 생태계와 인간의 관계 역시 인드라의 그물망[indrjala, 因陀羅網]처럼 얽혀있다. 요컨대 인간과 동식물은 물론이고 심지어 자연 산하(山河)까지도 서로 의존하는 존재 양태에 있다. 모든 존재는 인연 속에서만 존재할 수 있고 개체의 독존은 있을 수 없다. 연기(緣起)하기 때문에 무아라는 불교의 세계관은 우주의 본모습을 적절하게 보여준다.

연기법에서 드러나는 불교의 생명 존중과 평등주의 사상은 분명하다. 모든 존재의 상호 의존적 발생에 대한 깨달음을 통해 만물이 나와 같다고 느끼는 동체자비(同體慈悲)를 실현할 수 있다. 자연 만물은 정복의 대상이 아니라 내가 자비심을 가지고 대해야 할 도반(道伴)인 것이다. 연기론에 근거하여 서로 의존하며 관계하고 있는 모든 개체를 불교는 중생으로 간주한다. 또 여래장사상(如來藏思想)을 거치면서 성불(成佛)의 가능성을 모든 사람으로 확장하고 다시 자연물에까지 그 내용을 넓히는 '초목성불설'이 출현하게 된다. 심지어 산천 같은 무정물에게도 성불의 가능성을 부여한 것이다. 우주 만물이 부처가 될 가능성을 가지고 있다는 대승불교의 주장은 인간중심주의를 넘어선 불교적 만물평등의 세계관을 잘 보여준다.

### 4) 개체주의에서 기일체론(氣一體論)으로

만물이 서로 연결되어 있다는 주장은 기(氣)로써 이 세계의 모든 존재를 설명한 동양의 '기일체론(氣一體論)'에서도 분명하게 드러난다. 새로운 생태

관은 기존의 개체주의나 개인주의와 다르게 타존재와의 공존을 강조해야 한다. 동양철학에서 우주 자연의 모든 생명체가 기의 생성과 소멸 때문에 생겨나고 사라진다는 주장은 그 연원이 오래되었다. 장자에 의하면 온 세상은 기로 관통된다(陈红兵, 2017: 73-76).

天下는 하나의 기에 의해 관통될 뿐이다! 그러므로 성인은 하나가 됨을 귀하게 여긴다.[18]

일기의 관통은 우주 자연 속 기화유행(氣化流行)을 의미하는 것으로, 이를 통해 만물이 생겨난다. 이는 기가 우주 만물의 뿌리임을 천명한 것이다. 장자에 의하면 생명현상은 기의 취산(聚散)에 달려 있다. 기가 모이면 생명이 탄생하고 흩어지면 사라진다.[19] 삶과 죽음은 마치 사계절의 운행과 같다.[20] 기화유행하는 자연 세계에서 기를 바탕으로 하는 만물은 모두 평등한 존재이다. 모든 만물은 기의 자녀로 그 근본에 있어서 평등한 존재이다.

음양[의 기는] 사람에게 부모와 다를 바가 없다.[21]

그래서 장자에게 "만물은 하나이며,"[22] 또 "천지는 나와 병존하고 만물은

---

18 "通天下一氣耳 故聖人貴一."『莊子』,「知北遊」.
19 "人之生 氣之聚也. 聚則爲生 散則爲死."『莊子』,「知北遊」.
20 "[氣變而有形 形變而有生 今又變而之死] 是相與爲春夏秋冬四時行也."『莊子』,「至樂」.
21 "陰陽於人 不翅於父母."『莊子』「大宗師」.
22 "萬物一也."『莊子』,「知北遊」.

나와 합하여 한 몸이 된다."[23] "도를 깨달은 자는 천지의 일기(一氣)에서 유유자적한다."[24] 장자의 이런 기 전일론에서 분명 영향을 받은 장재(張載)는 태허(太虛)로부터 만물로 이어지는 기의 활동을 자연의 자기 창조 과정으로 이해한다.

> 태허란 기의 본 모습이고, 기에는 음과 양이 있고, 굽혔다 폈다 서로 감응함이 무궁하다.[25]
>
> 태허에는 기가 없을 수 없으며 만물은 흩어져 태허가 되지 않을 수 없다. 이에 따라서 드나드니 이는 부득이해서 그러한 것이다.[26]

여기서 장재는 기화(氣化)의 필연성을 지적하면서 동시에 '태허', '음양의 기', 만물이 결국 한 몸이라는 점을 지적한다. 결국 장자와 장재는 모두 기화유행을 바탕으로 만물일체설을 주장했음을 알 수 있다. 여기서 이 전일적 기의 움직임을 관리하고 통제하는 그 어떤 외적 존재도 가정되어 있지 않다는 점이 중요하다. 장재는 기의 움직임을 기 자체의 유기체적 활동으로 파악한다. 이 점에서 기는 질료와 형상이라는 서양의 이원적(二元的) 도식으로 구분될 수 없다. 흔히 일반적으로 이렇게 설명하더라도 말이다. 기는 이 둘을 겸한 생명의 약동하는 힘(vital power)이다(Chan, 1963: 784).[27] 자

---

23 "天地與我竝生 而萬物與我爲一." 『莊子』, 「齊物論」.
24 "遊乎天地之一氣." 『莊子』, 「大宗師」.
25 "太虛者氣之體 氣有陰陽, 屈伸相感之無窮." 『正蒙』, 「乾稱」.
26 太虛不能無氣 氣不能不聚而爲萬物 萬物不能不散而爲太虛 循是出入 是皆不得已而 然也『正蒙』, 「太和」.
27 張載의 氣槪念에 대해서는 山井湧(1994), 「理氣哲學における氣の槪念」, 『氣の思想』, 東京: 東京大學出版會, pp.355-371, 408-416을 참조.

연은 이 생명의 기가 흐르는 장(場)이며 이 흐름에는 중단이 없다. 기의 흐름 자체가 생명의 탄생과 소멸의 과정이며, 이 모든 과정은 유기적으로 연결되어 있다. 즉 장재는 자연 속 기의 유행을 생명의 유행으로 본다. 모든 자연 존재는 기를 매개로 상호연결되어있는 한 가족 같은 관계에 있다. 이런 사고는 장재가 우주를 집에 비유하고 인간과 만물을 이 집의 구성원으로 비유하면서 '만물은 나와 동류이다'라고 한 유명한 구절에 잘 나타난다.

---

하늘은 아버지라 부르고 땅은 어머니라 부른다.
나는 여기서 미미한 존재로서 혼연히 그 가운데 처해 있다.
그러므로 천지에 가득 찬 [기운]이 내 몸을 이루고
천지를 이끄는 활동 방향이 내 본성을 이룬다.
백성은 나의 동포이고 만물은 모두 내 짝이다.[28]

---

여기서 그는 인간을 전체 우주 자연과의 직접적인 연결 속에서 이해하고, 생명 창생의 과정에서 인간을 다른 만물과 같이 우주 자연의 자녀로 파악한다. 인간을 포함한 만물, 생명은 태허의 기가 응집한 결과물이다. 그러므로 만물은 근본적으로 같은 부모(生命來源)를 갖는다. 여기서 인간과 타 생물 간의 차이에도 불구하고 그가 만물에까지 도덕적 관심의 범위를 넓히고 있음을 알 수 있다. 신선한 공기를 돈으로 사야 할 정도로 대기오염이 심각한 현대를 살아가는 우리는 장재처럼 관심과 배려의 범위를 인간을 넘어 생태계 전체로 확장해야 한다. 이는 우리가 지금 바로 실천해야 할 일이다(김병환, 2021: 249-250). 세계를 생명의 기운으로 가득 찬 광장으로 보는

---

[28] "乾稱父 坤稱母, 予茲藐焉 乃混然中處. 故天地之塞 吾其體. 天地之帥 吾其性. 民吾同胞 物吾與也."『西銘』.

장재의 사상은 서구의 기계론적 자연관과 지나친 인간 중심 사고관이 유입되어 인간과 자연, 인간과 타 생명 간의 대립과 긴장 관계가 조성된 오늘날 우리에게 시사하는 바가 크다. 인간과 자연의 화해, 나아가 일치를 주장하는 기일체론이 온난화와 기후변화에 대처할 동양의 생태 사상 중 하나이다. 이런 사유 형태는 서구의 개체주의, 개인주의와 다르게 구체적 삶 속에서 모든 존재와 조화를 이루는 삶을 지향한다.

### 4 남은 문제들: 反省(반성)과 성찰, 제안

오늘날 온난화·기후변화로 인해 생태계가 파괴되고, 이로 인해 발생하는 극단적 기후재난 등으로 인해 우리 자신의 생존마저 위협받는 상황에 이르렀다. 만약 자연에서 인간의 지위를 절대화하는 강한 인간중심주의와 기계론적 자연관을 버리고 생태학적 문명이 정립되지 못한다면 인류의 미래는 암담하다. 온난화·기후변화와 이로부터 발생하는 생태 위기가 이 지경에 이른 데에는 산업화·공업화·현대화라는 이름 아래 이를 전적으로 받아들인 우리 자신의 과오도 빼놓을 수 없다. 데카르트(René Descartes)와 뉴튼(Isaac Newton)이 과학혁명을 주도한 16, 17세기 서구에서는 고대 물활론(物活論)에 뿌리를 둔 유기체적 자연관이 기계론적 자연관으로 완전히 대치되어 역사의 뒷길로 사라진다. 기계론적 자연관은 인간에 의한 자연 착취를 과학적으로 합리화하고 승인한다. 이를 바탕으로 인간의 자연 정복이 촉진되어 인류의 주거지를 크게 확장하고 물질적 삶의 질을 크게 개선한 것도 사실이다. 하지만 돌이켜 보면 인류는 중용을 지키지 못했다.

온난화·기후변화에 의한 생태 파괴의 근본적인 이유를 논할 때, 서구 근대 이성주의가 자연과 인간을 대립적으로 인식한 대립적 자연관을 갖고 있기 때문이라고 평가하는 것은 타당하다. 그런데 동양철학이 일반적으로 인간과 자연이 대립하지 않고 친화적 관계에 놓여있다고 보고 궁극적으로 자연과 하나 되는 경계를 이상으로 여겼다고 해서, 이런 생태 친화적 세계관만 있으면 온난화·기후변화의 위기가 극복될 것이라 믿는다면 이는 지나치게 순진한 생각이다. 이런 식의 논리는 현실을 직시하지 못한 관념론적인 해석에 불과하다. 서구 사상의 기저에 근본적으로 자연과 인간을 이원론적으로 파악하는 인식 구조가 있고 이런 자연 대립적 인식이 생태 위기의 원인이 되겠지만, 자연 파괴의 직접적 원인은 이런 자연 대립적 사상의 관념 구조 자체라기보다는 개발 기술과 이윤 창출을 목적으로 하는 경제 제도에 의한 파괴 행위 때문이다.

즉, 인간중심주의에 서서 인간의 도구적 이성을 절대시하고 자연과 인간을 대립시키는 사고가 존재하더라도 개발 기술과 경제·사회제도가 없었다면 자연 파괴는 이렇게 심각해지지 않았을 것이다. 각도를 달리해서 보면, 동양사상에서 만물제동이나 만물일체로 대변되는 자연과의 합일을 추구하는 사유 체계가 주류적 사고였다고 해서 이런 자연 친화적 사고가 생태 위기를 벗어나게 해주는 보증 수표는 아니다. 자연 친화 아니 자연 숭배 사상이 주류라고 해도 이를 인간의 삶과 조화롭게 실현할 구체적 방안이 없다면 탁상공론에 불과하다. 이것이 동양철학이 다른 어떤 철학 체계보다 자연 친화적이지만, 생태학의 주류 사상이 되지 못하는 이유 중 하나이다. 불편하고 때로 위험한 야생의 삶을 넘어서면서도 자연 친화적 삶을 실현하기 위해서는 역설적으로 개발 기술이 필요하고, 이를 위해 과학지식 그리고 근본적으로 근대적 이성을 전적으로 부정하기는 어렵다. 필자는 서구적인 근대 합리성만이 개발 기술을 창출할 수 있다고 믿지는 않지만 말이다.

현실적으로 어떤 생태 사상도 현존하는 과학지식, 나아가 서양 문명 전체를 부정하는 방식으로는 그 의의를 찾기 어려울 것이다. 아울러, 현대의 과학 지식과 문명의 편리함이 우리에게 어떠한 의미가 있는지, 이를 포기하고 역사 이전의 상태로 돌아갈 수도 있는 지도 진지하게 성찰해야 한다. 자연 친화적인 생태 세계관이란 것이 인류가 문명 이전의 세계로 되돌아가야 한다는 것을 뜻하지는 않는다. 사실 자연에 대한 인간의 역할을 완전히 부정하는 일도 거의 불가능하다. 우리가 문명 이전의 상태로 되돌아가 다시 자연을 숭배할 수는 없다. 물론 인간은 자연을 전적으로 통제하려는 유혹에서 벗어나야 한다. 그런데 어느 정도의 자연 개발은 불가피하다는 점도 수긍이 간다. 그러니 이제 우리는 자연 정복 혹은 파괴가 아닌 자연과의 조화를 추구해야 한다. 자연 그대로의 상황에서 인류 문명의 존속과 발전은 불가능하다. 당연히 생태 위기 극복을 위해서야 생태중심주의가 생태친화주의보다 효과적이겠지만, 현실적으로 일반인이 모두 육식을 버리고 당장 채식주의가 된다든가, 온실가스를 줄이고자 공장을 멈추고 차량 운행을 금한다는 것은 상상하기 어렵다. 일반인이 인간중심주의를 완전히 버리고 생태중심주의를 택한다는 것은 사실상 불가능하다. 그러므로 인간과 생태 환경이 공존할 수 있는 생태친화주의가 현실적으로 가능한 대안이다. 이런 맥락에서 인문학자는 생태위기를 극복하기 위해 꼭 필요한 새로운 생태관을 탐구하여 세계관의 변화를 추구해야 하고, 사회과학자는 새로운 생태친화적 경제체제 개발에 진력해야 한다.

논의를 마감하기 전에 생태 위기를 해결하기 위한 효과적인 방안에 무엇이 있는지 구체적으로 생각해 보자. 필자는 본문에서 온난화로 인한 기후변화를 극복하려면 인간과 자연을 바라보는 세계관이 변화가 선행되어야 한다고 강조했다. 또 이를 구체적인 삶 속에서 실현할 수 있는 사회제도와 경제제도가 필요하다고 주장했다. 이 점에서 사회과학자의 사회체제, 경제제도 연구가 수행되어야 한다고 지적했다. 그러면 어떤 사회제도나 경제제도가 지금 우리에게 필요한가? 산업 자본주의의 한계를 넘어서는 새로운 경제체제에 대한 제안을 여기서 논하는 일은 본문의 주제를 넘어서고 필자의 능력도 넘어서는 일이다. 필자뿐만 아니라 어떤 사회과학자도 이 거대한 이슈를 한 두 편의 논문으로 효과적으로 설명하는 일은 불가능하다. 설명하더라도 얼마나 당대 사회에 실질적 변화를 가져올 수 있는지도 미지수이다. 그러므로 필자는 여기서 범위를 좀 좁혀 사회제도 문제 중 한 가지만을 언급하고자 한다.

기후변화·온난화 문제가 해결되려면 자연이 내재적 가치를 가지고 있다는 것을 인정해야 한다. 동시에 자연물이 고유한 내재적 가치를 지닌 존재라는것을 법률적으로 인정해야 한다. 다시 말해 생태친화적으로 우리의 세계관을 변혁하고 이를 뒷받침 할 구체적인 법제도의 정립이 있어야 한다. 근대의 도구적 이성은 동양과 달리 인간만이 내재적 가치를 갖고 있는 존재로 간주했다. 하지만 이제는 자연 만물이 내재적 가치를 가진 존재로 인정해 구체적 법률로 자연의 권리를 지켜내야 한다. 그래야만 자연이 우리 인간과 같이 권리를 가진 주체로 당당하게 자리 잡을 수 있다.

불행하게도 일부에서는 여전히 이를 수긍하기 어렵겠지만, 실제로 이런 일이 일어나고 있다. 일반적으로 이를 '생태민주주의(ecodemocracy)'라 부른다. 우리가 환경문제를 해결하기 위해서는 생태계 자체가 권리를 가진 존재라고간주해야 한다. 인간에게 인간의 권리가 있듯이 생태계에도 권리가 있다. 이렇게 해야 비로서 환경오염을 피해 생태환경을 효과적으로 보존할 수 있다. 이것이 바로 생태민주주의의 기본적인 아이디어이다. 그런데 필자는 이 '생태민주주의'라는 용어가 잘못된 것이라고 본다. 적절한 명칭은

'생태만물주의(生態萬物主義)' 혹은 '생태생명주의(生態生命主義)'가 되어야 할 듯하다. 민주(民主)의 '민(民)'은 사람이지 만물이 아니기 때문이다. 우리 생태 의식이 혁명적으로 변해야 만물을 '主'로 하는 적절한 사회과학 용어가 출현할 수 있을 것이다.

이는 여전히 우리의 성찰이 충분하지 않다는 반증이기도 하다. '생태만물주의' 혹은 '생태생명주의'를 구체적으로 표현한 것이 이른바 '지구법학(jurisprudence)'이다. 지구법학에서는 인간뿐만 아니라 나무나 강과 같은 자연물도 법의 보호를 받아야 하는 권리 주체로 본다. 나무와 강도 인간처럼 권리가 있고, 그 권리는 신성불가침한 것이다. 대표적인 사례를 들어보자. 이미 펜실베이니아주를 비롯해 미국 36곳의 지방 조례는 자연의 법인격을 인정하고 있다. 인도 사법부는 갠지즈강과 히말라야산맥 빙하에도 '법인격'을 부여한 판결을 내렸다. 또 뉴질랜드의 왕거누이 강을 예로 들 수 있다. 뉴질랜드 정부는 원주민들에게 신성하게 여겨지는 왕거누이 강이 법적으로 인간과 동등한 권리를 갖는다고 입법했다. 이에 따라 왕거누이 강물을 낭비하거나 오염시키면 법적으로 처벌받는다. 이를 확실하게 하기 위해서 뉴질랜드 정부는 왕거누이 강의 법적 후견인으로 마오리 공동체를 지정했다. 누구든 왕거누이 강을 오염시키면 마오리 공동체가 강을 대신해 법적으로 책임을 묻게 되는 것이다.

우리가 이런 지구법학의 문제의식을 활용하여 온난화로 인한 기후변화에 경종을 울린다면 생태 위기 문제를 해결하는 데 실질적인 도움이 될 수 있다. 누가 남산을 더럽히고, 한강을 오염시키는 짓을 한다면, 서울시민 모두가 법적 대리인이 되어 합법적으로 이를 신고하고 처벌하는 일이 실질적으로 용이(容易)해져야 한강에 물고기가 다시 돌아오는 기적 같은 날이 올 것이다. 당연히 여기에는 자연 생태관의 혁신적 변혁이 선행되어야 한다.

## 참고 문헌

『書經』
『孟子』
『墨子』
『肇論』
『二程遺書』
『雜阿含經』
『莊子』
『正蒙』
『西銘』

고영섭(2008). 『불교생태학』, 서울: 불교춘추사.
김병환(2021). 『김병환교수의 신유학강의』, 서울: 휴먼북스.
_____(2017). 『생명공학과 유가윤리사상』, 서울: 새문사.
김충열(2020). 「21세기와 동양철학」, 『중천김충열전집』, 5, 원주: 김충열전집간행위원회.
서재영(2007), 『신의 생태철학』, 서울: 동국대학교 출판부.
장회익(1995). 「'온생명'과 현대문명」, 『과학사상』.
_____(2000). 「온생명과 신의 섭리」, 강남대학교 대학원 학술제, 2000.5.30.
전희찬 외(2016). 『기후변화 : 27인의 전문가가 답하다』, 서울: 지오북.
한면희(2000). 『환경윤리』, 서울: 철학과현실사.

Black, Brian C. (2013). ed., *Climate change : an encyclopedia of science and history*, Santa Barbara, California: ABC-CLIO.
Black, Brian C. (2010). *Global warming*, Santa Barbara: Greenwood.
Bookchin, M. (1982). *The Ecology of Freedom: The Emergence and Dissolution of Hierarchy*, California: Cheshire Books.
Bookchin, M. (2007). *Social ecology and communalism*. 서유석 역(2012). 『머레이 북친의 사회적 생태론과 코뮌주의』, 서울: 메이데이.
Burroughs, William J. (2001). *Climate change : a multidisciplinary approach*, Cambridge: Cambridge University Press.
Capra, F. (1994). 「생태학적 세계관의 기본 원리」, 『과학사상』, 1994(10), 199-213.
Chan, Wing-tsit. (1963). *A Source Book in Chinese Philosophy*, Princeton: Princeton University Press.
Colligan, L. H. (2012). *Global warming*, New York: Marshall Cavendish Benchmark.

Fang, D. (1980). *The Chinese view of life*. 정인재 역(1983). 『중국인의 생철학』, 서울: 탐구당.
Girardot, N. J. (1997) ed., *Taoism and Ecology: Ways within a Cosmic Landscape*, Cambridge, Massachusetts: Harvard University Press.
Lovelock, J. E. (1982). *Gaia: A New Look at Life on Earth*, Oxford: Oxford University Press.
Martens, Pim (1999) ed., *Climate change : an integrated perspective*, Boston : Kluwer Academic Publishers.
Merchan, C. (1992). *Radical Ecology*. 허남 역(2001). 『래디컬 에콜로지』, 서울: 이후.
Mote, F. W. (1988). *The Intellectual Foundations of China*, McGraw-Hill.
Needham, J. (1969). *Science and Civilization in China*, vol. 2, Cambridge: Cambridge University Press.
Sagan, C. (1994). *Pale Blue Dot*. 현정준 역(2001). 『푸른 점』, 서울: 사이언스북스.
Tu, W. (1998). *The Continuity of Being: Chinese Visions of Nature*, Tucker, M. E. and Berthrong, J. ed., Confucianism and Ecology, Cambridge, Massachusetts: Harvard University Press.
Tucker, M. E. (2000) ed., *Buddhism and Ecology: The Interconnection of Dharma and Deeds*, Cambridge, Massachusetts: Harvard University Press.

陈红兵(2017), 「试论道家道教生态思想文化」, 『南京林业大学学报』(人文社会科学版)2017年 第1期.
杨通进(1993)「动物权利论与生物中心论」, 『自然辩证法研究』, 1993年 第8期.
여새림, 김원무외. 「온난화 신호 및 북극 진동과 관련한 유라시아 눈 덮임 변동성」, 한국기상학회 학술대회 논문집, 2016.4.
김혜진, 손석우외. 「기후 모델에서 나타난 북극 온난화에 의한 중위도 순환 변화」, 한국기상학회 학술대회 논문집, 2018.4.

Weart, Spencer."A Personal Note." The Discovery of Global Warming, Feb.2011. http://www.aip.org/history/climate/SWnote.htm.
Zabarenko, Deborah. "Climate Change Will Boost Number of West's Wildfires."Reuters, June 6, 2012.
http://www.reuters.com/article/2012/06/12/us-climate-wildfires-idUSBRE85B09420120
"Climate Change and Mitigation." IPCC, October 27, 2010http://www.global-greenhouse warming.com/climate mitigation and adaptation.html.
"The Current and Future Consequences of Global Change." NASA, http://climate.nasa.gov/effects/.
Pale Blue Dot: 창백한 푸른 점 https://www.youtube.com/watch?v=c83V1ilN2NQ

## 3장
## 과학기술 시대의 새로운 윤리학과 기후윤리[1]

류지한(한국교원대학교 교수)

### 1  과학기술문명과 인류의 위기

   17세기의 과학혁명 이후 눈부신 발전을 이룩한 자연과학과 그것을 응용한 기술의 발달로 말미암아 인류의 삶은 엄청난 변화를 겪어 왔으며, 지금도 그 변화의 폭과 깊이 그리고 속도에 있어서 선례를 찾아볼 수 없는 문명사적·진화사적 대격변을 겪고 있다. 지난 한 세기만 보더라도 과학기술의 발전과 이로 말미암은 변화는 실로 놀라운 것이었다. 금세기에도 과학기술의 발전은 더욱 가속화되고, 그만큼 빠른 속도로 우리의 생활환경과 지구환경을 변화시킬 것으로 전망된다.
   현대의 과학기술은 인류를 빈곤과 고역에서 해방시키고 인류에게 풍요

---

[1] 2005년 7월 새한철학회의 『철학논총』에 게재한 "과학기술 시대의 윤리학의 위기와 새로운 윤리학의 요청"을 수정·증보한 것임.

를 안겨 주었으며, 각종 질병과 재해로부터 인류의 건강과 안전을 보호하는 데에 큰 기여를 하였다. 또한 현대의 과학기술은 교통과 통신 수단의 발달을 통해 지구촌 전체를 단일한 삶의 공간으로 변화시켰으며, 정보 혁명과 생명공학 혁명을 통해 인간에게 새로운 생활 방식과 새로운 도약의 기회를 제공하고 있다. 오늘날 우리는 과학기술이 제공하는 문명의 이기를 이용하지 않고는 원활한 일상생활을 영위하기 어렵다. 그만큼 우리는 삶 전반을 과학기술에 깊이 그리고 철저히 의존하고 있다. 앞으로도 우리의 삶에 대한 과학기술의 규정력은 더 커질 것으로 예상된다.

과학기술의 이 같은 긍정적 면은 부인할 수 없다. 그럼에도 불구하고 엘루(Jacques Ellul)의 지적대로 모든 기술적 진척은 대가를 요구한다. 일반적으로 기술의 진보는 문제의 해결 못지않게 새로운 문제를 만들어 내며, 긍정적 효과와 함께 부정적 효과를 동반한다(Ellul, 1962: 394). 현대의 과학기술도 마찬가지이다. 현대의 과학기술은 인류에게 풍요와 편리 그리고 건강과 장수를 가져다 주었다. 현대 과학기술의 성공은 실로 눈부신 것이라고 할 수 있다. 그러나 그 과학기술은 성공 못지않게 그 대가도 요구하고 있다. 그 대가는 다름 아닌 과학기술의 과도한 성공이 빚어낸 인류의 생존 위기이다. 현대 인류는 과학기술을 집단적으로 활용하고 그것에서 빛나는 성과를 이룩함으로써 오히려 인류의 생존이 위협받는 위기에 직면해 있다. 핵무기의 발명과 축적으로 인한 인류 멸절의 위기, 과학기술을 매개로 한 인류의 집단적인 자연 침해와 이로 인한 전 지구적 규모에서 생태계 파괴, 유전공학 및 생명공학으로 인한 생명의 위기, 정보 기술과 인공지능 기술의 발달 속에 내포된 디스토피아의 출현 가능성, 산업혁명 이후 꾸준히 대기 중에 축적되어온 온실가스가 초래한 기후변화의 위기 등이 과학기술의 집단적 사용이 초래한 인류의 생존 위기들이다.

이러한 위기들은 인류가 직면한 이전의 위기들과는 그 범위와 중대성에서 현격한 차이를 보이는 새로운 성격의 위기이다. 인류가 직면했던 이전의 위기들은 지구의 특정 지역의 국지적 위기이거나 몇몇 개별 국가 내에서 또는 그것들 간의 위기가 대부분이다. 양차 세계 대전의 경우에도 그것들이 전 인류를 멸절시키거나 전 지구의 생명의 토대를 붕괴시킬 수 있는 성질의 것은 아니었으며, 인간과 지구상의 생명체의 본성과 미래를 변화시킬 수 있는 성질의 것은 더욱 아니었다. 이에 비해 현재 인류가 직면한 위기 — 핵무기의 위기, 생태계의 위기, 기후 위기 등등 — 는 그 범위에 있어서 공간적으로 전 지구적 범위의 위기이며, 시간적으로 미래에까지 심대한 영향을 주는 위기이다. 이는 지구의 특정 지역에 한정된 개별 국가의 위기가 아니라 전 지구적 차원의 전 인류의 위기이며, 인류와 모든 생명체의 운명과 미래가 걸린 위기이다. 이 위기는 그 중대성과 심각성에서도 종전의 인류가 당면하지 못했던 전례가 없는 심각한 위기라고 할 수 있다.

### ② 위기의 역설적 성격과 윤리학의 위기

오늘날 인류가 직면한 위기의 상황은 매우 역설적이다. 왜냐하면 이 위기는 과학기술의 실패와 인류의 무능력에서 기인한 위기가 아니라 인간의 행복을 위해서 발전시켜온 과학기술의 눈부신 성공과 이로 말미암은 인류의 힘의 증대에서 비롯된 위기이기 때문이다. 이러한 힘의 증대는 오랜 옛날부터 인류가 꿈꾸어 온 간절한 소망이기도 하다(장회익, 1989: 92). 인류가 소망한 힘의 증대가 오히려 인류를 무력하게 만들고, 과학기술의 성공이 오히려 과학기술문명의 실패로 이어지고 있는 역설적 상황이 초래되고 있는 것이다.

더군다나 과학기술문명의 위기 — 인류에 의한 과학기술의 집단적 사용이 초래한 위기 — 는 우리가 선의의 동기에서 최선의 노력을 경주한 결과로 초래된 위기라는 점에서 그 역설적 성격이 더욱 극명하게 드러난다. 과학기술을 매개로 위기를 초래한 행위들은 개별적 차원에서 보면 거의 대부분 그 의도하는 목적이 선하고, 행위 자체 또한 도덕적으로 정당한 것이다. 예컨대, 핵기술과 핵무기의 개발을 주도한 과학자들이나 그것을 자극한 정치가들의 의도가 자멸을 의미하는 인류의 멸절은 아니었을 것이다. 그들은 순수한 학문적 열정 또는 효과적인 에너지 개발의 동기에서 핵기술을 발전시켰고, 자국의 국가 안보 또는 군사적 우위가 전체 인류의 안보와 평화를 위한 것이라는 소신에서 핵무기의 개발을 시도했을 것이다. 생태계의 위기와 기후변화의 위기를 초래하는 과학기술과 그것을 활용하는 인류의 행동 역시 마찬가지이다. 인류의 복지를 증진하고 풍요를 이룩하려는 선한 의도와 그 의도를 실현하려는 산업적 노력의 결과로 생태계 파괴와 기후변화가 초래되고 있는 것이다. 과학기술을 매개로 한 개별적 행위의 의도는 이러저러한 선한 동기에서 비롯된 것이고, 개별적 행위 자체는 대부분 도덕적으로 문제가 없는 것이라고 할 수 있다. 그러나 그러한 개별적 행위들의 결과가 '집합적으로' 작용하여 의도하지 않은 부수적 결과(side effects)를 낳음으로써 생명과 생태계의 위기, 기후변화의 위기가 초래되고 있는 것이다. 과학기술적 행위를 매개로 전 지구적 차원에서 '다수인의 죄수의 딜레마' 현상 나타나는 것이다.

요컨대, 과학기술로 인한 현재의 전 지구적 위기의 대부분은 선의의 목적에서 동기 유발되고 합리적인 결정과 정당한 행위를 통해서 초래된 것이다. 여기에 문제의 심각성이 있다. 즉, 이 위기들은 인간의 악의에서 비롯된 것이 아니라, 인간이 선의의 목적을 가지고 이를 실현하기 위해 과학기술을 매개로 행위한 결과로 생긴 것이다. 개인적 차원 또는 국가적 차원에서 선한 의도 아래서 이루어진 합리적인 결정과 정당한 행위가 집합적으로 파괴적인 결과를 초래하고 있는 것이다. 인간이 선의의 목적이라 생각되는 의도를 지니고 노력하면 노력할수록 더욱 어려운 문제로 이끌려 들어가는 위기의 역설적 성격, 여기에 인류와 지구의 운명을 어둡게 만드는 문제의 심각성이 있다.

현재 인류가 직면한 위기의 이와 같은 역설적 상황은 윤리학에 대해서도 하나의 큰 도전이다. 왜냐하면 기존 윤리학(traditional ethics)의 주류적 견해에 따르면 선한 의도에서 합리적 결정을 통해 수행된 정당한 행위는 '도덕적'이기 때문이다. 선한 성품을 강조하는 덕윤리(virtue ethics)나 선한 의도를 중시하는 심정윤리(Gesinnungsethik)의 견지에서 보면 선한 성품 또는 의도에서 이루어진 과학기술적 행위와 그것의 활용은 도덕적으로 문제가 없는 정당한 행위들이다. 행위 자체의 성질이나 종류의 도덕적 성격을 중시하는 의무론의 관점에서 보더라도 과학기술적 행위 자체와 그것의 활용은 도덕적으로 문제가 없는 행위들이다. 기존의 윤리 이론 가운데서 이와 다른 견해를 주장하는 것이 있다면, 공리주의(utilitarianism)와 베버(M. Weber)의 책임윤리(Verantwortungsethik) 정도일 것이다. 공리주의와 책임윤리를 제외한 대부분의 기존 윤리학은 선한 의도에서 합리적으로 결정된 정당한 행동이 나중에 산출한 비의도적 결과에 대해서는 책임을 묻지 않거나 책임을 묻더라도 감경과 용서의 대상으로 간주한다. 기존 윤리학의 주류적 견해를 따를 경우, 오늘날의 전 지구적 위기에 대해서 아무도 그것을 의도하지 않았고 또 그것이 개별적인 행위의 직접적 결과가 아니기 때문에 우리 인류는 도덕적 책임이 없거나 적어도 주된 책임을 질 필요가 없다는 결론에 이르게 된다. 이것은 인류의 위기, 생명의 위기, 지구의 위기, 미래의 위기라는 중대하고도 급박한 윤리적 문제에 대하여 우리가 적절한 윤리적 책임을 질 수 없다는 것을 의미한다. 결과적으로 그것은 인류의 생존이 걸린 중대한 윤리적 문제를 윤리학이 적절히 다룰 수 없음을 의미한다. 이것은 기존 윤리학의 중대한 결함이자 무능력을 드러내는 것이다. 과학기술의 집단적 사용이 초래한 위기는 동시에 윤리학의 위기를 낳고 있다.

## 3  과학기술적 행위 능력과 행위 본질의 변화

과학기술이 초래한 각종 위기와 윤리학의 위기는 우리에게 이중의 과제를 부과한다. 우선, 과학기술의 집단적 사용에서 비롯된 위기는 우리에게 과학기술적 행위 능력과 그것의 본성에 관하여 진지한 성찰을 요구한다. 아울러 이러한 위기는 과학기술적 행위를 적절히 규제하는 데 실패한 기존 윤리학의 타당성에 대해서도 비판적 검토를 요구하며, 나아가 기존 윤리학의 변형 내지 새로운 윤리학의 필요성에 관해 진지한 윤리학적 성찰을 요청한다. 먼저, 과학기술적 행위 능력의 특징에 대하여 알아보자.

요나스(H. Jonas)에 따르면 현대 과학기술의 발달로 인간의 행위 능력이 증대하였으며 이와 더불어 인간 행위의 본질이 변하였다고 한다. 과학기술을 매개로 한 행위는 이전의 인간 행위와 질적으로 새로운 종류의 본성을 지닌다는 것이다(Jonas, 1984: 1). 장회익도 현대의 '과학기술적 행위 능력'과 구분되는 종래의 기술적 행위 능력을 '경험기술적 행위 능력'이라고 부르면서, 이 두 행위 능력 사이에는 정도의 차이를 벗어난 성격의 차이가 존재한다고 주장한다(장회익, 1989: 93-94).[2] 요나스와 장회익의 견해를 종합해볼 때, 과학기술적 행위 능력은 다음과 같은 특징을 지닌다.

첫째, 현대의 과학기술적 행위 능력은 종래의 경험기술적 행위 능력에 비하여 행위의 규모와 대상 및 영향력의 파급 범위에 있어서 질적인 차이를 보인다. 종래의 경험기술적 행위 능력을 사용하는 행위는 그 행위 대상의 범위가 대체로 소수의 개인에 영향을 미치는 소규모 환경 여건의 조성에 국한된다. 그리고 그 환경 여건의 조성 규모도 전체 자연환경에 비하면 극히 사소한 변형을 받는 정도의 것이다. 그래서 그 변형의 효과는 비교적 짧은 기간 내에 원래의 상태로 되돌아간다. 다시 말해서 종래의 행위 대상은 전체 인류와 전체 지구환경에 영향을 주는 것이 아니라 개별적인 소수와 부분에 그 영향이 국한되는 것이었다. 그래서 사실상 전체 인류, 전체 지구환경의 상황은 개별적인 행위의 여부에 거의 무관하게 지속되어 나가는 것이었다(장회익, 1989: 95). 요나스의 표현을 빌리면, 우리의 행위의 영향력의 범위는 시간적으로 '지금', 공간적으로 '여기'에 한정되어 있었으며, 행위의 결과는 결코 먼 미래나 전 지구적 범위로 확대되지 않았다. 우리 시대 이전에는 자연에 대한 인간의 침해가 근본적으로 표면적이었으며, 자연의 확고한 균형 상태를 파괴하기에는 무력하였다(Jonas, 1984: 3).

그러나 과학기술적 행위 능력은 이러한 범위를 훨씬 벗어났다. 과학기술은 인간의 행위 능력을 급속히 증대시켰다. 과학기술을 매개로 한 인간의 행위는 그 규모도 대규모이고, 행위의 대상도 전체 인류나 전 지구를 대상으로 행위할 수 있으며, 그 영향력의 파급 범위도 '지금', '여기'에 한정되는 것이 아니라 시간적으로 미래, 공간적으로 전 지구로 확대된다. "가까움과

---

[2] 장회익은 인간의 행위 능력을 '신체기능적 행위 능력', '경험기술적 행위 능력', '과학기술적 행위 능력'으로 구분한다(장회익, 1989: 93-94).

동시성의 울타리는 이미 무너졌고, 비록 단기 목적을 위해 실행되었다고 할지라도 기술적 실천이 야기한 공간적 확대와 인과 계열의 시간적 거리에 의해 그 울타리는 휩쓸려 가버렸다(Jonas, 1984: 7)." 한마디로 종래의 경험기술적 행위 능력이 동시대의 개별 인간 또는 소수 집단의 생존에 영향을 행사할 수 있는 능력 범위에 속하는 것이었다면, 현대의 과학기술적 행위 능력은 현재와 미래의 인류 및 전체 생태계의 운명에 영향을 미칠 능력 범위에 속하는 것이다(장회익, 1989: 95).

둘째, 과학기술적 행위 능력이 지니는 또 다른 성격적 특성은 그 효과의 복합적 연관성이다. 종래의 경험기술적 행위 능력의 범위 내에서 이루어지는 행위는 그 입력과 출력 사이의 관계가 대체로 단일 변수의 선형 함수적이다(장회익, 1989: 96). 그래서 경험기술을 활용하는 행위에서는 인간의 동기-행위-결과 사이의 함수 관계가 일차 함수같이 단순하다. 선한 동기에서 동기 유발된 정당한 행위는 대체로 좋은 결과를 낳는다. 어쩌다 의도하지 않은 나쁜 결과를 초래한다고 해도 그와 같은 행위의 부수 효과는 일반적으로 예측 가능한 것이 대부분이다. 설혹 예외적으로 예측 불가능한 부수적 효과를 낳는다고 해도, 그것은 사실상 무시해도 좋을 정도의 것이 대부분이다.

그러나 과학기술적 행위 능력은 이것이 초래하는 변화(결과)의 폭이 엄청나게 큰 것이어서 입력과 출력의 관계가 대단히 복잡한 비선형 관계를 형성한다(장회익, 1989: 96). 과학기술을 매개로 한 행위에서는 행위의 결과가 시·공간적으로 확대되기 때문에 동기-행위-결과의 함수 관계가 매우 복합적이고, 행위의 결과나 부수적 결과를 적절히 예측하기도 힘들다. 그래서 선한 동기에서 합리적 결정을 통해서 행해진 정당한 행위가 때때로 예기치 못한 엄청난 부작용(부수적 결과)을 낳기도 한다. 의과학의 발달이 가져온 인구 폭발이나 과학기술을 이용한 인류의 산업적 행위가 야기한 환경오염과 기후변화가 가장 대표적인 예라고 할 수 있다.

셋째, 과학기술적 행위 능력의 또 하나의 중요한 특성은 점증적 성격이다. 기술적 실천의 결과들은 점증적으로 쌓여 미래 행위의 상황은 처음 행위자가 처한 상황과는 더 이상 동일하지 않으며, 점점 더 이미 행해진 것의 결과로서 조성된 새로운 상황이 된다(Jonas, 1984: 7). 따라서 행위자가 놓이게 될 상황 자체가 고정되어 있는 것이 아니라 지속적으로 그리고 급격하게 변화하게 된다. 결과적으로 행위자는 항상 과거와는 다른 상황에서 행위를 수행하도록 요구받게 된다. 과학기술적 행위 능력이 주는 이러한 특성들은 종래의 비교적 고정적인 상황에서 행위를 하게 되던 경험기술적 행위자의 입장과 커다란 대조를 이룬다(장회익, 1989: 96).

요나스에 의하면 과학기술적 행위 능력의 이 같은 새로운 성격은 기존 윤리학에 대하여 하나의 도전을 제기한다. 과학기술과 더불어 이제 우리의 행위의 본질이 변하였으며, 윤리학이 행위와 관련이 있다고 볼 때, 인간 행위의 변형된 본질로 말미암아 윤리학에 있어서도 변화가 요청된다는 것이다. 우리의 많은 행위에서 나타나는 질적으로 새로운 종류의 본성이, 기존 윤리학의 관점과 규준에 의해서는 전혀 예견되지 않았던 전적으로 새로운 차원의 윤리적 의미를 열어 놓았다는 것이다(Jonas, 1984: 1). 달리 말해서 기존 윤리학은 종래의 경험기술적 행위 능력을 규제하는 데는 적합하지만 과학기술적 행위능력을 규제하고 지침을 제시하기에는 적합하지 않다는 것이다. 장회익도 과학기술적 행위 능력과 기존 윤리학 사이의 불균형이 과학기술을 매개로 한 인류의 집단적 행위가 위기로 이어지는 역설적 상황의 기본 요인이라고 주장한다(장회익, 1989: 94).

인간의 과학기술적 행위 능력은 기존 윤리학의 규제 범위를 벗어나서 새로운 윤리적 문제들을 제기하고 있다. 경험기술적 행위 능력에 기반한 행위들을 규제하는 데 적합하게 적응·발전해온 기존 윤리학은 과학기술적 행위 능력에 기반한 행위들과 윤리 문제들을 규제하는 데 한계를 노정하고 있다. 과학기술문명이 초래한 위기는 이제 다음 과제로서 기존 윤리학에 대한 비판적 검토와 반성적 성찰을 요구하고 있다.

## 4 기존 윤리학의 특징과 한계

### 1) 기존 윤리학의 특징

기존 윤리학을 하나의 부류로 묶는 것은 무리한 일로 보인다. 기존 윤리학이라는 개념 자체가 애매하고 모호한 것이 그 이유이기도 하거니와 다른 이유는 기존의 윤리 이론들이 매우 다종다양하여 그것들을 '기존 윤리학'이라는 하나의 부류 안에 포함시키는 것 자체가 논란의 대상이 되기 때문이다. 그럼에도 불구하고 과학기술문명이 원천적으로 17세기의 과학혁명과 18세기의 산업혁명에 그 뿌리를 두고 19세기에 본격적으로 발달하기 시작하여 20세기 이후에 더욱 가속화되고 있다는 점을 감안할 때, 그러한 과학기술적 행위 능력과 불균형을 이루는 기존 윤리학은 20세기를 기점으로 그 이전의 윤리학과 그것을 계승하는 현대의 윤리학을 의미하는 것으로 보는 것이 타당할 듯하다. 본고에서는 편의상 17세기 이래의 서구 근·현대 윤리학을 분석의 대상으로 삼아 기존 윤리학의 특징들을 추상하고자 한다.[3]

---

3   물론, 여기서 말하는 기존 윤리학이 17세기 이래의 서구의 근·현대 윤리학만을 지칭하는 것이 아님은 너무나 분명하다. 무엇보다도 17세기 이전의 서구 윤리학도 당연히 기존 윤리학에 포함된다. 그뿐만 아니라 기존 윤리학에는

서양의 고·중세 윤리학에서는 이상적 삶의 방식(ideal Lebensform) 내지 도덕적 존재(moral being)에 관한 물음이 도덕적 담론의 중심을 차지하였으나, 근·현대로 오면서 도덕적 당위(moral ought)에 대한 물음이 윤리학의 중심으로 부상한다. 도덕적 당위의 문제에 관해서 탐구하는 의무윤리(deontic ethics)는 옳고 그름의 기준을 무엇으로 볼 것인가에 따라 심정윤리, 의무론(deontology), 결과론(consequentialism)으로 구분된다.

심정윤리는 행위의 옳고 그름이 심정 또는 의도의 선·악에 의해 결정된다는 견해이다. 이 견해에 따르면 선한 심정(의도)에서 이루어진 행위는 옳은 행위이고, 악한 심정(의도)에서 이루어진 행위는 그른 행위이다. 선한 심정이 도덕적 행위의 필요충분조건이며, 선한 심정 외에 다른 정당화는 불필요하다는 견해이다.

의무론은 행위의 옳고 그름의 판단 기준을 행위 그 자체의 성질이나

---

전 세계의 여러 문화권에 존재하는 관습 도덕을 체계화한 윤리학도 포함된다. 그런 관습 도덕의 윤리학도 대부분 이하에서 논의될 기존 윤리학의 특징들을 지닌 것으로 보인다. 또한 여기서 말하는 기존 윤리학은 도덕 판단의 이중과정이론 — 자동 설정과 수동 모드의 이중과정(Greene, 2014: 698) — 에서 말하는 자동 설정(automatic setting)의 도덕을 체계적으로 기술하고 합리화하는 도덕을 지칭하는 것으로 볼 수도 있다. 그린(J. Greene)에 따르면 이 자동 설정의 도덕을 체계적으로 기술한 대표적인 윤리학이 아리스텔레스의 덕윤리이고, 그것을 이성적으로 합리화한 대표적인 윤리학이 칸트의 윤리학이다(Greene, 2013: 329). 이하에서 논의되는 기존 윤리학의 특징들은 이 두 윤리학이 공통적으로 지니는 특징들이기도 하다. 이에 반해서 수동 모드의 도덕은 전형적으로 결과주의적 특징을 지닌다는 점에서 공리주의 및 책임윤리와 그 특징이 유사하다(Greene, 2014: 699). 따라서 공리주의와 책임윤리는 19세기에 태동한 윤리학이지만 기존 윤리학의 범주에 속한다기보다는 기존 윤리학에 대한 변혁 내지 개혁을 시도하는 '새로운 윤리학'의 성격이 강하다고 할 수 있다. 그래서 이하에서 논의되는 기존 윤리학의 특징은 공리주의와 책임윤리를 예외로 설정하고 덕윤리, 심정윤리, 의무론 등의 기존 윤리학을 분석 대상으로 삼아 추상화한 것이다.

종류에서 찾는 윤리 이론이다. 이 이론을 따를 경우, 옳은 행위는 '옳음(rightness)'의 도덕적 속성을 지니는 행위이거나 아니면 특정한 종류에 속하는 행위이다. 행위의 질을 강조하는 의무론을 보통 '행위 의무론'이라고 하고, 후자의 경우처럼 행위의 종류를 강조하는 이론을 '원리 의무론' 혹은 '규칙 의무론'이라고 한다. 의무론 가운데는 선한 동기 또는 의도를 도덕적 행위의 필요조건으로 간주하는 이론도 있고, 행위의 도덕성을 동기의 선·악과 엄격히 분리하는 이론도 있다. 전자의 대표적 예는 칸트 윤리와 자연법 윤리를 들 수 있고, 후자의 경우는 행위 의무론을 들 수 있다. 전자의 이론들은 선한 심정에서 동기 유발되고 도덕 법칙의 요구에 합당한 행위만이 도덕적 가치(도덕성)를 가진다고 본다. 칸트는 선의지를 동반하지 않고 단지 의무와 외적으로만 일치하는 행위에 대해 도덕성을 지니지 않고 합법성(Legaltaet)만을 지니는 행위라고 주장한다.

결과론 또는 결과주의 윤리 이론은 앞의 두 이론에 비하여 비교적 역사가 짧은 근·현대의 윤리 이론이다. 공리주의로 대표되는 결과주의는 행위의 옳고 그름이 결과에 의해서 결정된다는 견해이다. 결과주의에 의하면 행위는 그 자체만으로는 도덕적 가치를 지니지 않는다. 행위 자체는 목적에 대한 수단일 뿐이며, 행위의 도덕적 가치는 행위가 실현해야 하는 목적에 기여하는 정도, 즉 결과의 좋음과 나쁨에 의해서 결정된다. 좋은 결과를 낳는 행위가 옳은 행위이고, 나쁜 결과를 낳는 행위가 그른 행위이다. 결과주의는 목적이 수단을 정당화한다는 견해를 견지한다.

이 밖에 베버에 의해 제기된 책임윤리는 결과주의 윤리 이론의 일종에 속하면서도 공리주의와 구별되는 독특한 이론적 지위를 가진다. 베버에 따르면 심정윤리와 대조되는 책임윤리는 행동의 결과를 가장 윤리적 관련성이 큰 것으로 보고, 그 결과에 대하여 책임지는 윤리이다. 책임윤리에 따라 행위한다는 것은 행위의 실현 가능성을 수단-목적의 관점에서 추론하고, 예측할 수 있는 자기 행동의 결과를 설명하고, 수단을 목적에 비추어서 그리고 목적을 부수적 결과 및 다른 모든 가능한 목적들과 비교하여 합리적으로 숙고하여 행위하는 것이다. 책임윤리는 '심정(의향)을 갖지 않는 것'은 아니지만 항상 자신의 행위의 예상되는 결과를 현실적으로 묻고, 그것에 비추어 목적을 조정하며, 자기 행위의 결과에 대해 책임을 지는 윤리이다. 이렇게 보면 심정윤리와 책임윤리는 정반대가 아니라 상호 보완의 윤리라고 할 수 있다.

이러한 기존 윤리 이론들의 공통점을 찾아내는 것은 매우 어려운 과제로 보인다. 다수 이론에 공통되는 특징을 찾아낸다고 하더라도 그 특징들이 어떤 다른 하나의 이론에는 적용되지 않을 수도 있기 때문이다. 구체적으로 말하자면, 심정윤리와 의무론은 상당한 공통점을 지니는 데 비하여 이 이론들과 공리주의 및 책임윤리와의 공통된 특징을 추상하기는 쉽지 않다. 아마도 그 이유는 공리주의와 책임윤리 두 이론이 심정윤리와 의무론에 비하여 비교적 최근에 발달한 윤리 이론인 데서 기인하는 것 같다. 그래서 본고에서는 지나친 일반화의 위험을 무릅쓰고, 기존 윤리 이론의 주류를 이루는 심정윤리와 의무론을 중심으로 기존 윤리 이론의 특징을 추상하기로 하고, 이 특징과 공리주의 및 책임윤리의 관계를 부가적으로 기술할 것이다. 기존 윤리학의 특징을 도덕 판단의 범위, 도덕 판단의 기준, 도덕적 주체와 객체의 차원에서 살펴보면 다음과 같다.

## 1.1 현재—근접성 중심 윤리

먼저, 기존 윤리학에서 도덕 판단의 범위는 대체로 '여기'와 '지금'에 관련된 것이다. 즉, 기존 윤리학은 도덕 판단의 범위가 시간적으로 현재, 공간적으로 근접 영역에 한정된 '지금-여기의 윤리', '현재-근접성 중심의 윤리'이다.

  기존 윤리학에서 도덕 판단의 시간적 범위는 현재나 가까운 미래에 영향을 미치는 행위에 한정되고, 미래의 문제는 도덕 판단의 대상에서 배제되거나 문제삼지 않는다. 심정윤리와 의무론에서는 행위자의 현재의 심정 또는 현재의 행위의 질을 중요시 할 뿐, 행위가 낳는 장기적 결과는 도덕적으로 중요하지 않은 것으로 간주된다. 여기서 행위의 장기적 결과 또는 미래의 문제는 인간의 통제력을 벗어나 있는 우연 또는 운명의 문제로서 간주되며, 행위의 도덕성과는 무관한 것으로 여겨진다. 요나스에 따르면 이전의 모든 합리적 철학적 윤리는 아리스토텔레스에서 칸트에 이르기까지 현재의 상호관계 속에서 제기되는 모든 인간 행위에 타당한 보편화의 원리는 제시하지만, 인간 행위가 미래에 미치는 역사적 연관성은 고려하지 않았다. 칸트의 정언명법조차도 시간에 대한 구체적 연관을 고려하지 않음으로써 인간 행위의 미래적 연관을 다루지 않는 추상적 보편화의 원리에 머물고 말았다(Jonas, 1984: 5, 11). 다시 요나스의 표현을 빌면, "윤리적 세계는 동시대인들로 구성되어 있으며, 이 세계의 미래 지평은 예견될 수 있는 삶의 기간으로 제한되어 있었다(Jonas, 1984: 5)."

  행위의 결과에 주의를 기울이는 공리주의 — 적어도 고전적 공리주의 — 와 베버의 책임윤리는 장기적 결과와 미래의 문제를 다룰 수 있는 이론적 공간을 확보하고 있었다. 그럼에도 불구하고 실제로 그것들은 도덕 판단의 대상을 현재의 결과 또는 쉽게 예측할 수 있는 가까운 미래의 결과에 한정하였으며, 먼 미래의 결과를 고려하는 데까지 확대하지 않았다. 왜냐하면 고전적 공리주의와 책임윤리가 태동하고 발전하였던 18·19세기는 과학기술적 행위 능력이 성장·발전하고 있는 시기였고, 아직 과학기술적 행위 능력의 집단적 결과가 위기 수준으로 치닫지 않았던 시기였기 때문이다. 또한 그 시기는 결과를 계산하고 예측하는 과학과 기술도 이제 막 걸음마를 떼던 시기였기 때문이다. 요컨대, 과학기술적 행위 능력의 불충분함과, 결과를 계산하는 인간의 계산 능력의 한계에서 비롯된 결과의 불확정성이 공리주의와 책임윤리가 그 이론적 가능성에도 불구하고 실제로 먼 미래를 도덕 판단의 대상으로 삼는 것을 방해하였다.

기존 윤리학에서는 도덕 판단의 공간적 범위 또한 행위 주체와 직·간접적으로 인간관계를 맺을 수 있는 근접 영역으로 제한된다. 심정윤리에서 강조하는 선한 심정(의도)이 배려하는 범위는 가족, 친구, 이웃과 공동체, 심지어 낯선 사람과 원수에게까지 확대될 수는 있으나, 이는 어디까지나 동시대의 근접한 공간적 지평 안으로 한정된 것이다. 거기에는 인간 아닌 다른 존재나 생태계와 같은 것은 포함되지 않는다. 의무론은 인간관계의 친소에서 비롯되는 특수한 의무를 중시한다. 따라서 도덕 판단의 공간적 범위는 주로 가족, 이웃, 지역사회, 국가 공동체에 집중되고, 멀리 떨어져 있는 낯선 사람들이나 전체 인류 또는 전체 생태계는 도덕 판단의 범위 안에 포함되지 않거나 설혹 포함되더라도 큰 비중을 차지하지 못한다. 도덕의 보편화 가능성을 강조한 칸트의 윤리 이론은 도덕 판단의 범위를 인류 공동체에로 확대시킬 수 있다. 그러나 칸트의 보편화의 원리도 그 적용 범위가 이성적 존재자들의 도덕 공동체에 한정될 뿐, 인류를 넘어서 비이성적 존재자들이나 생태계 전체로 확대되지는 않는다.

공리주의는 행위에 영향받는 모든 당사자 — 유정적 존재 — 들에게 미치는 결과를 고려해야 한다는 점에서 원리상으로는 도덕 판단의 범위를 공간적으로 확대할 가능성을 가지고 있다. 하지만 실제로 고전적 공리주의에서 도덕 판단의 범위는 제한된 공간적 지평 안에 한정되었다. 기껏해야 고전적 공리주의는 동물에 대한 도덕적 고려를 이론적 차원에서 천명하고 요구하는 수준에 머물렀을 뿐이다. 고전적 공리주의에서 전체 생태계의 문제 같은 것은 도덕 판단의 범위에 들지 않았다. 공리주의가 실질적으로 도덕적 고려와 판단의 범위를 전체 인류, 동물, 전체 생태계, 기후변화 등으로 확대하기 시작한 것은 20세기 후반부터이다.[4] 이렇게 공리주의가 실제로 도덕적 고려의 범위와 결과의 계산 범위를 시·공간적으로 확대한 것은 과학기술적 행위 능력으로 인해 행위의 영향력 범위가 확대되고 이와 더불어 결과 계산 능력이 증대된 것과 관계가 있다. 이는 공리주의의 이론적 가능성이 과학기술 시대에 접어들어 현실화된 것이라고 할 수 있다. 이는 공리주의의 긍정적 특징이자, 공리주의가 과학기술 시대의 윤리학의 위기를 극복할 수 있는 하나의 이론적 대안이 될 수 있음을 보여주는 것으로 생각된다.

기존 윤리학에서 도덕 판단의 범위가 지금·여기에 한정되었던 근본적 이유는 기존 윤리학이 성립되었던 시기의 인간의 행위 능력의 한계에서 찾을 수 있다. 경험기술적 행위 능력의 범위 내에서 이루어진 행위는 그 영향력이 시·공간적으로 제한되고, 미래와 먼 곳으로 확대되지 않는다. 설혹 행위가 비교적 먼 미래와 멀리 떨어진 곳에까지 영향을 미친다고 하더라도 그 당시에는 그 결과를 예측할 수 있는 과학기술적 능력을 결여하고 있었다. 이런 상황에서는 윤리학이 굳이 미래와 멀리 떨어진 곳에 미치는 효과에 대하여 염려할 필요가 없으며, 그럴 수도 없었다.

---

[4] 이 과정에서 선도적 역할은 한 것은 피터 싱어(Peter Singer)이다. 싱어는 동물 해방, 해외 원조, 기후변화 등과 같은 윤리적 문제들에 공리주의를 적용하여 도덕적 고려의 범위를 시·공간적으로 확대해야 할 당위성을 제기하였다.

### 1.2 심정-의무 중심 윤리

기존 윤리학은 도덕 판단의 기준으로서 행위의 결과보다는 심정의 선과 행위 자체의 성격을 강조하는 '심정-의무 중심 윤리'의 특징을 지닌다. 심정윤리가 선한 심정 또는 의도를 강조하는 것은 물론이거니와 의무론의 중심 이론인 칸트의 윤리와 자연법 윤리도 심정의 선을 도덕성의 필수조건으로 강조한다. 또한 의무론은 행위를 그 결과와 무관하게 행위의 성질 또는 도덕 원리(규칙 또는 법칙)과의 일치 여부에 따라 옳은 행위와 그른 행위로 나누고, 옳은 행위의 수행과 그른 행위의 금지를 도덕적 의무로 규정한다.

세계와 삶에 실제적인 영향을 주는 것은 행위의 결과이다. 그럼에도 불구하고 기존 윤리학이 도덕 판단의 기준으로서 심정과 의무를 강조한 이유는 종래의 신체기능적 행위 능력과 경험기술적 행위 능력의 범위 내에서는 선한 심정과 합리적 결정에서 행해진 정당한 행위만으로도 행위의 도덕성을 확보하기에 충분하였기 때문이다. 즉, 인간의 신체기능과 경험기술을 활용하는 행위에서는 의도-행위-결과 사이의 함수 관계가 비교적 단순해서 선한 의도에서 동기 유발된 정당한 행위는 대체로 좋은 결과를 낳는다. 그래서 행위가 어쩌다 의도하지 않은 나쁜 부수적 결과를 동반한다고 하더라도 그런 결과는 무시해도 좋을 만큼 미미한 것이 대부분이다. 이런 여건에서 결과는 의도와 행위에 주로 의존하기 때문에 좋은 결과를 얻기 위해서 굳이 독립적으로 결과를 강조할 필요가 없다. 행위의 인과 계열을 따라서 먼저 선한 의도를 가질 것을 강조한 다음, 대체로 좋은 결과를 낳는 경향이 있는 행위 유형을 옳은 행위 내지 의무로 규정하고 그것을 지키도록 함으로써 좋은 결과를 얻을 수 있다. 심정과 행위를 통제하는 것만으로도 사실상 결과를 통제할 수 있기 때문이다. 이런 여건에서 윤리학은 당연히 결과보다는 선한 심정과 정당한 행위를 강조하고, 모든 결과에 대한 엄밀한 책임을 묻기보다는 심정과 행위 자체의 도덕적 성격에 비추어 책임을 묻는 방향으로 발전한다. 그리고 선한 의도에서 잘 숙고되고 잘 실행된 행동이 나중에 산출한 의도하지 않은 결과에 대해서는 도덕적 책임을 묻지 않는다.

    결과주의를 표방하는 공리주의와 책임윤리는 기존 윤리학의 심정-의무 중심 경향에서 예외라고 할 수 있다. 그러나 이것은, 공리주의와 책임윤리가 심정윤리와 의무론에 비해서 역사가 짧은 비교적 최근의 이론이란 점을 고려할 때, 그 이론들이 기존 윤리학이라기보다는 새로운 여건 변화에 민감하게 반응한 새로운 윤리학의 성격 — 결과주의 — 을 지녔기 때문이다. 그러므로 기존 윤리학의 주류적 견해를 심정-의무 중심 윤리로 규정하는 것이 큰 무리는 아닐 것이다. 따라서 기존 윤리학을 주로 심정윤리와 의무론에 한정하고 그 특징을 추상하는 것 역시 타당하다고 할 수 있다. 공리주의와 책임윤리가 결과를 도덕적 판단의 기준으로 내세운 것은 과학기술의 발달과 더불어 증가하는 인간의 행위 능력과 이로 인한 동기-행위-결과 사이의 함수 관계가 복잡해지는 상황 변화에 대한 윤리학적 반응이라고 할 수 있다.

### 1.3 개인-인간 중심 윤리

    기존 윤리학의 세 번째 특징은 '개인-인간 중심 윤리'이다. 기존 윤리학에서 도덕 판단의 주체는 개인에 한정되며, 집단이나 조직체는 도덕의 주체에서 배제된다. 도덕 판단의 객체, 즉 도덕적 고려의 대상도 인간으로 한정된다. 인간 아닌 존재들(non-human beings)은 단지 인간이 그러한 것들에 이해관심을 가지는 경우에 한해서 간접적으로 도덕적 고려의 대상 안에 포함된다.

기존 윤리학에서 도덕 판단과 도덕적 책임의 주체는 기본적으로 개인이다. '당위는 가능을 함축한다'는 칸트의 논의를 따를 경우, 도덕적 당위는 도덕적 행위 능력(moral agency: 도덕적 행위주체성)을 가진 존재를 전제한다. 도덕적 행위 능력을 가진 존재만이 도덕 판단과 도덕적 책임의 주체가 될 수 있는 것이다. 이렇게 볼 때, 적어도 현재까지 이 지구에서는 인간만이 도덕적 행위 능력을 가졌다는 점에서 인간만이 도덕 판단과 책임의 주체인 것은 분명하다. 그러나 기존 윤리학은 개체론적 관점에서 개인에게만 도덕 판단과 책임의 주체로서의 지위를 인정할 뿐, 인간의 집단이나 조직체에게는 그러한 지위를 부여하지 않는다. 의도를 가지고 자유로운 의사결정을 내리고 행위할 수 있는 존재는 개인뿐이며, 인간의 집단이나 조직체는 그럴 수 없다는 것이다. 우리는 종종 회사와 같은 조직체를 법인이라고 부른다. 하지만 이것은 어디까지나 편리를 도모하기 위한 수사적인 표현일 뿐이다. 우리는 법인과 같은 조직이나 집단의 책임은 개인에게 남김없이 배분되거나 환원될 수 있다고 생각한다.

기존 윤리학이 이처럼 도덕 판단과 책임의 주체를 개인에게 한정하고 집단이나 조직체를 배제한 것은 신체기능적·경험기술적 행위가 지배적인 상황을 반영한 것으로 보인다. 신체기능적·경험기술적 행위 능력의 범위 내에서는 행위의 입력과 출력의 함수 관계가 비교적 단순하기 때문에 의도하지 않는 부수적 결과는 발생하지 않거나 발생한다고 하더라도 사소한 수준에 머무는 것이 대부분이다. 이런 여건에서는 개별적 행위의 결과와 집합적 행위의 결과 사이에는 선형성이 존재한다. 즉, '행위의 집합적 결과'가 '개별적 행위들의 결과의 합'과 같은 것이 대부분이고, 간혹 집합적 결과가 개별적 행위의 결과의 합을 능가한다고 하더라도 그것은 무시해도 좋을 정도로 미미한 것이다. 이런 상황에서는 집합적 결과를 남김없이 개별적인 행위의 결과로 환원하여 배분할 수 있고, 그에 따라 개별적인 행위의 주체를 확인하고 그에게 책임을 귀속시킬 수 있다. 이런 여건에서는 개인만으로도 도덕적 책임을 귀속시키기에 충분하기 때문에 굳이 집단이나 조직체를 별도로 도덕적 판단과 책임의 주체로 상정할 필요가 없다.

기존 윤리학은 도덕적 주체(moral agent)뿐만 아니라 도덕적 객체(moral patient: 도덕 수혜자 또는 도덕적 고려 대상)도 오직 인간에게 한정한다. 대부분의 기존 윤리 이론에 따르면 오로지 인간만이 도덕적 지위(moral status)를 갖는다. 그런 기존 윤리학은 인간 이외의 다른 존재가 도덕적 지위를 가질 수 있다는 문제의식 자체를 거부하고, 인간 아닌 존재들(non-human beings)에는 도덕적 지위를 부여하지 않는다. 인간 이외의 다른 모든 존재들은 그것들이 인간의 이익에 이바지하는 한에서만 가치를 가지는 것으로 간주된다. 그것들은 도덕적 고려에서 수단이요 대상일 뿐, 목적으로 존중받지 못한다. 이 점에서 기존 윤리학은 인간중심주의(anthropocentrism)의 성격을 가진다.

기존 윤리학은 인간만이 도덕적 지위를 가지는 이유를 인간종(homo sapiens) 자체 또는 인간종의 특이성으로서 이성 능력에서 찾는다. 즉, 기존 윤리학에서는 인간만이 인간종에 속한다는 이유만으로 또는 인간만이 사고하고 선택할 수 있는 지적인 능력을 갖는다는 이유만으로 인간에게 도덕적 지위를 부여한다. 이에 반해서 동물과 다른 존재는 인간종에 속하지 않기 때문에 또는 이성 능력이 없기 때문에 도덕적 지위를 갖지 못한다. 아리스토텔레스에서 아퀴나스에 이르기까지 고·중세의 대부분의 서양 철학자들이 이 같은 견해를 가지고 있었다. 이러한 견해는 근대에 들어서 계몽주의의 영향 아래 오히려 강화되었다. 칸트는 『윤리학 강의』에서 자연을 존중하는 우리의 의무는 다른 인간에 대한 의무에서 도출되는 간접적 의무일 뿐이라고 말하고 있다(Kant, 1997: 212). 대상 및 수단과 대비되는 주체 및 목적에게만 도덕적 지위와 권리를 부여하는 칸트의 분석은 인간만이 도덕적 지위를 갖는다는 견해를 강화한다. 이러한 입장에서는 자유롭게 이성적으로 행위를 할 능력이 있는 자율적인 존재만이 도덕적 행위 주체이자 도덕적 지위를 지니는 존재이다. 또한 다른 모든 생명체는 이러한 능력이 없다고 생각되기 때문에 그것들은 도덕적 고려의 대상으로부터 배제된다. 동물과 식물은 주체가 아니라 대상일 따름이다.

도덕적 고려 대상의 범위를 인간 아닌 존재로 확대한 점에 있어서도 공리주의는 기존 윤리학에서 예외적 위치를 차지한다. 공리주의에서 도덕적 지위의 기준은 이성이 아니라 쾌락과 고통에 대한 감수성, 즉 유정성(sentience)이다. 벤담(J. Bentham)에 따르면 도덕적 고려에서 중요한 것은 그들이 이성을 갖는가, 그들이 말을 하는가가 아니라 그들이 고통을 겪는가이다(Bentham, 1988: 311).[5] 벤담 이래로 공리주의는 도덕적 고려 대상의 범위를 인간을 넘어서 쾌락과 고통을 느끼는 능력을 가진 모든 존재로 확대했다. 그러나 공리주의를 따르더라도 도덕적 객체의 범위는 유정성을 지닌 고등 동물의 범위를 넘지 않으며, 비유정적인 동물과 식물 그리고 생태계 전체는 직접적으로는 도덕적 고려의 범위 안에 들지 않는다.

---

5 "도대체 구분선은 어디에 그어져야 하는가? 이성 능력인가? 아니면 대화 능력인가? 완전히 성숙한 말이나 개는 하루나 일주일 또는 한달 된 유아와는 비교할 수 없을 정도로 더 합리적이고 더 많은 내화 능력을 지니고 있다. 만약 그것들이 그와 같지 않다면 그것들을 어디에다 이용하겠는가? 문제는 그들이 이성적 능력을 지니고 있는가, 그들이 말할 수 있는가가 아니라 그들이 고통을 겪는가이다(Bentham, 1988: 311, 각주)."

### 2) 과학기술 시대에서 기존 윤리학의 한계

기존 윤리학의 현재-근접성 중심, 심정-의무 중심, 개인-인간 중심의 특징들은 신체기능적·경험기술적 행위 능력 범위 내에서 이루어지는 인간의 행위를 규제하는 데는 유효한 특징들로 보인다. 신체기능적·경험기술적 행위 능력의 범위 내에서는 행위의 결과의 파급 범위가 시·공간적으로 지금과 여기에 한정되며, 선한 의도에서 동기유발되고 합리적 숙고 과정을 거쳐 수행된 정당한 행위는 대체로 좋은 결과로 이어지고 그것의 부수적 결과는 최소화된다. 그리고 행위가 이루어지는 상황은 비교적 고정적이다. 이런 여건에서는 현재-근접성 중심, 심정-의무 중심, 개인-인간 중심의 기존 윤리학만으로도 행위를 충분히 규제하고, 그 결과를 어느 정도 제어할 수 있다.

그러나 바로 이런 특징들 때문에 기존 윤리학은 과학기술이 초래한 윤리적 문제들을 다루는 데 있어서 심각한 무능력을 보인다. 과학기술은 인류의 행위 능력을 급격히 증대시켰고, 과학기술을 매개로 한 인간의 행위는 그 영향력의 파급 범위가 시간적으로 '미래', 공간적으로 '전 지구'로 확대된다. 그리고 의도-행위-결과의 함수 관계가 매우 복합적이고, 행위의 결과나 부수적 결과를 적절히 예측하기도 힘들다. 그래서 선한 의도에서 합리적 결정을 통해서 행해진 정당한 행위도 때때로 예기치 못한 엄청난 부작용을 낳기도 한다. 이런 여건에서는 우리의 도덕적 관심을 '지금' '여기'에 한정하고 선한 심정과 정당한 행위에 도덕성을 기초시키는 기존 윤리학의 틀로는 행위의 결과들을 적절하게 제어할 수 없으며, 행위자들이 행위의 결과에 대해서 온전하게 책임지기를 기대할 수도 없다. 요컨대, 과학기술적 행위 능력과 기존 윤리학 사이에 불균형이 존재하는 것이다. 이것이 바로 기존 윤리학이 과학기술의 집단적 사용으로 초래된 전 지구적 위기에 대해 인류의 도덕적 감수성을 무디게 만드는 주된 이유이자 그 위기의 해결에 한계를 보이는 주된 이유이다. 우리의 '자연적인 도덕적 감수성'(자동 설정 도덕)과 기존 윤리학이 강조하는 도덕적 틀은 시간적으로 현재 당면한 그리고 공간적으로 근접한 윤리적 문제들에 대해서는 민감하고 적합하지만, 시간적으로 먼 미래에 영향을 미치거나 공간적으로 멀리 떨어진 곳 또는 전 지구적 영향을 미치는 윤리적 문제들에 대해서는 둔감하고 무력하다. 한마디로 기존 윤리학은 과학기술적 행위 능력을 규제하는 데 부적합하다. 기존 윤리학과 과학기술적 행위 능력 사이의 불균형을 무시하고 기존 윤리학을 그대로 과학기술적 행위에 적용하는 것은 과학기술이 야기한 윤리적 문제들을 해결하기는커녕 오히려 악화시킬 수 있는 큰 위험성마저 내포하고 있다.

"현대 기술이 산출한 행위들의 규모는 너무나 새롭고 그 대상과 결과 또한 새로운 것이었기 때문에 기존 윤리의 틀이나 인간의 자연스러운 도덕적 감수성으로는 이 행위들을 더 이상 파악할 수 없다(Jonas, 1984: 6)." 그러나 인간은 행위하는 까닭에 윤리는 있어야만 한다. 그리고 윤리는 행위의 질서를 위해 또 행위할 수 있는 권력의 규제를 위해 존재하는 것이다. 따라서 규제해야 할 행위의 권력이 크면 클수록 윤리는 더욱 더 있어야만 한다. 요나스에 따르면 질서 원리는 질서 지워져야 할 것의 크기뿐만 아니라 그 종류에도 적합해야 한다. 그러므로 새로운 종류의 행위 능력은 윤리의 새로운 규칙을 요구하며, 또 새로운 종류의 윤리를 요구한다(Jonas, 1984: 23). 과학기술이 초래한 시·공간적으로 거시적인 윤리 문제들을 해결하기 위해서는 윤리학의 변형 내지 새로운 윤리학이 필수적으로 요구된다는 것이다.

기존 윤리학과 과학기술적 행위 능력 간의 불균형 및 새로운 윤리의 필요성을 아펠(K. O. Apel)은 문화 진화의 두 방향과 관련지어 설명한다. 아펠에 의하면 현대 문명의 영역에서 사회문화적 발달의 상이한 부문들 간에는 구조적 비동시성이 나타나는데, 이것이 가장 현저하게 나타나는 영역이 관습 도덕(conventional morals)의 영역이다. 모든 민족과 문화에서 관습 도덕은 본질적으로 소집단 내의 인간관계에 제한되어 있거나 기껏해야 민족국가 내에서 전문적 역할의 의무를 수행하는 하나의 사회적 규범 체계에 한정되어 있다. 아펠은 관습 도덕의 이 두 가지 차원을 각각 미시윤리(microethics)와 중형윤리(mesoethics)라고 부른다(Apel, 1996: 275). 그런데 아펠에 의하면 20세기 산업사회 들어서 관습 도덕의 범주로는 더 이상 파악할 수 없는 새로운 윤리적 문제들이 출현하기 시작했다. 즉, 소집단 내의 미시윤리적 충성심의 범주나 법과 질서라는 사회체계의 중형윤리적 규범의 범주로는 파악할 수 없는 새로운 윤리적 문제들이 출현하기 시작했다.

아펠은 이 과정을 문화 진화의 두 방향인 호모 파베르(homo faber) 노선과 호모 사피엔스(homo sapiens) 노선 사이의 불균형으로 이해한다. 문화 진화의 첫 번째 방향은 호모 파베르가 '행위의 인과적 결과의 세계'와, 동물적 행동의 환류 서클 내에서 '행동을 촉발하는 감각 신호의 세계' 사이의 자연적 균형을 돌파하는 것으로 특징지울 수 있다. 아펠의 논의에 따르면 호모 파베르에 의한 도구의 발명, 특히 무기의 발명이 본능적 행동 촉발의 영역에서는 예견되지 않는 행동의 결과 영역을 열어 놓음으로써 결정적으로 이러한 균형을 무너뜨렸다(Apel, 1996: 276). 문화 진화의 두 번째 방향은 더 이상 본능에 의해 규제되지 않는 인간 행동을 도덕적으로 규제하는 사회 제도의 발달이다. 아펠에 의하면 인류는 관습 도덕을 두 단계에 걸쳐 발달시킴으로써, 즉 씨족의 도덕(미시윤리적 단계)과 국가의 도덕(중형윤리적 단계)이라는 관습 도덕을 발달시킴으로써 인간 행동의 영향력 범위의 지속적 증대라는 호모 파베르의 도전에 지금까지 어느 정도 대처해왔다(Apel,

1996: 277-278).

그러나 아펠의 논의에 따르면 20세기 산업 사회가 되면서 기술의 발달과 관습 도덕 사이의 균형은 깨어졌다. 그 이유는 사회 제도 자체가 국제 경제 체제에서 보는 바와 같이 개별 국가의 범위를 넘어서 전 지구적 규모로 발달하고 인간과 생태계 사이에 새로운 관계가 형성되었기 때문이다. 이런 사태는 인간 행위의 영향력을 증대시키고 확장시킨 기술을 통해서 일어났다. 호모 파베르가 기술로 동물적 본능의 장벽을 돌파한 이래로 호모 파베르의 기술적 성취는 항상 호모 사피엔스의 도덕적 책임을 앞질러 왔다고 할 수 있다. 아펠에 의하면 문화 진화의 두 차원에서, 즉 자연에 대한 기술적 개입의 차원과 사회적 상호작용의 차원에서 전반적 상황은 우리 시대에 '새로운 공동 책임의 윤리학', 달리 말해 기존 윤리 혹은 관습적 윤리와 구별되는 (전 지구적) 거시윤리학(macroethics)을 요구하고 있다(Apel, 1996: 278).

요컨대, 과학기술의 발달로 인한 인간의 행위 능력의 증대는 인간의 행위의 본질을 변화시켰으며, 이로 말미암아 과학 기술적 행위 능력과 기존 윤리학 사이에 모종의 불균형이 초래되었다. 기존 윤리학은 더 이상 과학 기술적 행위 능력의 집단적 사용이 낳은 윤리적 문제들을 해결하는 데 적합한 윤리적 지침을 제공하지 못하고 있다. 과학기술적 행위 능력은 인간 행위의 본성을 변화시켰고, 이 인간 행위의 본성의 변화는 그에 상응하는 새로운 윤리학 내지 윤리학의 변형을 요구하고 있다. 따라서 과학기술 시대에 적합한 윤리학은 과학기술적 행위 능력의 특징에 맞추어 윤리적 사고의 범위와 평가의 기준, 도덕의 주체와 객체의 성격을 새롭게 규정할 필요가 있다.

### 5  과학기술 시대의 위기와 윤리학의 변형 요청

과학기술을 매개로 한 인류의 집단적 행위에서 행위의 결과의 파급 범위는 미래와 전 지구로 확대되고, 의도-행위-결과의 함수 관계는 비선형 함수 관계를 나타내며, 기술의 점증적 성격으로 인하여 상황 자체를 급속히 변화시키는 특징을 가진다. 이러한 과학기술적 행위 능력을 감안할 때, 과학기술이 야기한 윤리적 문제들을 다루기 위한 윤리학은 '현재-근접성 중심 윤리'에서 '미래-지구 중심 윤리'로, '심정-의무 중심 윤리'에서 '결과-책임 중심 윤리'로, '개인-인간 중심 윤리'에서 '집단-탈인간 중심 윤리'로 변형될 필요가 있다.

### 1) 미래-지구 중심 윤리

먼저, 과학기술 시대에 적합한 윤리학은 도덕 판단의 범위를 미래와 지구에 미치는 효과를 포괄할 수 있도록 확대해야 한다. 과학기술적 행위의 결과는 시간적으로 먼 미래에까지 영향을 미칠 수 있으며, 공간적으로는 전 지구적 차원에 영향을 줄 수 있다. 따라서 과학기술을 매개로 이루어지는 인류의 집단적 행위는 미래 세대의 생존과 삶의 질에 그리고 지구 생태계 전체에 중대한 영향을 미칠 수 있다. 미래 세대와 생태계의 문제는 인류와 지구의 운명이 걸린 문제라는 점에서 다른 어떤 윤리적 문제보다도 윤리적 긴급성을 지니는 중대한 문제라고 할 수 있다. 그러나 인간적 삶의 전 지구적 조건과 종의 먼 미래와 실존을 고려할 필요가 없었던 지금-여기 중심의 기존 윤리학은 미래 세대와 생태계의 문제를 적절히 다룰 수 없다. 따라서 과학기술적 행위 능력에 적합한 윤리학은 미래 세대의 문제와 생태계의 문제를 다룰 수 있도록 '미래-지구 중심 윤리'로 변형될 필요가 있다.

우리는 이러한 미래-지구 중심 윤리의 한 가지 예를 요나스의 윤리학에서 발견할 수 있다. 요나스는 칸트의 정언명법이 시간에 대한 구체적 관계를 고려하지 않음으로써 미래 세대의 문제를 적절히 다루지 못하였다고 비판하고, 칸트의 정언명법을 변형하여 새로운 명법을 제시하고 있다. 그에 의하면 인간 행위의 새로운 유형에 적합하고 새로운 유형의 행위 주체를 지향하는 명법은 "너의 행위의 결과가 지상에서의 진정한 인간적 삶의 존속과 조화될 수 있도록 행위하라." 또는 "너의 행위의 결과가 인간 생명의 미래의 가능성에 대해 파괴적이지 않도록 행위하라."가 되어야 한다(Jonas, 1984: 11). 이 새로운 명법은 우리 자신의 생명을 내걸 수는 있으나 인류의 생명을 위태롭게 해서는 안 된다고 말한다. 우리는 현세대의 존재를 위해서 미래 세대의 비존재를 선택하거나 감히 미래 세대를 위태롭게 할 권리를 지니지 않는다는 것이다. 요나스는 미래 세대의 생존과 그 생존의 토대인 생태계의 보존에 대해 책임지는 새로운 윤리를 제안하고 있다.

## 2) 결과-책임 중심 윤리

다음으로, 윤리학은 결과와 책임을 중시하는 방향으로 도덕 판단의 기준을 변형시켜야 한다. 과학기술을 매개로 한 행위는 매우 복잡한 효과를 가져온다. 의도-행위-결과의 함수 관계가 복잡한 고차 방정식과 같아서 행위의 투입과 산출 간에는 비선형성이 존재한다. 그래서 행위가 의도하지 않은 부수적 결과를 낳는 경우가 많고, 때로는 이 부수적 결과가 의도하는 결과를 압도하는 상황이 벌어지기도 한다. 또한 과학기술적 행위는 행위자가 처한 상황을 급격하게 변화시키는 특징이 있어서 행위자는 과거와는 다른 상황에서 행위를 수행하게 된다. 이런 상황에서는 이전에 대체로 좋은 결과를 낳았던 행위나 행위 유형도 나쁜 결과를 초래할 수 있다. 이런 특징으로 인해 과학기술적 행위에서는 심정(의도)의 선을 강조하고, 정해진 의무를 성실하게 수행하는 것만 가지고는 좋은 결과를 기대할 수 없다. 오히려 선한 심정과 의무의 충실한 이행이 과학기술을 통해서 위기를 낳을 수도 있다. 과학기술문명이 낳은 위기의 현상들이 대부분 선의에서 동기유발되고 의무에 알맞은 정당한 행위를 수행한 결과로서 초래된 것이라는 점이 이것을 여실히 보여준다.

 심정-의무 중심의 기존 윤리학의 판단 기준을 적용할 경우, 선한 의도와 정당한 행위로 인정되는 과학기술적 행위들이 약간의 의도하는 좋은 결과와 그것을 훨씬 능가하는 나쁜 부수적 결과를 낳는 경우에도, 그런 행위들은 도덕적으로 허용 가능한 행위로 평가된다. 그러나 인류를 위태롭게 하는 위기를 낳는 행위들을 도덕적으로 긍정하는 것은 기존 윤리학의 무능력과 위험을 드러내는 것이다. 기존 윤리학의 도덕 판단 기준인 심정의 선과 의무 적합성을 가지고는 과학기술적 행위의 도덕성을 올바르게 평가할 수 없을 뿐만 아니라 과학기술적 행위가 야기한 위기에 적절히 대처할 수도 없다.

 과학기술 문명이 초래한 위기는 심정이나 행위에 문제가 있는 것이 아니라 그 결과로 말미암은 것이다. 따라서 과학기술이 초래한 위기를 다루기 위해서는 결과에 대한 규제와 통제가 필수적이다. 심정의 선과 의무에 알맞은 행위만으로 과학기술적 행위가 초래하는 결과를 적절히 통제할 수 없음이 분명해진 이상, 심정이나 의무를 통해 결과를 규제할 것이 아니라, 행위의 결과를 직접적으로 규제하는 것이 필요하다. 행위의 결과에 대한 책임을 강조할 필요가 있으며, 행위의 옳고 그름도 결과에 비추어 판단할 필요가 있다. 결과에 비추어 행위의 도덕성을 결정하고, 의도하지 않은 예견되는 결과를 포함해서 행위의 전반적 결과에 대해 책임을 물을 때에만 과학기술적 행위를 적절히 제어할 수 있다. 그러므로 과학기술적 행위 능력에 부합하는 윤리학은 도덕 판단의 기준을 심정의 선 또는 의무 적합성에서 '결과'로 바꾸어야 할 필요가 있으며, 행위의 결과와 부수적 결과를 예측할 책임 및 실제로 초래된 결과에 대한 책임을 부과하는 윤리가 되어야 한다. 따라서 과학기술적 행위 능력은 윤리학에 대해 도덕 판단의 기준을 심정-의무 중심에서 결과-책임 중심으로 변형시킬 필요를 제기한다. 달리 말해서 과학기술의 집단적 사용이 초래한 인류의 위기와 윤리학의 위기는 '자동 설정' 도덕을 넘어서 '수동 모드 도덕'에 더욱 주목하고 그것을 중심으로 삼을 것을 요청하고 있다.

### 3) 집단-탈인간 중심 윤리

마지막으로, 윤리학은 과학기술 시대에 맞게 도덕적 주체와 객체의 범위를 확대할 필요가 있다. 과학기술적 행위가 야기한 윤리적 문제들은 개별적 행위만 놓고 본다면 정당하고 선한 행위들이 집합적으로 모여서 본래 의도하지 않은 부수적 결과를 낳음으로써 초래된 것들이 대부분이다. 왜냐하면 과학기술을 사용하는 행위에서는 과학기술적 행위 능력의 특징인 효과의 복합적 연관성으로 말미암아 개별적 행위의 결과들이, 특히 부수적 결과들이 복합적으로 상호 작용하여 예기치 못한 집합적 결과를 낳기 때문이다. 이렇게 되면 '개별적 행위의 결과의 합'과 '행위의 집합적 결과' 사이에 비선형성이 생기게 된다. 여기서는 개별적 행위 각각의 결과를 합한 것과 그 행위들로 말미암은 집합적 결과가 같지 않다. 집합적 결과에는 개별적 행위들의 결과들이 복합적으로 상호 작용하여 초래한 결과들이 포함되기 때문이다. 이런 상황에서는 집합적 결과가 개별적 결과의 합을 능가하기 때문에 집합적 결과를 개별적 행위의 주체인 개인들에게 배분한다고 해도, 집합적 결과 중에는 그 누구에게도 배분되지 않는 결과의 영역, 즉 아무도 책임질 수 없는 결과의 영역이 남게 되어 있다. 여기서 책임의 공백이 나타나게 된다. 개별적 행위의 결과와 집합적 결과 사이의 비선형성이 존재하는 상황에서는 소위 '집단적 비배분 책임'(collective nondistributive responsibility)이 존재하게 된다(Feinberg, 1970: 243, 248).[6] 이와 같은 상황에서 기존 윤리학처럼 개인만을 도덕적 주체로 인정할 경우, 과학기술이 야기한 대부분의 윤리적 문제들에 대해서 개인은 책임이 없게 되며, 비록 개인이 자기 행위에 대해서 책임을 진다고 하더라도 '집단적인 비배분 책임'에 대해서 불가피하게 책임의 동공화 현상이 일어나게 된다. 따라서 기존 윤리학의 도덕적 주체 개념으로는 과학기술 시대의 중요한 윤리적 문제들을 책임 있게 다룰 수 없다. 집단적 비배분 책임의 문제를 다루기 위해서는 도덕적 책임의 주체를 개인을 넘어서 집단으로 확대할 필요가 있다.

도덕적 주체를 개인에 한정하는 주된 논거가 되는 "당위는 가능을 함축한다"는 칸트의 논변이 반드시 개인만이 도덕적 주체가 될 수 있음을 함의하는 것은 아닐 수 있다. 도덕적 행위 능력을 지닌 인간들이 합당하게 조직될 경우 그러한 집단 역시 일정한 행위를 선택하고 의사를 결정할 자유를 갖는 일이 가능할 것이며, 따라서 도덕적 주체의 지위를 가지는 것 역시 가능할 수 있을 것이다(황경식, 1995: 15). 과학기술적 행위 능력의 범위 내에서는 개별적 행위의 결과와 집합적 결과 사이의 비선형성으로 인한 비배분

---

[6] 파인버그는 집단 책임을 '집단적 배분 책임'과 '집단적 비배분 책임'으로 분류한다. 집단적 배분 책임은 집단의 책임이 개인적 책임들의 총합에 불과해서 그 책임을 집단의 다양한 성원들에게 남김없이 분담시킬 수 있는 집단 책임을 말하고, 집단적 비배분 책임은 집단의 책임이 그 성원의 책임의 총합과 동일하지 않아서 이를 구성원들에게 분담할 수 없는 집단 책임을 말한다 (Feinberg, 1970: 243, 248).

집단 책임의 문제가 전 지구적 규모에서 빈번히 발생한다. 그러므로 과학기술 시대에 적합한 윤리학은 도덕적 주체를 개인을 넘어서 집단이나 조직체 또는 제도의 차원으로 확대할 필요가 있으며, 집단 책임에 대해 주의를 기울일 필요가 있다. 오늘날 현대사회가 당면하고 있는 주요한 문제들이 대체로 조직체에 의해서 그리고 그 조직체의 정책이나 제도들의 실패에 의해서 비롯된 것이라는 점을 고려한다면 그리고 그 문제들의 해결 역시 궁극적으로 그 조직체와 그것의 정책과 제도에 크게 의존한다는 점을 감안한다면, 도덕적 주체를 개인을 넘어 집단과 조직체로 확대해야 할 필요성은 더욱 강화된다.

과학기술 시대에 적합한 윤리학은 도덕적 주체 개념을 확대해야 할 뿐만 아니라 도덕적 객체의 범위도 확대해야 한다. 공리주의를 제외한 대부분의 기존 윤리학은 도덕적 지위의 기준을 인간종이나 이성으로 보고, 도덕적 고려의 대상을 인간으로 한정한다. 그래서 인간 아닌 존재들은 외재적 가치(extrinsic value)만을 가지는 존재로서 간주되며, 인간의 필요의 관점에서만 도덕적 고려의 대상 안에 포함된다. 이러한 인간중심주의 혹은 계몽된 인간중심주의를 받아들일 경우, 우리는 인간 아닌 존재와 자연에 관한 '간접적 의무'를 지닐 수는 있어도 '직접적 의무'를 지니지는 않는다. 인간 아닌 존재와 자연은 여전히 인간의 편의에 봉사하는 수단적 위치에 머물게 된다. 인간중심주의에서 그것들은 마치 자원처럼 취급된다. 그러나 이렇게 되면 인간의 편의를 위해 인간 아닌 존재와 자연에 대한 착취가 정당화될 위험성이 항상 존재한다. 이와 같은 인간중심주의 입장으로는 생명의 위기와 자연의 위기를 근본적으로 다룰 수 없다. 생명과 자연의 위기에 근본적으로 대응하기 위해서는 인간 아닌 존재들에 그리고 어쩌면 자연(생태계) 자체에 도덕적 지위를 부여하는 방향으로 도덕적 지위의 기준을 확대할 필요가 있다. 생태학적 위기의 시대에 인간중심주의는 인간 존엄성의 메시지라기보다는 오히려 인간종 쇼비니즘을 부추기는 종차별주의적 편견에 가깝다. 적어도 인류의 집단적인 과학기술적 행위로 인해서 생명의 위기와 지구의 위기가 현실화된 현시점에서 윤리학은 인간중심주의적 편견에서 벗어나 도덕 공동체의 범위를 확대할 필요가 있다. 무엇보다도 도덕적 지위를 지닌 존재의 범위를 인간 아닌 존재에로 확대해야 할 것이다. 그리고 만약 자연 자체에 도덕적 지위를 부여하는것에 어려움이 따른다면, 적어도 자연을 도덕 공동체의 환경적 요소로서 도덕적 고려의 대상 안에 포함시켜야 할 것이다. 이처럼 과학기술문명의 위기 시대에 윤리학은 도덕적 주체와 객체의 범위를 '개인-인간 중심'에서 '집단-탈인간 중심'으로 확대할 것을 요청받고 있다.

상론한 바와 같이 과학기술 시대에 적합한 윤리학은 '미래-지구 중심 윤리', '결과-책임 중심 윤리', '집단-탈인간 중심 윤리'로 변형이 필요하다. 우리는 이렇게 '변형된 윤리학'을 아펠의 용어법을 좇아서 일단 '거시윤리학'이라고 부를 수 있을 것이다. 새롭게 변형된 윤리학은 미래와 전 지구에 미치는 영향을 도덕적 고려 대상으로 포함한다는 점에서 거시적이고, 행위의 장기적인 결과를 기준으로 도덕 판단을 내리고 그것에 따라 책임을 부과한다는 점에서도 거시적이며, 도덕적 주체와 객체를 집단과 인간 아닌 존재를 포괄하도록 확대했다는 점에서도 거시적이라고 할 수 있다.

그러나 '거시'라는 용어는 주로 시·공간적 범위의 크기 또는 확대를 나타내는 용어이다. 그렇기 때문에 거시윤리학이라는 용어는 새롭게 변형된 윤리학의 도덕 확대주의(moral expansionism)의 특징은 잘 나타내지만, 변형된 윤리학의 세 가지 특징 모두를 적절히 담아내지는 못한다. 그렇다면 우리는 새롭게 변형된 윤리학의 세 가지 특징을 모두 적절히 반영하는 윤리학의 명칭을 구상할 필요가 있을지도 모른다. 하지만 어쩌면 우리는 이렇게 변형된 윤리학에 적합한 이름을 이미 알고 있을지도 모른다. 그것은 '공리주의'이다. 왜냐하면 사실 위에서 변형의 방향으로 언급된 세 가지 윤리학의 특징들은 모두 공리주의 윤리학의 특징들이기 때문이다. 공리주의는 '결과주의' 윤리 이론이기 때문에 도덕 판단의 기준을 결과에 두고 '의도하는' 결과와 '예견되는' 결과 모두에 대한 책임을 강조할 뿐만 아니라(결과-책임 중심 윤리), 결과 계산 능력과 예측 능력이 허용하는 범위 내에서 얼마든지 도덕적 고려와 판단의 범위를 미래와 전 지구로 확대할 수 있다(미래-지구 중심 윤리). 또한 공리주의는 본래 사적 영역의 도덕으로뿐만 아니라 정책, 제도, 입법을 위한 공적 도덕으로 태동한 것이다. 그렇기 때문에 공리주의는 도덕적 주체를 집단이나 조직체로 확대하는 데 문제가 없다. 또한 공리주의는 유정성을 도덕적 지위의 기준으로 삼는 탈인간중심주의(nonanthropocentrism) 윤리이다. 따라서 공리주의는 도덕적 주체와 객체의 범위를 집단-탈인간으로 확대하는 특징을 지니고 있다(집단-탈인간 중심 윤리).

그러나 공리주의는 이론의 발전 과정에서 크고 작은 시행착오를 겪어 왔고, 또 철학적 급진주의(philosophical radicalism) 윤리 사상으로서 기존 윤리학과 갈등하면서 많은 오해를 받아왔다. 그 과정에서 공리주의는 한때 '천박한 돼지의 철학'이라느니, '타락한 정신'을 나타내고(Anscombe, 1958: 17), '개인의 개별성(separateness of persons)'을 무시한다(Rawls, 1971: 27)는 등의 오해와 오명을 쌓아왔다. 변형된 새로운 윤리학에 그런 오욕의 역사를 지닌 이름을 부여하는 것은 새로운 윤리학의 전도에 바람직하지 않을 것이다. 또한 변형된 윤리학의 특징과 공리주의 윤리학의 특징이 상당 부분 중첩되고 유사한 것은 사실이지만, 그 둘이 동일한 이론이라고 보는 데는 무리가 있다. 공리주의는 결과주의 윤리 이론의 한 부류일 뿐이지 결과주의 윤리 이론 전체를 대표하지는 않는다. 결과주의 윤리 이론은 얼마든지 비공리주의적 형태로 발전할 수 있다. 그래서 필자는 변형된 윤리학의 명칭으로 거시윤리학이나 공리주의보다는 '결과주의-책임윤리학'을 제안한다.

'결과주의-책임윤리학'은 결과를 도덕 판단의 기준으로 삼기 때문에 도덕 판단의 범위를 '지금-여기'뿐만 아니라 '미래-지구'로 확대하는 데 원칙적으로 아무 문제가 없다. 또한 그것은 개인과 집단이 초래한 모든 결과를 고려하고 그것들에 대해 책임을 물을 뿐만 아니라 인간 아닌 존재에게 미치는 결과도 고려할 수 있기 때문에 도덕 판단의 주체와 객체를 '개인-인간 중심'을 넘어서 '집단-탈인간 중심'으로 확대하는 데에도 원칙적으로 문제가 없다. 따라서 '결과주의-책임윤리학'이 변형된 윤리학의 명칭으로 적합하다고 생각된다.

## 6  새로운 윤리학의 성격과 과제

### 1) 새로운 윤리학의 성격

과학기술 시대의 새로운 윤리학[7]으로서 결과주의-책임윤리학이 요구된

---

[7] 이상에서 상론한 특징들(미래-지구 중심 윤리, 결과-책임 중심 윤리, 집단-탈인간 중심 윤리)을 지닌 윤리학이 진정 새로운 윤리학인가에 대해 의문이 제기될 수 있다. 그 세 가지 특징들은 전형적으로 공리주의의 특징이기도 하고 일부는 책임윤리의 특징이기도 하기 때문이다. 따라서 그런 특징들을 가지는 윤리학은 새로운 윤리학이 아니라 기존 윤리학 가운데 일부를 중심으로 변형·재구성된 윤리학이라고 보는 것이 정확할 것이다. 그러나 이하에서는 이렇게 '변형된 윤리학'을 편의상 '새로운 윤리학'이라고 부를 것이다. 그러나 이하에서 논의되겠지만 이 새로운 윤리학은 기존 윤리학을 전적으로 폐기·대체하는 완전히 새로운 윤리학은 아니다. '새로운 윤리학'은 단지 기존 윤리학에 대해서 제기되는 변형의 요청을 반영한 '새롭게 변형된 윤리학'을 의미할 뿐이다.

다고 할 때, 우선적으로 제기될 수 있는 문제는 그 새로운 윤리학의 위상 내지 성격에 관한 것이다. 새로운 결과주의-책임윤리학은 기존 윤리학과 어떤 관계가 있는가? 새로운 윤리학은 기존 윤리학의 대체인가 아니면 보완인가?

결과주의-책임윤리학이 기존 윤리학을 대체하는 것이라면, 이것은 기존 윤리학의 역할을 결과주의-책임윤리학이 대신한다는 것을 의미한다. 앞서 살펴본 바와 같이 기존 윤리학의 대상은 동시대의 근접 영역에 속하는 사람들이다. 그것은 친밀한 인간관계와 지역사회 내지 개별 국가의 범위에서 인간의 행위를 규제하는 데 유효한 규범이며, 신체기능적·경험기술적 행위 능력 범위 내에서 타당한 규범이다. 아펠의 표현을 빌리면, 기존 윤리학은 미시윤리와 중형윤리의 범주에 속하는 윤리학이다. 그러므로 결과주의-책임윤리학이 기존 윤리학을 대체하는 것이라면, 이것은 거시윤리적 특징을 지니는 결과주의-책임윤리학을 미시윤리나 중형윤리의 영역에까지 직접 적용해야 한다는 것을 의미한다. 그러나 앞서 밝힌 바 있는 그런 특징들을 지니는 결과주의-책임윤리학은 미시윤리나 중형윤리의 영역에는 꼭 들어맞는 것이 아닐 수 있다. 친밀한 인간관계 혹은 지역사회나 개별 국가 단위의 도덕적 문제에는 '미래-지구 중심의 결과주의 윤리'를 직접 적용하는 것보다는 관습 도덕 또는 자동 설정 도덕에 기초한 기존 윤리학이 여전히 유효할 것으로 생각된다. 비록 오늘날 우리의 일상적 행위의 많은 부분이 과학기술을 매개로 이루어지고 있지만, 오늘날도 여전히 신체기능적·경험기술적 행위 능력 범위 내에서 이루어지는 행위들이 있으며, 과학기술을 사용하여 행위한다고 하더라도 그 영향력의 범위가 미시적 차원과 중간 범위의 차원을 넘지 않는 행위들도 많다. 이러한 영역에서는 기존 윤리학이 여전히 타당성을 가진다고 할 수 있다. 이렇게 볼 때, 결과주의-

책임윤리학은 기존 윤리학을 대체한다기보다는 그것을 보완하는 것으로 보아야 할 것이다. 적어도 결과주의-책임윤리학이 미시윤리와 중형윤리의 영역을 직접 대체하는 것은 아니다.

결과주의-책임윤리학은 기존 윤리학으로 해결할 수 없는 시·공간적으로 거시적인 윤리 문제들을 다루는데 적합한 윤리학이다. 이런 특징을 통해서 결과주의-책임윤리학은 기존 윤리학과 상호 보완 관계를 이룰 수 있다. 즉, 기존 윤리학은 미시적인 윤리 문제들과 중간 범위의 윤리적 문제들을 다루고, 결과주의-책임윤리학은 거시적인 윤리 문제들을 다루면서 상호 보완 관계를 이루게 된다. 이렇게 해서 결과주의-책임윤리학과 기존 윤리학은 역할을 분담하여 서로 다른 역할을 하면서 하나의 구조를 이루게 된다.

그러나 결과주의-책임윤리학이 기존 윤리학이 보완 관계에 있다고 해서 그것들의 관계에서 기존 윤리학이 주된 지위를 차지하고 결과주의-책임윤리학이 종속적 지위를 차지하는 것은 아니다. 오히려 기존 윤리학과 결과주의-책임윤리학의 상호 보완 관계는 결과주의-책임윤리학이 우월 지위에서 기존 윤리학을 보완하고 포괄하는 것으로 보는 것이 타당하다. 이것은 기존 윤리학의 요구와 결과주의-책임윤리학의 요구가 갈등하는 상황에서 분명하게 드러난다. 결과주의-책임윤리학과 기존 윤리학의 도덕적 요구가 상충하는 경우에는 결과주의-책임윤리학의 요구가 기존 윤리학의 요구보다 우선한다. 그 이유는 결과주의-책임윤리학이 다루는 문제들은 인류와 생명과 지구의 운명과 관계되는 중차대한 문제들이라는 점에서 찾을 수 있다. 즉, 윤리적 긴급성과 중대성이라는 점에서 거시윤리적 특징을 지니는 결과주의-책임윤리학은 기존 윤리학에 우선한다.

또한 결과주의-책임윤리학에 의해서 기존 윤리학을 정당화하고 개선할 수 있는 새로운 차원이 열릴 수 있다는 점에서도 결과주의-책임윤리학은 기존 윤리학에 우선한다고 할 수 있다. 아펠이 콜버그의 도덕성 발달 이론을 계통발생적으로 해석하여 기존 윤리학을 관습 도덕으로 특징짓고, 거시 윤리학을 '탈관습 도덕'으로 특징지은 것과 마찬가지로(Apel, 1990: 11-12), 결과주의-책임윤리학은 기존 윤리학에 대해서 일종의 상위 윤리학으로 기능한다고 할 수 있다. 또한 헤어(R. M. Hare)가 도덕적 사유의 두 수준 ― 직관적 사유와 비판적 사유 ― 이론을 사용하여 의무론적 도덕을 결과주의적 도덕 추론으로 정당화했던 것처럼(Hare, 1981: 44-52), 기존 윤리학을 직관적 수준의 윤리학으로 결과주의-책임윤리학을 비판적 수준의 윤리학으로 개념화하고, 결과주의-책임윤리학의 비판적 사고를 통해 직관적 수준의 기존 윤리학을 정당화하고 개선할 수 있을 것이다. 기존 윤리학을 정당화할 수 있다는 점에서 결과주의-책임윤리학은 기존 윤리학에 대해 인식론적 우선성을 가진다.

요컨대, 결과주의-책임윤리학은 기존 윤리학의 미시윤리와 중형윤리로 해결하지 못하는 거시적 윤리 문제들을 해결할 수 있다는 점에서 기존윤리학을 보완하며, 미시윤리와 중형윤리를 정당화·평가하는 작업을 통해서 그것들을 결과주의-책임윤리학의 고유한 부분으로 포함한다는 점에서 기존윤리학을 포괄한다. 이런 점에서 결과주의-책임윤리학은 거시윤리, 중형윤리, 미시윤리를 모두 포함하는 포괄적 윤리학일 뿐만 아니라, 궁극적으로 이 세 차원의 윤리를 모두 정당화하는 최고 수준의 도덕이라고 할 수 있다.

### 2) 새로운 윤리학의 과제

과학기술 시대가 요구하는 결과주의-책임윤리학은 도덕 판단의 범위를

(1) 미래-지구 중심으로 확대하고, (2) 도덕 판단의 기준을 결과-책임 중심으로 변화시키며, (3) 도덕적 주체와 객체의 범위를 집단-탈인간 중심으로 확대하는 특징을 지니고 있다. 그러나 이러한 특징을 지니는 결과주의-책임윤리학은 만만찮은 이론적 난점과 과제를 안고 있다.

첫 번째 이론적 과제는 도덕 판단의 범위를 미래와 지구로 확대하는 것과 관련하여 미래 세대와 자연에 대한 의무와 책임을 정당화하는 것이다. 즉, 이와 같은 의무와 책임 확대의 윤리학적 근거가 무엇인지를 밝히는 것이다. 기존 윤리학에 익숙한 사람들은 시간대 논증(argument from temporal location), 무지 논증(argument from ignorance), 불확정성 논증(argument from contingency)[8] 등을 통해서 미래 세대에 대한 의무와 책임을 말하는 것은 무의미하다고 주장한다. 또한 그들은 "누구도 한 사회 체계 내에서의 자신의 역할이나 기능을 넘어서는 것에 대해서는 책임질 수 없다(Apel, 1996: 278)."고 주장하면서, 자연에 대한 책임과 의무를 근원적으로 부정한다. 결과주의-책임윤리학은 이러한 반론에 맞서서 미래 세대와 지구 생태계에 대해서 우리가 어떤 의무와 책임을 지고 있는지 그리고 그 근거가 무엇인

---

[8] 시간대 논증은 미래 세대와 현재 세대의 시간대가 다르다는 것으로서 우리는 현재 존재하는 사람에 대해 미래에 해를 끼치는 경우에 대해서는 책임이 있지만 미래의 사람에 대해 미래에 해를 끼치는 것에 대해서는 시간대가 다르므로 책임이 없다는 논증이다. 무지 논증은 미래 사람들에 대해서 우리가 알지 못한다는 사실을 강조한다. 미래 사람들이 대체 누구이고, 그들이 과연 존재할 것인지, 그리고 그들이 과연 어떤 종류의 사람이고, 그들의 욕망과 필요와 이해관심이 무엇인지를 알 수 없기 때문에 미래 세대에 대한 의무를 말하는 것은 무의미하다는 논증이다. 불확정성 논증은 미래 세대가 확정되지 않았다는 논증으로서 우리가 책임져야 될 그 어떤 구체적 대상도 존재하지 않기 때문에 미래세대에 대한 책임이 없다는 것이다. 요컨대, 서로 다른 정책들은 서로 다른 미래 세대를 산출하기 때문에 그러한 정책 결정에 의해 더 나아지거나 더 나빠질 그런 미래 세대는 존재하지 않는다는 주장이다(데자르댕, 1999: 139-143).

지를 밝혀야 하는 이론적 과제를 안고 있다.

두 번째 과제는 도덕 판단의 기준을 '심정-의무 중심'에서 '결과-책임 중심'으로 전환하는 것과 관련된 것이다. 결과주의-책임윤리학은 결과를 기준으로 행위의 옳고 그름을 판단해야 한다. 그런데 어떤 한 행위가 야기한 결과는 매우 다양한 측면을 가지기 때문에 우리가 모든 결과를 다 고려할 수는 없다. 그 결과들 가운데는 '도덕과 유관한 결과'도 있고 무관한 결과도 있을 것이다. 우리는 도덕과 유관한 결과에만 관심을 가지고 나머지 결과는 무시해야 한다. 따라서 결과주의-책임윤리학은 도덕과 유관한 결과의 기준이 무엇인지를 분명히 밝혀야 한다. 이는 인류의 실존과 본질의 가치, 미래 세대의 가치, 유정적 존재와 생명의 가치, 지구 생태계의 가치 등과 같은 매우 논쟁적인 영역으로 결과주의-책임윤리학을 끌어들이겠지만, 결과주의-책임윤리학이 결과 지향적 성격을 지니는 한, 반드시 논의해야 할 이론적 과제이다. 결과주의-책임윤리학의 관점에서 볼 때, '좋은 결과'가 무엇인지를 명확히 제시하지 않는 한 새로운 윤리학은 제대로 작동할 수 없을 것이기 때문이다.

이와 더불어 결과주의-책임윤리학은 결과 계산의 범위 및 결과의 계산 가능성이라는 기술적 문제도 해결해야 한다. 현대 과학의 도움으로 인간의 결과 계산 능력이 상당히 증가한 것은 사실이다. 결과 계산의 범위도 시·공간적으로 확대되었고, 정확성도 상당히 높아졌다. 그러나 요나스의 지적대로 '기술적 행위 능력을 증대시킨 지식'과 '결과를 예견하는 지식' 사이에는 발달의 차가 존재하는 것 역시 사실이다(Jonas, 1984: 8 ). 현재의 상황은 전자의 지식에 비해서 후자의 지식이 발달상의 지체를 보이고 있다. 이런 상황에서 결과에 대한 정확한 예측이 어렵거나 결과에 대한 예측이 상반될 경우, 결과 지향적인 새로운 윤리학은 도덕 판단의 불확정성(indeterminacy)

이라는 늪으로 빠져들게 된다. 이런 난점에 대한 이론적 대비가 있어야 한다. 예컨대, 요나스가 미래 투사의 불확실성을 근거로 좋은 예측에 대한 나쁜 예측의 우선성(Jonas, 1984: 31-32) 및 공포의 발견술(Jonas, 1984: 26-27)을 논증한 것과 같은 이론적 작업이 뒤따라야 할 것이다.

결과주의-책임윤리학의 세 번째 이론적 과제는 집단이나 조직체 또는 제도를 도덕적 책임 주체로 설정하는 문제에 관한 것이다. 기존 윤리학을 고집하는 사람들은 집요하게 집단이나 조직체는 도덕적 책임 주체가 될 수 없다고 비판한다. 회사와 같은 집단이나 조직체는 개인이 가지고 있는 인격의 특징을 지니지 않기 때문에 집단이나 조직체를 개인들과 도덕적으로 동등한 인격으로 보는 것은 문제가 있다는 것이다(Zimmermann, 1992: 1090). 또한 연대책임 또는 집단책임은 '모두의 책임은 누구의 책임도 아니다'라는 말에서 알 수 있듯이 책임의 방기 내지 책임의 동공화를 초래할 수도 있다. 그러므로 결과주의-책임윤리학은 이러한 반론들에 맞서서 집단책임 내지 연대책임을 정당화하는 이론적 근거를 제시하고, 집단책임을 분배하고 조직화하는 방법을 구체화해야 할 것이다.

마지막으로 결과주의-책임윤리학은 도덕적 객체의 범위를 확대하는 문제와 관련하여 명백한 도덕적 지위의 기준을 제시해야 하는 이론적 과제를 안고 있다. 환경윤리학에서 제기된 도덕적 지위 논쟁은 아직도 진행 중이지만, 그간의 연구 성과를 토대로 나름의 도덕적 기위 기준을 제시하고, 이에 따라 도덕적 객체의 범위를 확정해야 할 것이다. 특히, 인간 아닌 존재와 자연의 도덕적 위상을 어떻게 평가할 것이며, 이들이 도덕적 고려 안에 포함될 때에 이것들의 도덕적 위상에 대하여 분명한 이론적 근거를 제시해야 할 것이다.

## 7  새로운 윤리학의 기후윤리적 함의

오늘날 기후변화의 징후들은 분명하다. 지구 온난화, 해수면 상승, 빙하와 빙붕의 소실, 대양의 산성화 등이 그것들이다. 이러한 기후변화는 대체로 온실가스에 의한 지구 온난화로 특징지을 수 있다. 오늘날 대기 중의 이산화탄소 농도는 최소한 과거 65만 년 동안의 그 어느 때보다도 높다. 산업혁명 이전의 이산화탄소 농도는 280ppm 정도였으며, 빙하기 동안의 180ppm과 온난기의 300ppm 사이에서 자연적으로 변동했다. 현재의 농도는 산업혁명 이전보다 35% 높아졌으며, 1950년대 말 315ppm이었던 이산화탄소 농도는 오늘날 약 385ppm까지 꾸준히 증가하고 있다. 메탄과 아산화질소의 농도도 산업혁명 이후에 증가했으며, 메탄의 경우는 산업혁명 이전 65만 년 동안의 그 어느 때보다 현재의 농도가 높다(슈나이더, 2017: 121-123).

산업혁명 이전까지의 지구의 기후변화는 인위적 요인보다는 자연적 요인에 의해서 이루어져 왔다. 하지만 산업혁명 이후의 기후변화는 인위적 요인, 특히 인류의 과학기술적 행위 능력을 매개로 한 집단적인 산업 활동에 의해서 이루어져 왔다. 그리고 오늘날 기후변화의 속도와 폭은 점점 더 급격히 증가하고 있다. '인위적 지구 온난화' 여부와 관련해서 한때 과학계에서 논쟁이 있었다. 그러나 현재는 '지구 온난화가 진행되고 있으며, 그것이 인간이 배출한 온실가스로 인한 것'이라는 사실에 대하여 과학계가 실질적으로 의견의 일치를 보이고 있다.

기후변화는 단순한 과학적 사실의 문제가 아니다. 그것은 현생 인류와 미래 인류의 생존과 복지 그리고 지구 생태계의 온전성이 걸린 중대한 윤리적 문제이기도 하다. 기후변화는 범지구적 특징과 미래에의 영향, 원인과 결과 사이의 시차와 거리, 죄수의 딜레마적 특징 등으로 인하여 다양한 윤리적 문제를 낳고 있다.

먼저, 기후변화는 지구 기후체계의 변화이기 때문에 어느 한 국가나 지역에 국한된 것이 아니라 전 지구적 현상이다. 그래서 그것이 야기하는 문제 역시 전 지구적 문제이다. 지구 기후체계의 급격한 요동은 현생 인류의 생명과 안전 및 복지와 직접적으로 관련이 있을 뿐만 아니라, 생태계의 온전성 및 생물 종의 다양성과도 관련되는 문제이다. 기후변화는 전 지구적 범위에서 인간과 생태계의 건강에 중대한 영향을 미치며, 이는 범지구적인 윤리적 문제를 제기한다.

또한 기후변화는 현세대뿐만 아니라 미래 세대의 생존 및 삶의 질과도 관련된 문제이다. 현세대의 기후 관련 활동은 후세대의 삶의 여건을 형성하면서 그들의 생존과 삶의 질에 영향을 줄 수밖에 없기 때문이다. 한 연구 결과에 따르면, 설령 우리가 대기 중 온실가스 농도를 현재 수준으로 유지할 수 있다고 해도 지구 표면은 다음 수 세기 동안에 $0.5 \sim 1.4℃$ 상승할 것으로 보이며, 해양은 500년 동안 지속적으로 더워질 것이고, 그에 따라 바닷물이 팽창하여 해수면이 상승할 것이라고 한다(슈나이더, 2017: 131-132). 이 모든 것은 미래 세대의 생존을 위태롭게 하고 삶의 질을 악화시킬 것이다. 이것은 미래 세대의 생존과 복지라는 윤리적 문제를 제기한다.

기후변화가 이처럼 '범지구적인 윤리 문제'와 '미래 세대의 윤리 문제'와 관련되는 것은 '기후변화의 원인과 결과 사이에 시차와 거리가 존재하는 현상'과 관계가 있다. 기후변화에서는 원인을 제공한 지역과 실제 결과가 나타나는 지역이 다를 수 있고, 또 원인을 제공한 시점과 결과가 나타나는 시점이 다를 수 있다. 그래서 기후변화에서는 그로 인한 피해와 혜택이 분리될 수 있다. 과거 세대가 산업 활동을 통해 편익을 취한 대가를 현세대가치를 수도 있고, 현세대의 산업 활동이 원인이 되어 그 비용을 미래 세대가 치를 수도 있다. 또한 한 지역이나 국가에서의 산업 활동이 원인이 되어 다른 지역이나 국가가 기후변화로 인한 피해를 볼 수도 있다. 전자는 '세대 간 정의'(intergenerational justice)와 책임의 문제를 제기하고, 후자는 '국가 간 정의'(international justice)와 책임의 문제를 제기한다.

또한 기후변화는 전형적인 '공유물의 비극'(tragedy of commons)을 보여주는 '다수인의 죄수의 딜레마'의 특징을 지닌다. 행위 주체들의 '개별적인' 합리적 선택이 '집합적'으로 불합리한 결과를 낳는 것이다. 산업혁명 이후 과학기술적 행위 능력을 매개로 이루어진 개인이나 기업 또는 개별 국가의 합리적인 산업 활동이 '집합적으로' 기후변화를 초래하여 모두에게 더 큰 위험과 비용 부담을 초래하고 있는 것이다. 개별 행위 주체의 관점에서 보면, 산업 활동을 통해서 직접적 편익을 챙기고 그 부산물인 온실가스를 공유물인 대기 중으로 방출하는 것이 합리적 선택이다. 그러나 관련 당사자들이 모두 같은 합리적 선택을 하게 되면, 공유물인 대기는 온실가스의 농도가 높아지면서 기후변동의 안정성의 문턱을 넘게 된다. 그렇게 되면 기후변화는 모두에게 위협적인 결과를 낳는 '공유물의 비극', 즉 '지구 온난화의 비극'을 연출하게 된다.

기후변화가 안고 있는 또 다른 윤리적 문제는 '개별적 행위의 결과의 합'과 '전체의 집합적 결과'가 같지 않다는 점에서 발생한다. 기후체계는 다양한 구성 요소들이 복합적으로 상호 작용하는 복잡계(complex system)이다. 개별적 행위의 결과는 다른 행위의 결과 및 다른 구성 요소들과 복합적으로 상호 작용하여 새로운 결과를 낳는다. 그렇기 때문에 기후변화의 전체적 결과는 언제나 개별 행위들의 결과의 합을 능가한다. 여기서 기후변화의 책임 귀속 문제가 생기게 된다. 기후변화의 책임을 '오염자 부담 원칙'(polluter pays principle: PPP)이나 '수혜자 부담 원칙'(beneficiary pays principle: BPP)에 따라 개별 행위 주체에게 귀속시킨다고 해도, 거기에는 언제나 아무도 책임지지 않는 배분되지 않은 책임이 남게 되어 있다. 복잡계 안에서 상호 작용하여 생겨난 결과들이 남기 때문이다. 그것들은 복잡계 자체가 낳은 결과들이기 때문에 개별 행위 주체에게로 귀인 시킬 수 없는 결과들이다. 이것은 기후변화와 관련해서 비배분 집단책임, 즉 공동책임의 문제를 발생시킨다.

기후변화가 낳는 이상의 윤리적 문제들은 범지구적이자 미래 관련적인 문제들이고, 전 인류의 공동 노력과 집단책임을 요구하는 문제들이다. 그렇기 때문에 기후변화의 윤리적 문제들을 다루는 기후윤리(climate ethics)는 그 본질상 거시윤리의 성격을 띨 수밖에 없다. 이것은 기본적으로 미시윤리와 중형윤리의 특징을 지니는 기존 윤리학으로는 기후윤리의 문제들을 다루는 데 한계가 있음을 의미한다. 소집단 내의 인간관계나 개별 국가 내의 사회적 규범 체계에 집중하는 기존 윤리학으로는 기후윤리와 같이 범지구적이고 미래 관련적인 거시적 윤리 문제들을 적절히 다룰 수 없다.

또한 선한 심정(성품)과 의무(행위의 정당성)을 강조하는 기존 윤리학의 특징도 기후윤리 문제를 다루는 데 한계가 있다. 물론 지구 온난화를 방지하려는 선한 의도와 성품에서 지구 온난화 방지 및 완화에 필요한 행위를 하는 것은 기후윤리를 위해서 필요하고도 중요한 일이다. 그러나 기후윤리 문제는 '심정-의무 중심 윤리'만으로는 해결을 기대하기 어려운 점을 안고 있다. 기후변화 자체가 대부분 선한 심정(의도)에서 과학기술적 행위를 매개로 정당한 행위를 수행했음에도 불구하고 의도하지 않는 부수적 효과와 다양한 요인들의 복합적 상호 작용의 결과로서 생겨난 것이다. 그렇기 때문에 단순히 기후변화를 염려하는 선한 의도를 가지고 지구 온난화를 방지 또는 완화하는 행동을 하도록 강조하는 것만으로는 문제가 해결되지 않는다. 그보다는 결과주의-책임윤리의 관점에서 의도하는 결과, 예견되는 결과, 예측하지 못한 부수적 결과 등을 종합적으로 고려하여 우리가 수용해야 할 기후윤리 관련 도덕 규칙들의 체계를 마련하고, 그 규칙들의 준수 여부 및 실제 결과를 바탕으로 각각의 행위 주체들에게 고유한 책임과 공동 책임을 부과하는 것이 기후윤리 문제 해결에 더 적합할 것으로 생각된다.

도덕적 주체와 객체를 '개인-인간 중심'으로 한정하는 기존 윤리의 특징도 기후윤리 문제의 해결을 방해하는 특징으로 보인다. 기후윤리는 '공유물의 비극' 또는 '다수인의 죄수의 딜레마'의 특징을 지니기 때문에 기존 윤리학처럼 개인 또는 개별적 행위 주체만을 도덕적 책임의 주체로 상정할 경우에 개별적 행위 주체의 '합리적' 행위에 대해서 책임을 묻는 불합리를 노정할 수 있다. 또한 기후윤리 문제는 '개별적 행위의 결과의 합과 전체의 집합적 결과 사이의 비대칭성'을 나타내는 특징이 있다. 그렇기 때문에 기존 윤리학처럼 개인 또는 개별적 행위 주체에게만 책임을 귀속시킬 경우, 아무도 책임지지 않는 결과의 영역이 남게 된다. 따라서 기후윤리 문제를 적절히 다루기 위해서는 도덕적 책임의 주체를 개인 또는 개별적 행위 주체를 넘어서 '집단' 또는 '공동체 전체'로 확대할 필요가 있다. 요컨대, 기후윤리는 책임의 주체를 개인, 기업, 개별 국가, 기후 관련 국제기구나 협의체 등의 개별적 행위 주체를 넘어서 각 개별 주체들의 집단 또는 공동체로 확대해야 한다. 그뿐만 아니라, 책임의 귀속 역시 개별적 행위 주체 ― 개인, 기업, 국가, 국제기구 등 ― 에 대한 책임 할당을 넘어서 인류의 공동책임, 기업 집단의 공동책임, 국가 집단의 공동책임, 등을 인정하는 것으로 나아가야 한다.

여기서 특히 중요한 것이 기후변화 관련 국제기구나 협의체의 역할, 권한, 책임을 분명히 하여 기후변화 거버넌스를 확립하는 것이다. 이런 기후변화 거버넌스를 통해서 개별 국가와 기업을 비롯한 다양한 행위 주체들의 기후 관련 정책이나 행태를 감시, 비판, 평가하고 각각에게 합당한 책임을 부과해야 한다. 또한 기후정의와 관련된 '국가 간 정의'나 '세대 간 정의' 문제도 기후변화 거버넌스를 통해서 논의되고 규준을 마련해야 하며, 인류의 공동책임을 비롯한 여러 집단의 공동책임을 정하고 그것을 할당하는 것 역시 기후변화 거버넌스가 담당해야 할 중요 임무가 될 것이다. 한마디로, 기후변화 거버넌스는 "형평에 입각하여 공통적이면서도 차별적인 책임(common but differentiated responsibility)과 각각의 능력에 따라 인류의 현재 및 미래 세대의 이익을 위하여 기후체계를 보호해야 한다(유엔기후변화협약 제3조, 1992)."

그리고 기후변화 거버넌스의 이런 활동은 결과주의-책임윤리학의 관점에서 이루어질 필요가 있다. 무엇보다도 기후변화 거버넌스는 결과주의-책임윤리의 관점에서 기후변화와 관련된 결과들을 예측하고, 이런 예측을 바탕으로 개별 행위 주체들이 수용해야 할 기후변화 관련 도덕률(moral code)을 선정하여 제시해야 할 것이며, 이 도덕률에 준해서 개별 행위 주체들의 고유한 책임과 인류 및 각종 집단들의 공동책임이 할당되어야 할 것이다. 이것이 결과주의-책임윤리의 관점에서 기후윤리와 관련해서 해야 할 일차적 문제이다. 그다음은 이런 도덕률의 실행 가능성 및 준수 가능성을 어떻게 확보할 것인가가 될 것이다. 그러나 트럼프 행정부의 파리협약 탈퇴가 예증하듯이 강제력에 의한 제재가 부재하는 상황에서 준수의 합리성을 확보하기가 어려울 것임은 능히 예상되는 일이다. 그러나 윤리의 구속력은 애초에 강제력보다는 인류의 지성과 양심에서 나오는 것임을 기억한다면 준수의 합리성 문제에 관해서 그렇게 비관적으로 낙담할 일만은 아닐 것이다. 인류의 집단 지성과 양심에 희망을 걸면서 자율성의 힘, 자율적 제재의 힘을 믿어 볼 수밖에 없다. 자율적 제재 그 이상을 기대하는 것은 아마도 윤리의 영역이 아니라 힘의 영역, 정치의 영역에서나 가능한 일일 것이다. 그러나 과연 바람직할까? 강제력에 기반한 정치가 기후변화 문제를 해결할 수 있을까? 차라리 윤리적 해결을 기대하는 것이 더 희망적으로 보인다. 오스트롬(Elinor Ostrom)에 따르면 공유 자원과 관련해서 공유물의 비극은 실제로 발생하지만, 불가피한 것은 아니다. 인류가 공유물의 문제를 진화된 호혜적 규범에 의해서 성공적으로 해결한 사례는 적지 않다(Ostrom et al., 2017: 65-66). 기후변화와 같은 "전 지구적 문제를 해결하기 위해서는 과거의 성공 사례를 뛰어넘는 광범위하고 심층적인 형식의 의사소통, 정보, 신뢰를 필요로 하겠지만, 이것이 불가능한 것은 아니다(Ostrom et al., 2017: 72)."

## 참고 문헌

데자르뎅, J. R., 김명식 역(2015), 『환경윤리』, 서울: 자작나무.
슈나이더, 태피오(2017), "온실가스의 증가로밖에 설명되지 않는다", 『Skeptic』vol. 10.
이삼열 외 지음, 홍윤기 편집(1998), 『철학의 변형을 향하여: 아펠 철학의 쟁점』, 서울: 철학과현실사.
장회익(1989), 「과학과 윤리의 구조적 연관성과 현대사회」, 김용준 외, 『현대과학과 윤리』, 서울: 민음사.
_____(1990), 『과학과 메타과학: 자연과학의 구조와 의미』, 서울: 지식산업사.
황경식(1995), 「사회윤리와 책임귀속의 문제」, 『개방사회의 사회윤리』, 서울: 철학과현실사.
Anscombe, G. E. M.(1958), "Modern Moral Philosophy", *Philosophy* 33, No. 124.
Apel, K.-O.(1976), *Transformation der Philosophie. Bd. 2,*, Frankfurt am Mein:

  Suhrkamp.
  _____(1990), *Diskurs und Verantwortung*, Frankfurt am Mein: Suhrkamp.
  _____(1992), "Das Problem einer universalistischen Makroethik der Mitverantwortung", in *Deutsche Zeitschrift für Philosophie*, Berlin: Akademic Verlag.
  _____(1996), "A Planetary Macroethics for Humankind: The need, the apparent difficulty, and the eventual possibility," in E. Mendieta (ed.), *Karl-Otto Apel: Selected Essays vol. 2*, NY: Humanities Press.
Becker, L. C. & Becker, C. B(1992)., *Encyclopedia of Ethics, v. I, II*, New York: Garland Publishing, Inc.
Bentham, Jeremy(1988), *The Principles of Morals and Legislation*, New York: Prometheus Books.
Ellul, Jacques(1962), "The Technology Order," Technology and Culture, 3.
Feinberg, Joel(1970), "Collective Responsibility", *Doing and Deserving*, Princeton University Press.
French, Peter A. (ed)(1972), *Individual and Collective Responsibility*, Schenkman Publishing Company.
Greene, J. D.(2013), *Moral Tribes: Emotion, Reason, and the Gap between Us and Them*, New York: The Penguin Press.
  _____(2014), "Beyond-Point-and-Shoot-Morality: Why Conitive (Neuro) Science Matters for Ethics," *Ethics*, Vol. 124, No. 4(July), Chicago: The University of Chicago Press.
Hare, R. M.(1981), Moral Thinking, Oxford: Clarendon Press.
Jonas, H.(1984), *The Imperative of Responsibility; In Search of an Ethics for the Technological Age*, Chicago & London: The University of Chicago Press.
Kant, I.(1997), *Lecture on Ethics*, in Kant's Gesammelte Schriften 27, trans. by Peter Heath, Cambridge: Cambridge University Press.
Ostrom, Elinor, et al.(2017), "Revisiting the Commons: Local Lessons, Global Challenges," *Food Ethics* 2ed., Pojman, P. & McShane, K., ed. Boston, MA: Cengage Learning.
Rawls, John(1971), A Theory of Justice, Cambridge Mass.: Harvard U · P.
Singer, Peter(2002), *One World: the Ethics of Globalization*, New Haven & London: Yale University Press.
Zimmerman, Michael J.(1988), *An Essay on Moral Responsibility*, New Jersey: Rowman & Littlefield Publisher.

## 4장
## 기후윤리의 세 가지 쟁점[1]

김명식 (진주교육대학교 교수)

### ① 세 개의 폭풍

기상청 자료에 의하면, 온실가스 농도는 매년 기록을 갱신하고 있고, 특히 최근 5년간(2016~2019) 이산화탄소 증가율은 이전 5년(2011~2015)보다 20% 높아졌다. 또 지구 평균기온도 이전 5년보다 0.2도 상승했고, 지구 평균 해수면 상승률도 최근 5년 동안 연평균 5㎜이다. 이는 1993년 이후 연평균 상승률 3.2㎜보다 크게 증가한 수치이다. 지금과 같은 속도로 증가한다면 지구 온도는 이번 세기에 3.2도 오른다고 한다(한상운 외, 2019: 33-35). 기후변화 대응을 위해 각국은 리우, 발리, 교토, 캔쿤, 파리 등에서 여

---
[1] 이글은 졸고 "기후변화의 윤리적 쟁점"(환경철학 14집, 2012)과 "기후변화, 사회적 할인율, 숙의민주주의"(범한철학 76집, 2015), "기후변화와 세 개의 도덕적 폭풍"(철학과 현실 127집, 2020)에 토대를 두었음.

러 차례 국제 협력체제를 가동했지만 효과는 별로 없었던 것이다.

그렇다면 왜 인류는 이렇듯 기후변화위기에 제대로 대응하지 못하는 것일까? 이에 대해 저명한 기후윤리학자인 가디너(Stephen M. Gardiner)는 현재 상황이 여러 문제가 꼬여 발생한 그야말로 최악의 상황, 즉 '퍼펙트 스톰'이라고 말한다. 그에 따르면 이것은 '도덕과 관련된 완벽한 폭풍(perfect moral storm)'이라고 말하면서, '3가지 폭풍'을 거론한다. 그것은 '불확실성과 관련한 이론적 폭풍', '범지구적 폭풍', '세대 간 폭풍'이다. 가디너에 따르면, 이 도덕과 관련된 폭풍들은 상호 독립적으로 존재하는 해로운 요소들인데, 이것들이 서로 결합하여 부정적인 결과를 낳고 우리를 도덕적 타락에 빠지게 하고, 현재 보이는 최악의 상황을 연출한 것이다(Gardiner, 2010b: 87-88). 그래서 사람들은 보통 때는 기후변화에 대응해야 한다는 것을 인정하다가도 이를 위해 많은 예산을 투입하는 것에 대해서는 "기후변화가 심각한 것이 과연 확실하기는 한가?", "다른 나라는 몰라도 우리나라는 기후변화로 인한 타격이 별로 심각한 것 같지 않은데", 또는 "나중에는 어쩔지 몰라도 지금 당장은 그렇게 심각한 것 같지 않은데" 하면서 대응을 차일피일 미루고 있다는 것이다.

여기서는 이 세 가지 도덕적 폭풍을 논의의 쟁점으로 삼아 차례차례 다루고자 한다. 첫째, 이론적 불확실성의 문제로, 이것이 어떻게 회의주의와 낙관주의로 귀결되는지 살펴본다. 둘째, 범지구적 폭풍으로, 이것이 어떻게 국가 간의 갈등으로 나타나는지 살펴본다. 셋째, 세대 간 폭풍으로, 이것이 어떻게 세대 간 부정의의 문제로 나타나는지 살펴볼 것이다. 그리고 이런 세 가지 폭풍을 어떻게 슬기롭게 극복해야할지 그 방향을 모색할 것이다.

## ❷ 불확실성의 문제: 회의주의를 넘어서

### 1) 불확실성과 회의주의

　기후변화가 지구의 역사에 비추어 실제로 어느 정도로 위협적으로 일어나고 있는지, 그리고 그것이 인류에게 어떠한 심각한 영향을 줄지 정확히 말하기는 쉽지 않다. 전체 수억 년에 달하는 지구의 역사에서 과학적 형태의 기상관측이 이루어진 것은 백년 남짓하고, 관측도 불완전하다. 동시에 지구의 역사에서 기상 이변은 이례적인 것이 아니라 일상적인 자연현상의 일종이며 지구의 자정능력으로 해소될 수 있다는 주장도 있다. 이런 이유에서 기후에 대한 현재의 위기의식은 과장된 것이고, 대응 또한 이성적이지 않다고 비판한다. 즉 기후변화 대응과 관련해 양 극단이 존재하는 것이다. 위기의식을 느껴 사전에 철저히 대비하자는 입장과 그러한 대응은 합리적이지 않다는 입장이 공존하는 것이다. 여기서 우리는 이렇듯 불확실한 상태에서 어떻게 행위하는 것이 제대로 된 것이고 바람직한 것인가 하는 인식론적, 규범적 문제에 직면한다.

　기후변화 위기가 과장되었다고 주장하는 대표적인 논객은 롬보그(Bjorn Lomborg)이다. 그는 『불편한 진실』에서의 엘 고어의 시도를 감정적인 것으로 일축한다. 『불편한 진실』영상을 통해 우리는 녹아내리는 유빙에서 홀로 서서 뛰어 건너갈 다음 얼음을 헛되이 찾는 북극곰을 보면서 안타까움과 기후변화의 심각성을 느낀다. 하지만 롬보그는 이는 매우 감정적인 것이고 사태를 냉정히 보지 못한 것이라고 비판한다. 그에 따르면, 실제 북극곰의 개체 수는 지난 수십 년 동안 오히려 증가했다. 북극곰은 1960년대 5천 마리 정도였던 것이 오늘날에는 2만 5천 마리 수준이다. 이는 사냥을 엄격히 제한했기 때문이다. 매년 평균 사냥으로 희생당하는 곰은 49마리인 반면,

지구온난화로 줄어든 곰은 15마리 정도에 불과하다. 사냥에는 관대하던 사람들이 지구온난화에는 그렇게 엄격한 것은 일관적이지도 현실적이지도 않다. 또한 롬보그에 따르면, 이 세상에 존재하는 동물은 북극곰만 있는 것이 아니고, 오히려 기후변화 덕분에 형편이 더 나아진 종들도 많다. 기후변화로 인해 북극의 기온이 높아져 나비와 둥지를 트는 새들이 증가해 북극권의 생명 종 다양성이 증가하고 있는 것이다(Lomborg, 2008: 22-24).

이런 맥락에서 회의론자들이 등장하고, 이들은 기후학자들의 주장은 편견과 과장으로 뒤덮인 것이라고 회의적인 시선으로 바라본다. 이들에 따르면, 기후변화가 심각하다는 기후학자들의 관측은 최근의, 극단적인 날씨에 기초해있는 것으로 신뢰할만한 정보의 근원을 갖고 있지 못하다. 또 설사 기후변화가 심각하다고 하더라도 그것을 반드시 인간에 의한 것으로 볼 수 있느냐고 지적한다. 그리고 더 나아가 기후변화를 반드시 부정적으로만 볼 필요는 없기 때문에, 기후변화를 대재앙 수준으로 해석하고 대중들에게 위기의식을 고취시키는 이들의 호들갑스런 대응은 잘못된 것이라는 것이다.

회의론자들의 주장은 일반인들에게도 지대한 영향을 끼쳤다. 가령 2006년 타임지 조사에 따르면 미국인들의 56퍼센트만이 지구온도가 상승했다고 믿으며, 64퍼센트는 지구온난화에 대해 과학자들의 견해가 엇갈리고 있다고 믿는다. 그래서 기후변화의 심각성과 적극적인 대응을 거부하는 사람(denier)이 있는가 하면 대응을 연기하자는 사람(delayer)도 있다(Shrader-Frechette, 2011: 15).

회의론이 제기되는 근본적인 학문적 배경이 존재한다. 과학기술사회학자 박희제에 따르면, 그것은 기후과학의 위상과 관련된다. 현재의 기후학은 대기-해양 대순환모델에 기초하고 있다. 이는 기본적으로 기상예측을 위한 기상학을 확대한 것으로 기상변화를 일으킬 수 있는 수많은 변인들을 이용한 수학적인 기후 변화 예측 모델을 만들고 이를 통해 미래의 기후변화를 예측하는 시나리오를 작성하는 것이다. 무엇보다 지구의 기후를 결정하는 것으로 알려진 대기, 해양, 지표면, 극지방의 빙원, 그리고 지구 생물권이라는 다섯 가지 구성요인들 간의 상호작용 메커니즘에 대한 과학적 지식이 부족하기 때문에 현재의 대기-해양 대순환모델은 이론에 근거한 예측보다는 모의실험을 통해 다양한 시나리오를 제시하는 데 그치고 있다(박희제, 2008: 194).

또한 대리지표(proxy indicator)의 사용도 문제가 된다. 지구의 온도를 측정한 역사가 매우 짧아 모델의 검증을 위한 신뢰할만한 기록이 없기 때문에 기상학자들은 지구의 기온변화를 직접 측정하는 대신 오늘날 측정이 가능한 다른 대상들에 기온이 어떤 영향을 미쳤는지를 이용해 간접적으로 과거의 기온을 측정하는 대리지표를 이용한다. 예를 들어, 기후가 따뜻할 때는 나이테의 간격이 벌어진다는 사실을 이용해 오래된 나무의 나이테를 이용하거나 극지방의 얼음에 구멍을 뚫어 그곳에 나타난 층을 시간을 거슬러 거꾸로 세어나가면서 얼음 속에 들어있는 염분도와 산성도, 꽃가루 등을 분석해 온도를 간접 측정하는 것이다. 이런 대리지표의 이용으로 기후변화 측정값의 부정확성이나 기후변화 예측을 위한 수리적 모델에 포함된 변수들의 예측값 변화에 따라 기후변화와 관련된 서로 다른 시나리오들이 수없이 산출되는 문제점이 발생한다. 이런 점에서 기후학은 오랫동안 전통적인 물리학자나 수학자들로부터 온전한 과학(sound science)으로서의 지위를 인정받지 못해왔다. 이는 기후변화에 대한 연구는 직접적인 관찰과 실험에 의존하는 경성과학(hard science)과는 거리가 먼 연성과학(soft science)이 갖는 한계를 여실히 드러낸다(박희제, 2008: 194-197).

하지만 그럼에도 불구하고, 이제 적어도 주류 기후과학계에서는 기후변화가 진행 중이며 산업화가 그 주된 원인이라는 주장이 정설로 자리 잡아 가고 있다. 그래서 기후변화가 심각하다는 인식은 단지 몇몇 기후학자의 견해가 아니라 기후학계의 일반적인 주장으로 비교적 객관적인 사실(fact)에 가깝기 때문이다. 저명한 과학기술철학자 슈레이더-프레쳇은 캘리포니아 대학의 오레스키즈(Naomi Oreskes)의 분석을 이용해 이점을 밝힌다. 오레스키즈는 1993년에서 2003년 사이에 발표된 과학정보연구소통계 논문 중에서 기후변화를 다룬 928개 논문들을 분석했다. 그것에 따르면, 기후변화를 명백히 거부한 논문은 하나도 없었고, 20퍼센트의 논문이 명백히, 그리고 50퍼센트의 논문이 기후변화를 사실상(implicitly) 인정했다. 그리고 나머지 15퍼센트는 기후를 분석하기 위한 다양한 방법들에 대한 것이었고, 10퍼센트는 기후의 역사적 기록들을 논의한 것이었으며, 나머지 5퍼센트도 기후변화를 완화하기 위한 과학적 전략을 논의한 것이었다는 점에서 명확히 기후변화를 인정한 것으로 보아야 한다는 것이다(Shrader-Frechette, 2011: 15).

또 기후변화는 인간과 무관하게 발생한 자연적인 현상이라고 보기도 어렵다. 연구결과에 따르면, BC 1만년부터 AD 1750년까지 대기의 이산화탄소 수준은 280ppm으로 고정되었던 것이 18세기 중반부터 증가하기 시작해 1959년 316ppm, 2009년 387ppm이 되었다. 이 시기는 인간이 화석연료를 본격적으로 사용한 시기와 일치한다는 사실은 기후변화와 산업화 간의 필연적 관련을 부인하기 어렵게 만들기 때문에, 이를 거부하는 것은 열역학의 기본법칙을 거부하는 셈이라는 반론도 가능하다.

연구관찰이 쌓이면서 기후변화는 점차 단순한 가설 수준을 넘어 비교적 팩트에 가까운 지점으로 접근하고 있다. 이를 보여주는 것이 IPCC 2차 보고서와 4차 보고서의 차이이다. IPCC는 1995년 2차 평가보고서에서 "증거들을 균형 있게 고려할 때 지구 기후에 인간 활동이 미치는 눈에 띄는 경향이 있다"고 보고한 반면, 2007년 4차 평가보고서에서는 "20세기 중반 이후 관측된 지구 평균기온 상승은 인간에 의해 발생한 온실가스의 축적 때문일 가능성이 매우 크다"는 보다 '강한' 주장을 하고 있다(김명심 박희제, 2011: 160).

### 2) 불확실성과 사전예방의 원칙

불확실성에 대처하는 한 가지 방식은 사전예방원칙(precautionary principle)을 적용하는 것이다. 사전예방원칙은 위험의 파급효과가 매우 높고 비가역적일 가능성이 있을 경우, 위험의 과학적 증거가 부족하더라도 선제적 예방조치를 취해야 한다는 의미한다(김은성, 2011: 142).

사전예방원칙은 오늘날 유전자변형식품(GMO), 생명복제, 광우병 등 생명보건 분야, 그리고 기후변화, 원자력, 지구공학 등 환경분야에서 중요 원칙으로 등장해 1980년대부터는 주요 국제협약에서 채택되기 시작했다. 1992년 리우선언에서는 "중대한 또는 회복 불가능한 피해의 위협이 있을 경우 과학적 불확실성이 환경악화를 방지하기 위한 비용-효과적인 조치를 지연시키는 구실로 이용되어서는 아니 된다"는 형태를 보이고 있다.

사전예방의 원칙은 현재 환경법에서 광범위하게 통용되는 기본원칙인 '예방의 원칙'(preventive principle)과도 구분된다. 예방의 원칙은 '확인된 위험'(danger)에 대한 것이지만, 사전예방원칙은 '잠재적 위험'(risk)에 대한 것이다. 과학기술의 발달로 확실하지는 않지만 잠재적인 위험, 가능성이 있는 위험이 등장하게 되고 이에 대한 대책이 필요해 사전예방원칙이 나왔다고 볼 수 있다.

전통적인 위험정책은 위험에 대한 과학적인 증거가 확보될 때까지 안전하다는 가정에 기초한다. 따라서 위험에 대한 과학적 증거가 있을 경우에만 규제가 가능하다. 반면 사전예방원칙은 안전이 증명될 때까지는 위험하다는 가정을 가진다. 그러므로 이 원칙에서는 위험에 대한 과학적 증거가 충분하지 않더라도 선제적 대응이 가능하다. 위험의 잠재적 파급효과가 높고 비가역적일 경우에는 과학이 불확실성을 제거할 때까지 기다리는 것은 너무 늦다고 보기 때문이다. 전통적인 위험정책의 최종 목표는 위험의 최적화(optimization)로, 위험편익분석과 비용편익분석 같은 계량적인 방법을 활용하여 비용을 줄이고, 편익을 극대화하는 최적화된 지점에서 위험을 관리하려고 한다. 따라서 전통적인 위험정책은 어느 정도의 위험은 받아들이려는 경향을 갖는다. 반면 사전예방원칙은 이득보다는 위험에 초점을 맞추고, 위험의 최소화(minimization)를 추구한다(김은성, 2011: 143-144).

사전예방원칙은 잠재적 위험에 대한 선제적 대응을 가능하게 한다는 장점이 있지만, 이에 대한 비판도 적지 않다. 그 중 하나는 사전예방원칙이 기술혁신을 저해한다는 지적이다. 즉 사전예방원칙은 새로운 기술이나 제품이 인간이나 환경에 해를 끼치지 않는다는 데 과도한 입증책임을 부과한다는 것이다. 새로운 기술이 도입되었을 때, 이것이 장래 인간의 건강이나 환경에 해를 끼칠 가능성이 있다고 추측된다면 비록 이 기술이 장래 경제성장과 진보에 긍정적인 영향을 준다고 할지라도 사전에 차단해 버릴 수 있다. 가령 DDT 살충제의 경우 레이첼 카슨이 『침묵의 봄』에서 고발한 것처럼 생태계에 좋지 않은 영향을 미쳤지만, 동시에 인간에게 치명적이었던 말라리아로부터 인류를 구하는 데 적지 않은 공헌을 했는데, 사전예방의 원칙은 이런 긍정적 측면을 인정하는 데 인색하다(유네스코한국위원회, 2010: 83).

이와 관련해 저명한 비판사회학자인 기든스도 사전예방원칙은 리스크에만 관심을 두기 때문에 보수적인 대응이라고 본다. 그에 따르면 사전예방원칙은 어떤 행위가 낳을 기회에는 관심이 없고 리스크에만 관심을 둘 뿐만 아니라, 여러 리스크들 중에서도 오직 일부 리스크에만, 그리고 최악의 시나리오에만 집중하는 경향이 있다. 그런데 기든스가 보기에 중요한 것은 리스크의 배제가 아니라 리스크와 기회의 균형에 있다. 이는 어떤 식의 대응(또는 무대응)도 리스크가 없을 수는 없기 때문이다(Giddens, 2010: 85-109).

이런 점에서 사전예방원칙은 좀 더 섬세하게 적용되어야 한다는 지적이 나오고 있다. 가령 사전예방원칙을 시행할 때 여러 증거를 고려해 범주를 나눠 적용하는 것이다. 재해의 가역성, 심각성, 미래세대에 대한 영향, 대안의 이용 가능성, 잠재적 위험의 증거 정도, 불확실성의 수준 등을 나눠 분석한 후, 나중에 이를 종합적으로 고려하는 것이다(유네스코한국위원회, 2010: 87). 그리고 사전예방원칙의 적용방식은 단일한 형태가 될 수 없다고 보는 시각도 있다. 그래서 구체적 사례와 사회적, 환경적 맥락에 따라 다양한 형태로 적용되어야 한다는 지적이 나온다(김은성, 2011: 142). 그리고 여러 위험들 중에서 하나를 선택하는 것은 결국 당대의 사회적 가치가 개입된다는 것을 의미한다. 그렇다면 위험 평가는 공론의 절차를 거쳐야 하고, 결국 받아들일만한 위험이나 이득은 결국 당사자들 간에 합의할 수 있고 정당화할 수 있는 것이어야 한다는 주장도 나온다(김명식, 2012: 20-24).

하지만 필자가 보기에 우리가 더욱 경계해야 할 것은 회의주의에 기초한 무사안일과 낙관주의이다. 지구온난화의 위험이 직접 손으로 만져지는 것이 아니고 일상생활에서 거의 감지할 수 없기에, 대부분은 그저 가만히 기다릴 뿐이다. 그렇게 기다리다가 중요한 대응조치를 취하기 전에 위기가 눈앞에 닥친다면 이미 때는 늦은 것이다.

또 사람들은 자기에게 불리한 것이나, 받아들이기 고통스런 것들을 외면하고, 인정하기를 꺼리는 경향이 있다. 그래서 기후변화라는 사실을 인정하거나 심지어 그것에 대해 이야기하는 것을 꺼린다. 기후변화를 소행성 충돌, 외계인 침공 등과 같은 것으로 치부하기도 한다. 이것을 인지심리학에서는 편향(bias)이라고 부른다. 그것은 기존의 지식, 태도, 신념을 뒷받침할 수 있는 증거만 적극적으로 '선별'하려는 경향이다. 이것은 심리학에서 스키마(schema)라고 부르는 심적 지도를 형성하며, 새로운 정보를 접했을 때 인간은 기존의 스키마에 맞춰 끼워놓기하고, 관련 정보를 수정하는데, 기후변화와 관련해 자기에게 불리한 정보는 애써 외면하는 것이다(Marshall, 2019. 13-30).

그래서 심리학자 커너맨(Daniel Kahneman)은 기후변화에 관한한 개선의 여지가 보이지 않는다고 우려한다. 그에 따르면, 기후변화는 현저함이 부족하다. 그래서 통제불능의 자동차처럼 구체적이고 현저한 위협에 대해서 사람들은 즉각적으로 대응하지만, 기후변화처럼 추상적이고 요원하며 눈에 보이지 않고, 논란의 여지가 있는 위협에 대해서는 반응하기를 꺼려한다. 또 기후변화에 대처하려면 먼 미래에 발생할 크지만 불확실한 손실을 경감하기 위해 단기적인 비용과 생활수준 감소를 감수해야 하는데, 이것은 인간이 감수하기 어려운 조합인 것이다. 여기에 기후과학의 불확실성이 작용하면서 상황이 악화된다. 더 나아가 일종의 낙관주의 편향(optimism bias)이 작용하면서 사태는 걷잡을 수 없게 된다. 설마 그런 일이 발생할까 하는 것이다(Marshall, 2019. 89-92).

## 3  국가 간의 문제: 국가의 경계를 넘어서

　기후변화에서 국가간의 문제는 중요하다. 기후변화를 야기한 국가와 그로 인해 피해를 받는 국가가 일치하지 않는다는 점에서 사회정의의 문제가 제기되기 때문이다. 기후변화의 주된 책임은 북반구에 몰려 있는 선진국에 있지만, 가장 피해를 보는 지역은 남반구의 빈국이다. 북반구 미국에서 발생하는 대규모 에너지 소비는 남아시아와 태평양의 섬에게는 죽음과 질병을 야기한다. 그런데 이 지역의 사람들은 온실가스를 가장 적게 배출하기 때문에 어떤 의미에서는 오늘날 환경문제에 가장 책임이 적은 사람들이다. 하지만 기후변화로 인한 피해는 남반구 가난한 나라에 집중되는 경향이 있기 때문에 이른바 '지구적 정의'(global justice)의 문제가 제기된다.

　기후변화는 지구 북반구의 선진국에게는 긍정적인 측면도 있다. 고위도 지역의 경우 기후가 따뜻해지면서 곡물의 생육기간이 길어져 다모작이 가능하고 소출도 늘어난다(Lomborg, 2009:143). 반면 남반구나 북반구 저위도 지역은 피해가 심각하다. 기온이 상승하고 지구의 빙하가 녹으면서 해수면이 6미터까지 상승이 예상되는데, 이 경우 남태평양의 도서지역이나 방글라데시, 이집트, 중국, 인도의 상당 부분이 침수될 것이다. 또 아프리카의 경우는 기온상승에 따라 말라리아, 뎅그 열 등 열대성 질병은 확산되고, 아프리카 사하라 이남지역의 식량생산은 심각하게 감소된다고 한다.

　가난한 나라들은 기후변화에 대처할 수 있는 대응능력이 취약하다는 점에서 어려움이 가중된다. 예를 들면 기후변화 적응을 위한 계획을 수립하는 데 있어 무엇보다 중요한 것은 기후관련 정보일 것이다. 기후변화에 대한 정보가 있으면 사전 대비가 용이해 피해를 줄일 수 있기 때문이다. 그런데 가난한 나라일수록 기후학적 정보가 부족하다. 구체적인 예를 들면, 사하라 이남 아프리카 지역의 경우 기상관측소가 평균 25,460 km2 당 1개소씩 설치되어 있는데, 이는 세계기상기구의 권고수준의 1/8 수준이다. 반면 네덜란드는 716km2 당 1개소가 설치되어 권고치의 4배가 넘는다. 컬럼비아대학의 국제지구과학정보 네트워크센터는 국가별 기후변화 취약성을 측정했다. 측정결과 세계에서 가장 덜 취약한 나라들은 스칸디나비아 국가들, 스위스, 오스트리아, 프랑스, 벨기에, 이탈리아, 일본, 캐나다, 미국인 반면, 15개의 가장 취약한 국가 중 14개 국가가 아프리카, 나머지 하나는 방글라데시라고 한다(Posner 외, 2014, 41). 그래서 기후변화로 인한 경제적 피해는 OECD국가는 GDP의 1-1.5%인 반면, 개발도상국가는 2-9%에 달할 것으로 전망된다(채여라 외, 2010: 820).

기후변화에 대응하기 위해 국제사회도 노력하고 있다. 국제사회는 '공통적이지만 차별적인 책임'(common but differentiated responsibility)의 원칙에 동의한 바 있다. 여기서 공통의 책임이란 선진국이나 개발도상국을 막론하고 전 세계 모든 국가들이 지구의 환경과 인류의 공동유산을 보호하기 위하여 다 같이 노력해야 한다는 것이다. 차별적인 책임은 개별국가가 가지고 있는 각기 상이한 경제발전의 정도와 경제개발 수행능력, 지구환경 파괴에 대한 상이한 역사적 책임을 고려하여 비용을 부담해야 한다는 뜻이다.

하지만 '공통적이지만 차별적인 책임'이라는 이념에는 합의했지만, 그것의 실천은 생각만큼 잘 이루어지고 있지 않다. 각국은 리우, 발리, 교토, 캔쿤 등에서 기후변화에 대응하기 위해 여러 차례 국제협력체제를 가동하려고 했지만, 각국의 이해관계 때문인지 효과적으로 대응하지 못한 것으로 보인다.

현재 세계정부도 그리고 확고한 지구 거버넌스 체제도 없기 때문에 이에 대한 효과적인 대응을 못하는 이유도 있지만, 이것은 '죄수의 딜레마'(dilemma of prisoner) 상황과도 관련된다. 오염을 막는데 비용이 든다할지라도 모두가 협력해서 지구의 오염을 막는 것이 집합적으로는 합리적이지만, 문제는 죄수의 딜레마에서 보이듯 합리적인 자기이익을 추구하는 행위자의 입장에서 보자면 다른 행위자들은 그런 노력을 하지만 자기는 하지 않는 것이 자기에게는 더 이익이 된다는 점이다. 이것은 하딘(Garrett Hardin)이 '공유지의 비극'에서 적절히 지적했듯이, 환경이 갖는 공공재적 성격에서 비롯된 환경문제의 일반적인 특징이다.

실제로 세계 각국은 기후변화의 심각성을 인정해 '공통적이지만 차별적인 책임'을 이야기하면서도 자국의 이해관계로 인해 기후변화 문제에 대한 실질적인 대응을 하고 있지 못하다. 개발도상국들은 역사적으로 대부분의 탄소배출이 선진국에 의해 이루어졌다는 점을 들어 선진국들을 비난하고, 선진국들은 현재 탄소배출의 상당부분이 중국, 인도, 브라질 등 신흥공업국에 의해 이루어진다는 점을 들면서 서로 책임을 미루고 있는 형국이다.

선진국에게 더 큰 책임과 감축노력을 요구하는 것은 '역사적인 원리'와 관계가 깊다. 즉 역사적으로 살펴볼 때, 현재 기후위기는 화석연료의 사용에서 비롯된 것이고 그렇다면 화석연료를 많이 사용한 선진국이 응당 이에 대한 책임이 있다는 것이다. 이런 주장은 이른바 '오염자 부담의 원리'(polluter pays principle: PPP)에 의해 정당화된다. 이것은 책임의 역사적 원리와 관련된 것으로 "네가 부셨으면, 네가 고쳐야 한다" "네가 버린 것은 네가 치워야 한다"는 뜻이다. 결자해지 차원에서 문제를 일으킨 사람이 문제를 해결하고, 다른 누군가에게 피해를 주었다면 피해를 보상해주어야 한다는 것은 어찌 보면 당연한 일이다.

하지만 이에 대해서도 반론이 없지 않다. 첫째 과거의 오염자들은 자신들의 방출이 좋지 않은 결과를 낳으리라는 사실을 몰랐으며, 따라서 이를 비난할 수도 책임을 물을 수도 없다는 것이다. 둘째 산업혁명기인 18세기 후반부터 인간에 의한 오염이 이루어졌는데, 오염자들 중 상당수는 이미 죽었다. 따라서 현재 선진국 국민들에게 자신들의 조상이 행한 잘못까지 보상하라고 요구하는 것은 지나치다는 것이다.

첫째 반론, 즉 관련 사실을 몰랐다고 해서 책임이 없다는 것은 반론은 성립하지 않는다는 지적이 있다. 우리가 "네가 부셨으면 네가 고쳐야 한다."고 할 때, 이것은 고의로 하지 않은 일에 대해서도 해당이 된다. 실제 우리는 우리 자신이 잘 모르는 상태에서 행한 행위에 대해서도 책임을 진다. 가령 잘못해서 옆집 유리창을 깼을 때, 그것이 의도된 것이든 그렇지 않든 간에 우리에게는 변상할 책임이 있다(Gardner, 2010a: 5-7).

둘째 반론도 한계가 있다고 비판된다. 즉 조상이 범한 잘못에 대해서도 후손들은 책임을 져야 한다. 왜냐하면 후손들은 선조들의 행위로 인해 이미 뭔가 혜택을 누렸기 때문이다. 현재 그들 후손들이 누리는 산업문명을 생각해보자. 이것은 일종의 '수혜자부담원칙'(beneficiary pays principle: BPP)이라고 할 수 있다. 또 상속권과 상속책임에 대한 우리의 관행도 그렇다. 만일 우리가 우리 선조가 진 채무에 책임이 없다면, 왜 선조들이 준 이득을 누릴 권리가 있겠는가? 만일 이것을 거부한다면 조상들이 남겨준 국가의 인프라를 다 포기해야 할 것이다. 그리고 이런 책임은 개인이 아니라 국가 같은 집합적 실체가 져야 한다. 국가는 개인과 달리 오랜 시간에 걸쳐 존재한다. 물론 책임의 소재를 개인이 아닌 국가로 할 수 있느냐의 문제가 제기되기도 하지만, 책임의 과도한 개인주의는 문제가 있다. 개인주의자조차도 국가가 개인들을 대표하고, 개인들의 책임 중 상당부분을 국가가 진다는 것을 인정하기 때문이다.[2]

---

2   조상들이 저지른 죄악에 대해 후손들이 갖는 역사적 책임과 관련해 유사한 논

한편 '역사적' 원리 대신 '탈 역사적'(ahistoric) 원리를 적용하자는 제안도 있다. 탈 역사적 접근이란 시간의 평면을 잘라 그 상태에서 문제를 바라보는 시각이다. 그것은 과거의 기후변화를 일으킨 것은 무시하고, 대신 현재 수준에서 온실가스 배출 책임을 묻는 것이다. 즉 지금부터 새롭게 시작해서 미래지향적으로 기준을 정하는 것이 더 바람직하다는 시각이다.

하지만 탈 역사적 원리를 적용한다하더라도 선진국들의 책임은 감면되지 않는다. 탈 역사적 접근에서는 과거의 공과를 다 무시하기 때문에, 모든 나라와 사람은 1인당 평등한 배출할당량을 갖는다. 이와 관련해 슈레이더-프레쳇은 윤리학의 어떤 원리를 적용한다하더라도 선진국은 우선적인 책임을 모면할 수 없다고 주장한다. 그녀에 따르면 이때 사용할 수 있는 윤리적 원리는 평등주의, 공리주의, 롤스의 원리이다(Shrader-Frechette, 2011: 11-13).

평등주의에서 온실가스 배출량은 1인당 공평하게 배분되어야 한다. 아무리 평등주의 원리를 온건하게 적용한다할지라도 선진국은 현재 온실가스를 불공평하게 많이 배출하고 있으며, 미국의 경우는 현재 배출량의 최소 75퍼센트를 줄여야 한다.

공리주의에서 기준점은 '최대다수의 최대행복'이다. 그런데 선진국은 세계인구의 소수이지만 온실가스의 대부분을 방출했다. 화석연료 방출로 인한 이득은 선진국들이 누렸지 다수가 누린 것이 아니므로 공리의 원리에 어긋난다. 또 한계효용체감의 법칙에 의해 선진국 국민들이 누리는 효용은 떨어지기 때문에, 선진국 국민이 누리는 이득은 다수에게 끼치는 해악을

---

의가 샌델에 의해서도 행해졌다. 독일의 유대인 학살, 일본의 한국인 위안부, 호주의 원주민 학대 문제를 다루면서 샌델은 유사한 입장을 표명하고 있다 (Sandel, 2010: 293-301).

능가하지 못한다. 공리의 원리에서도 선진국은 온실가스 배출을 감소시킬 책임이 있는 것이다.

롤스의 원리에서 중요한 것은 최소수혜자의 이득이다. 즉 설사 차별을 인정한다하더라도, 그것은 어디까지나 최소수혜자에게 최대이득이 될 때에만 인정할 수 있다. 부자가 더 많은 재화를 갖고 더 오염배출을 하는 것이 정당화되려면, 그것이 부자 자신들에게 이득이 되는 것이 아니라 최소수혜자에게 이득이 되는 한에서 그러하다. 그런데 선진국들의 과다배출이 최소수혜자에게 도움이 된다고 볼 수는 없다.

이와 관련해 슈(Henry Shue)는 삶의 질을 고려해야 한다고 제안한다. 삶의 최소한의 질을 위한, 또는 생존을 위한 방출권은 인간의 양도 불가능한 권리이기 때문에, 이런 방출은 보장되어야 한다. 하지만 사치품과 관련한 방출은 다르다. 생존을 위한 방출은 교환될 수도 없고, 또 미래세대를 위해서도 양보될 수 없다. 반면 그 한도를 넘어선 것은 평등 이외의 원리에 의해 분배될 수 있다. 하지만 문제는 생존을 위한 방출이 대단히 애매하다는 점이다. 가령 부시는 "리오회담에서 미국인들의 생활방식은 협상 대상이 아니라"라고 했다. 삶의 질이라는 것은 사회적, 문화적 요인과 결부되어 있다는 점에서 이것은 심도 있는 철학적 사회학적 논의를 요한다.

또 언급해야 할 것은 이른바 '개발 절박성'(development imperative)이다. 기든스에 따르면, 대부분의 가난한 나라에서 경제발전은 일종의 정언명법이다. 또 이들 나라들은 사실상 지구온난화에 기여한 바도 미미하다. 이 점을 감안한다면 그런 나라들은 설령 온실가스 배출이 늘어난다고 해도 앞으로 일정기간 동안은 개발에 매진하는 것은 당연하다고 기든스는 본다. 그래서 그의 주장은 적어도 가난한 국가들이 일정한 경제적 수준에 도달할 때까지는 전 세계적으로 두 개의 트랙을 운행하자는 것이다(Giddens, 2010:

20, 99). 여기서 '일정한 경제적 수준'이라는 문구는 중요한 질문을 내포하고 있는데, 이 또한 심도 있는 철학적 논의를 필요로 한다.

점점 더 중국 등 신흥 개발국들의 역할과 모범이 중요해지고 있다. 이제 최대 온실가스 배출국은 미국이나 유럽 같은 등 선진국이 아니다. 현재 온실가스 배출국가 순위는 전 세계 온실가스 배출의 30%를 차지하는 중국이 압도적인 1위를 차지하고 있고, 2위 미국, 3위 유럽연합, 인도, 러시아 순이다. 이렇게 본다면 선진국뿐만 아니라 중국, 인도, 브라질 같은 후발 개도국의 온실가스 배출 규제가 필요하다. 우리나라의 온실가스 배출 순위는 7위에서 10위 사이를 왔다 갔다 하고, 1인당 온실가스 배출에서는 유럽의 2배 수준이다. 온실가스 배출과 관련해 미국과 유럽 등 선진국 탓만 할 수 없는 처지인 것이다. 우리나라도 국제사회의 일원으로서 책임지는 자세가 필요하다.

최근 주목할 만한 것은 시티즌십(citizenship)에 대한 논의이다. 시티즌십은 통상 '시민권'으로 번역되는데, 여기서 말하는 시트즌십은 권리를 넘어 지위, 제도, 관행을 포함하면서, 더 나아가 시민으로서 갖추어야 할 자질과 태도를 포괄한다. 필자가 보기에는 이런 점에서는 차라리 '시민성'으로 번역하는 것이 바람직할 수도 있을 것이다.

시트즌십에 대한 논의는 처음 다문화주의에 대한 논의에서 등장했다. 이주노동자의 급증과 함께, 인종적 종교적 사회적 소수집단이 부상하면서 중요한 의제로 대두되어, 다문화주의의 핵심 쟁점이 되었다. 기후 환경 문제와 관련해 그것은 생태 시티즌십에 대한 논의로 확장되고 있다. 생태정치철학자들에 의하면, 현재의 국민국가와 국민국가적 시티즌십으로는 기후변화와 같은 문제에 제대로 대응할 수 없다. 기후변화는 기본석으로 국가의 경계를 뛰어넘는 전 지구적인 과제이기 때문이다. 그런데 국민

국가와 국민국가적 시티즌십은 배타적 영토성에 토대를 두기 때문에 초국적 지구적 환경문제에 대응하지 못하는 것이다. 이와 관련해 돕슨(Andrew Dobson)은 생태시민성을 구성하는 가장 중요한 특징으로 비영토성(non-territoriality)을 거론한다. 환경위기는 전지구적 보편적인 성격을 띠기 때문에 우리는 국민국가라는 틀을 넘어야 한다고 본 것이다(박순열, 2010: 171-172).

이와 관련해 우리는 다중시민성(multiple citizenship)의 필요성에도 관심을 가질 필요가 있다. 우리는 자기가 속한 국가의 구성원으로서 요구되는 시민성을 갖추어야 하지만, 때로는 지구촌의 구성원으로서 지구환경 문제를 고민하고 실천하는 세계시민성(world citizenship), 그리고 지역사회의 구성원으로서 필요한 지역 시민성(local citizenship)을 갖는, 이른바 다중 시민성이 요구되는 것이다. 다중시민성은 동일한 개인에게 서로 다른 수준의 시민의 지위와 역할이 중층적으로 주어지는 것을 의미한다. 우리는 특정한 지역의 주민이며 국가의 국민이면서, 동시에 여러 국가로 구성된 국가연합의 시민이자 세계 공동체 시민으로서의 지위와 책임을 지닐 수 있는 것이다.(변종헌, 2006: 254-255).

## 4 세대 간의 문제: 현재의 지평을 넘어서

### 1) 미래세대 책임 논쟁

기후변화의 원인은 화석연료이다. 화석연료는 과거세대 및 현재세대가 사용한 것이나, 그로 인한 피해는 미래세대에게 집중된다. 이런 점에서 '세대 간의 정의', 또는 '미래세대에 대한 책임'의 문제가 제기된다.

미래세대를 배려할 의무 또는 책임이 있는가에 대해서는 1970년대에서 1980년대 중반까지 환경윤리학계에서 집중적인 논쟁이 있었다. 이와 관련된 대부분의 논의들은 현학적이고 이론적인 논증으로 끝나 실천적인 의미가 큰 것 같지 않아 여기서 다루지는 않는다. 그리고 서양윤리의 전통에서 미래세대에 대한 책임을 확보하는 것을 그렇게 어려운 과제로만 볼 수는 없다. 서양윤리의 양대 전통인 공리주의와 의무론을 관통하는 것은 보편주의 원리이기 때문이다. 나의 이익만을 생각해서는 안 되고 타인의 이익을 공평하게 생각해야 한다는 공리주의 원리나, 나의 인권뿐만 아니라 타인의 인권을 소중히 생각해야 한다는 의무론은 모두 보편주의에 기초한 것이다. 그래서 서양윤리학계에서는 윤리학의 제 1원리로 보편주의 원리를 설정하기도 한다. 보편주의 원리는 내가 하기 싫은 일을 타인에게 하지 말라는 예수의 황금률 이래 서양윤리학의 중요한 기반으로 작용해왔던 것이다.

이런 배경에서 현대의 유력한 윤리학자인 롤스(J. Rawls)는 '우리는 어떤 세대에 속해 있는지 모른다는 관점에서 정책결정 해야 한다'고 하면서 세대간 형평성을 주장한 바 있다(Rawls, 1971: 24절, 44절). 다른 세대가 관련된 사안에서 오로지 자기 세대만의 이익을 추구하는 것은 공평하지 않다는 문제제기인 셈이다. 또한 독일의 사회철학자 하버마스(J. Habermas)는 후손들과 인류의 미래에 대해 걱정하지 않고 오직 자기 또는 자기세대의 이익만 생각하는 것은 바람직한 윤리적인 삶의 태도가 아닐 것이라고 주장한 바 있다(Habermas, 1997: 271-272).

그런데 문제는 미래세대에 대한 책임을 인정한다고 해서, 미래세대를 위해 현세대의 이익을 무한정 포기해야 한다고 주장할 수 없다는 것이다. 즉 미래세대를 배려하는 것도 중요하지만, 우리에게는 미래세대에 대한 책임 이외의도 다른 책임이 있고, 또 현세대도 인간다운 삶을 살 권리가 있기 때문이다.

이런 측면에서 기후변화에 대한 적극적 대응을 주장하는 것에 대한 반론이 제기된다. 가령 롬버그는 기후변화의 문제는 가난한 국가의 가난한 주민을 도울 것인가 아니면 더 부유해질 미래의 후손을 도울 것인가의 문제라고 주장한다. 롬보그는 현재 빈민들이 미래의 후손보다 더 가난하며, 또 그들을 돕는 것이 보다 쉽기(싸기) 때문에 현재의 빈민을 돕는 것이 우선적이라고 본다. 그에 따르면, 유럽연합에서 이산화탄소 배출량을 20퍼센트 감축하자고 했지만, 그 성과는 지구온난화를 고작 2년 늦추는 데 그치고 비용은 900억 달러나 든다. 반면 이것을 말라리아 퇴치를 위해 사용할 경우 30억 달러를 투자하면, 현세기 동안 8억 5천만 명의 인명을 구할 수 있고, 매년 2억 5천만 명이 감염되는 것을 막을 수 있다(Lomberg, 2008: 139).

효율성과 관련된 문제는 매우 복잡한 것이라 논외로 하자면, 롬보그의 주장은 잘못된 이분법에 기초한 것이라는 비판이 가능하다. 기후변화는 비단 미래세대뿐만 아니라 현세대, 그리고 자연과 동물에게도 심각한 피해를 준다. 기후변화가 미치는 피해는 롬보그가 배려해야 한다고 말하는 현세대 빈민에게도 피할 수 없는 재앙이 된다. 즉 기후변화를 줄이기 위해 탄소 배출량을 경감하는 것이 일종의 보편적 책무라고 한다면, 또 현재의 빈민을 돕는 것은 일종의 특수한 책무에 해당한다. 그런데 우리에게는 현세대의 빈민뿐만 아니라 미래세대에 대한 책임도 있으며, 기후변화에 대한 적극적 대응은 이 두 책임 모두에 대한 답이 될 것이다.

또한 롬보그가 가정하듯이 미래세대가 우리보다 더 잘 산다는 보장도 없다. 가령 가드너에 따르면, 기후변화는 식량, 물, 질병, 지역경제에 심각한 영향을 미칠 것이기 때문에 미래의 사람들은 지금보다 더 가난한 삶을 살 수도 있다. 그리고 설사 미래세대가 더 잘 산다고 하더라도, 현재세대가 기후문제를 야기해 놓고 미래세대에게 알아서 하라고 할 수는 없는 것이다. 문제를 일으킨 사람이 문제를 해결하는 것이 이치에 맞기 때문이다(Gardner, 2010a: 12).

### 2) 사회적 할인율 논쟁

미래세대에 대한 책임을 둘러싼 논쟁은 사회적 할인율 논쟁과도 연결된다. 통상 공공정책을 수행할 때 반드시 거치는 것이 비용편익분석(cost benefit analysis)이다. 그것은 특정 사업으로 인해 발생하는 비용과 편익을 측정해, 다른 사업들과 비교해 비용 대비 편익이 높은 사업을 추진하는 것이다. 이때 비용과 편익이 미래에 발생할 수 있다. 가령 철도사업의 경우 어느 정도 시간이 흐른 뒤 이용자가 증가하기 때문에 편익은 10년 뒤 20년 뒤에 주로 발생한다. 그리고 기후변화도 마찬가지이다. 탄소배출 저감 사업을 추진했을 때 그것의 편익은, 그리고 저감 사업을 추진하지 않았을 때 그 비용은 주로 미래에 발생한다. '사회적 할인율'(social discount rate)은 공공정책으로 인해 발생하는 미래의 편익과 비용을 현재의 시점에서 할인하여 바라보는 것이다. 미래의 편익과 비용을 현재의 시점에서 평가해 할인하는 것은 일반적인 관행으로, 먼 미래에 발생하는 이익보다 올해의 이익을 우선하는 것은 시간에 대한 선호도, 이자율, 기회비용 등을 고려하면 당연할지도 모른다.

문제는 할인의 관행은 미래세대에게는 부당한 것일 수 있다는 것이다. 특히 할인율의 문제는 시간이 경과함에 따라 할인되는 수치가 기하급수적으로 커진다는 것이다. 가령 100년 뒤에 발생하는 1억 원의 비용을 2%로 할인하면 그것은 현재가치로 1700만원이 되고, 8%로 할인할 경우 현재가치로 10만원이 된다. 그래서 할인율을 높게 책정할 경우 상식적으로 보아 미래를 위해 반드시 필요한 사업도 사업적 가치가 없어 포기되는 이른바 '할인율의 횡포' 현상이 발생한다.

<표 1> 할인율 비교

| 할인율 | 1.4% | 5.5% |
|---|---|---|
| 현재시점 | 10,000 | 10,000 |
| 1년 | 9,860 | 9,450 |
| 2년 | 9,721 | 8,930 |
| 3년 | 9,451 | 8,439 |
| 5년 | 9,188 | 7,536 |
| 10년 | 8,684 | 5,679 |
| 20년 | 7,542 | 3,225 |
| 30년 | 6,550 | 1,832 |
| 50년 | 4,941 | 591 |
| 100년 | 2,441 | 34 |
| 200년 | 596 | 0.12 |

기후변화논쟁에서 사회적 할인율이 뜨거운 쟁점이 된 것은 2007년 〈기후변화의 경제학에 대한 스턴 보고서〉가 발표되면서이다. 2005년 7월 당시 영국의 재무부 장관 고든 브라운은 세계은행의 수석경제학자 출신 경제학자인 스턴(Nicholas Stern)에게 기후변화의 경제학에 관한 포괄적인 연구를 시행하도록 요청했다. 이에 스턴은 연구팀을 구성해 그 결과를 2006년 10월 자신의 이름을 딴 제목으로 발표하였고, 2007년 캠브리지 대학교 출판부에서 출판되었다.

스턴의 주장은 만일 우리가 조치를 취하지 않는다면 기후변화로 인한 비용과 위험은 전 세계에서 매년 GDP의 최소 5%의 손실을 유발한다는 것이다. 그리고 위험과 영향을 좀 넓게 고려한다면 피해액은 GDP 20%나 그 이상으로 추산된다. 반면 기후변화로 인한 최악의 결과를 피하기 위해 온실가스 배출을 줄이는 데 드는 비용은 만일 우리가 이산화탄소의 수준을

500~550ppm으로 목표로 삼아 조기에 강력한 조치를 시행한다면, 매년 전 세계적으로 GDP 1% 정도 수준이다. 결론은 "조기의 강력한 행동을 통해 얻는 이득은 행동하지 않을 때 발생하는 경제적 비용보다 크다는 것이다".[3]

이것은 온실가스를 줄이기 위한 노력은 너무 값비싸서 경제발전에 위협이 된다는 일반적 통념과는 상당히 다른 것이었다. 스턴이 이런 일반적 통념에 반하는 결론을 도출해낼 수 있었던 결정적인 열쇠는 일반적인 관행보다 낮은 할인율의 적용이다. 스턴은 1.4%의 할인율을 적용했기에 이런 결론이 가능했던 것이다.

이런 낮은 할인율의 적용과 관련해 반론이 제기된다. 대표적인 반론자는 저명한 환경경제학자로 2018년 노벨경제학상 수상자인 노드하우스(William Nordhaus)이다. 적정 사회적 할인율로 스턴이 1.4%를 도출한 반면, 노드하우스는 5.5%를 제안하고 있다. 이 차이는 대단한 것인데, 100년 뒤 4천억 달러의 편익이 예상되는 온실가스 저감사업이 있다고 할 때, 스턴 입장에서는 지금 시점에서 1000억 달러를 투자할 수 있는 반면, 노드하우스의 기준에서는 20억 달러 이상의 투자를 할 수 없기 때문이다. 스턴의 분석에 따라 1천억 달러를 투자하는 것은 노드하우스 입장에서는 현재의 980억 달러, 미래의 20조 달러를 낭비하는 것과 같다(허성욱, 2010: 516).

따라서 어떤 할인율을 채택하느냐에 따라 정책의 기조도 달라진다. 1.4%를 채택한 스턴은 기후변화를 막기 위해 높은 세금과 극적으로 빠른

---

[3] Stern(2007), *The Stern Review : The Economics of Climate Change*, vi-ix쪽. 이후 논쟁에 대한 기본적인 소개는 다음의 분석을 따랐다. 김명식(2012), 「기후변화의 윤리적 쟁점」 22-26쪽, 그리고 김형진, 황형준(2009), 「영국의 기후변화법과 스턴 보고서」, 442-445쪽.

온실가스 배출 감소를 제안한 반면, 5.5%를 채택한 노드하우스는 보통의 세금과 점진적인 배출 감소를 주장한다. 스턴과 노드하우스는 프랭크 램지(Frank Ramey)의 공식을 공통적으로 사용하는데, 램지에 따르면 사회적 할인율($r$)은 순수시간선호율($\delta$), 소득의 한계효용탄력성($\eta$), 소비증가율($g$)등 세 가지 요인의 다음과 같은 조합으로 구성된다.

$$r = \delta + (\eta \times g)$$

'순수시간선호율'(the rate of pure time preference)이란 미래의 가치를 현재의 가치에 비해 얼마나 선호하는지에 관한 계수로서, 미래가치를 중시할수록 순수한 시간선호율은 0에 가까워지며, 현재가치를 중시할수록 순수한 시간선호율은 높아진다. 소득의 한계효용탄력성(income elasticity of marginal utility)이란 소득이 증가함에 따라 한 단위의 추가소득으로부터 비롯되는 효용의 변화율을 측정한 것이다. 이는 소득이 증가하여 소비의 양이 증가할수록 추가적인 소비로부터 느끼는 만족도가 감소한다는 한계효용체감의 법칙이 작동하는 현상을 반영한다. 1인당 소비증가율이란 경제성장에 따른 소득 및 소비의 증가율을 의미하는 것으로 각국의 경제성장 속도에 따라 수치는 다르지만 영국의 경우 당시 최근 2.0%로 보는 것이 일반적이었다.

스턴의 경우는 순수 시간선호율을 0.1%, 소득의 한계효용탄력성을 1%, 1인당 소비증가율을 1.3%로 본 반면, 노드하우스는 각각 1.5%, 2%, 2%로 보았다. 그 결과 그들의 결론은 다음과 같은 상이한 사회적 할인율을 낳았던 것이다.

스턴: $0.1 + (1 \times 1.3) = 1.4$

노드하우스: $1.5 + (2 \times 2) = 5.5$

<표 2> 스턴과 노드하우스 비교

|  | Stern | Nordhaus |
|---|---|---|
| 순수시간선호율 | 0.1 | 1.5 |
| 소득의 한계효용탄력성 | 1.0 | 2.0 |
| 1인당 소비증가율 | 1.3 | 2.0 |
| 할인율 | 1.4 | 5.5 |
| 100년 뒤 4000억에 대한 현재지출비용 | 1000억 | 20억 |

일단 여기서는 소득의 한계효용탄력성과 소비증가율에 대한 논의는 유보하고, 순수시간선호율에 한정하고자 한다. 소비증가율이 기술적인 문제이고, 소득의 한계효용탄력성이 주로 경제학과 관련된 문제라면, 순수시간선호율은 매우 규범적인 성격을 띤 문제이기 때문이다.

### 3) 순수시간할인율

여기서 문제는 과연 순수시간선호율을 인정할 것인가, 인정한다면 얼마만큼 인정할 것인가 하는 것이다. 순수시간할인율에 대한 경제학자들의 입장은 다양하다. 가령 사회적 할인율의 기본 공식을 만든 램지(Frank Ramsey)는 할인에 반대하는 입장에 속한다. 그에 따르면 우리는 미래의 즐거움을 현재의 즐거움과 비교해 할인해서는 안 된다. 그것은 정신의 나약함으로 인해 일어나는 것이고, 도덕적으로도 방어될 수 없다. 해로드(Roy Harrod) 또한 할인율은 감성으로 이성을 억누르는 것이며 일종의 약탈이라고 주장한다. 반면 노벨상 수상자인 쿱맨스(Tjalling Koopmans)는 할인율을 거부하는 것은 현세대가 미래세대의 이익을 위해서 굶어야 한다는 것으로 받아들일 수 없다고 주장한다(Posner 외, 2014: 227).

　스턴은 세대 간 형평성을 강조하면서 순수시간할인율을 사실상 인정하지 않는다. 반면 노드하우스는 시장에서 보이는 실제 이자율과 저축률을 반영해야 한다고 주장한다. 이들의 논쟁은 '윤리주의자'와 '실증주의자'의 논쟁이라고 불리면서 많은 학자들이 논쟁에 가담하게 된다.

　윤리주의를 대표하는 스턴은 0%만의 순수시간할인율만이 윤리적이며, 그 이상은 윤리적으로 부적절하다고 주장한다. 그에 따르면 순수시간선호율의 결정은 본래적으로 윤리적인 판단으로 그것에 대한 명확한 답은 없다. 하지만 세대 간의 형평성을 전제할 경우 순수시간선호율을 인정해 미래세대와 현세대를 차별하는 것은 정당화될 수 없다고 본다. 순수시간선호율을 인정하는 것은 출생일에 의해 사람을 차별하는 것이다. 그래서 만일 순수시간선호율을 2%로 볼 경우, 그것은 1972년에 태어난 사람이 2007년에 태어난 사람보다 2배의 윤리적 가치를 갖는다고 보는 것이라고 주장한다(김형진 황현준, 2009: 448).

　실증주의를 대표하는 노드하우스는 문제 자체가 윤리적인 성격을 띤 점은 인정하나, 순수시간할인율을 인정하지 말자는 스턴의 주장 또한 스턴 자신의 매우 자의적인 주장에 불과하다고 본다. 그에 따르면 스턴의 주장은 당시 진보적인 영국 노동당 정부의 입장을 반영하는 '정치적'인 측면이 강하며 실증적이지도 학문적이지도 않다. 스턴의 주장이 시장의 할인율을 반영하자는 주장보다 더 낫다는 증거는 없다(Nordhaus, 2007: 688).

　윤리주의자들은 실제 사람들이 저축의 중요성을 과소평가하는 데에서 보이듯 현재의 선호를 미래의 선호보다 더 소중히 여긴다는 점을 인정하면서도, 이런 현상을 옳다고 볼 수는 없다고 주장한다. 따라서 후세의 복지에 대한 관심이 적은 민간부문을 대신하여, 정부가 후세를 위해 낮은 할인율을 적용해 보다 많은 공공사업을 집행해야 한다고 주장한다.

이에 대해 노드하우스는 우리는 미래세대가 무엇을 원하는지, 즉 그들의 선호를 알 수 없기 때문에 굳이 우리의 이익을 희생하면서까지 그들을 배려할 필요가 없다고 주장한다. 가령 미래세대는 경제적 재화에는 관심이 없고 수도자적 자세를 취할 수도 있고, 더 따뜻한 세계라는 변화된 경관을 사랑할 수도 있을 것이다. 이런 점에서 보자면 무한한 미래세대들을 위해 현세대가 궁핍할 의무는 없을 것이다(Nordhaus, 2007: 688, 693). 윤리주의자들도 인식론적 제약으로 인해 우리세대가 미래세대의 삶에 대해 예측하기 힘들다는 점을 부정할 수는 없다고 본다. 하지만 완벽하지는 않지만 우리는 미래세대의 삶에 대해 어느 정도는 예측할 수 있고 그들이 무엇을 원할지 대략적인 것들은 알 수 있다고 주장한다. 실제로 과연 미래세대가 깨끗한 공기라는 그들의 기본적인 삶의 조건이 파괴되는 것을 받아들일지는 매우 의심스러운 것이다(Hoffmann, 2011: 82).

하지만 우리가 미래의 선호가 만족되는 것보다 당장 지금의 선호가 만족되는 것을 원하는 것을 과연 나쁘게만 볼 수 있는가 하는 주장이 제기될 수 있다. 실제로 우리는 나의 5년 뒤의 선호를 위해 지금 당장의 선호를 포기하지 않는 경향이 있다.

이에 대해 윤리주의자들은 우리가 자기와 관련된 미래의 선호보다 지금 당장의 자신의 선호를 더 중요하게 생각하는 것을 인정한다 할지라도, 다른 사람의 선호보다 자신의 선호를 더 높이 평가하는 것은 정당화될 수 없다고 주장한다. 즉 '개인 내부의'(intrapersonal) 선호비교와 '개인 간'(interpersonal) 선호비교는 다른 문제라는 것이다. 그렇다면 노드하우스의 입장은 경제학에서 '무한히 존재하는 행위자'를 가정하는 것이라고 비판할 수 있다. 그래서 기후변화처럼 기본적으로 세대 간의 정의와 관련된 주제에 대해서는 지속가능하고 공정한 접근이 필요하다. 즉 미래세대가 현재 세대가 향유하는 만큼의 삶을 향유할 수 있도록 한다는 범위 안에서 현재의 소비를 극대화하는 것이 요구되는 것이다(Kelleher, 2012: 49).

결국 이 문제는 우리는 왜 미래세대를 배려해야 하는가 하는 매우 철학적인 문제와 직접적으로 관련된다. 실제로 미래세대에 대한 책임의 문제는 1970년대, 1980년대 환경윤리학에서 매우 중요한 쟁점이었다. 우리는 왜 미래세대를 배려해야만 하는가 하는 문제는 이른바 미래세대와 현세대 간의 상호성(reciprocity) 문제와 관련이 깊다. 홉스(Thomas Hobbes)와 고티에(David Gauthier)로 대표되는 '합리적 이기주의'의 관점에서 보자면, 윤리는 어디까지나 자기 이익과 안전을 실현하기 위한 합리적인 수단일 뿐이다. 그런데 미래에 발생할 이득은 우리가 죽고 없어지기 때문에 누릴 수 없고, 이미 죽은 우리에 대해서 미래세대는 보복할 수도 없다. 남는 것은 미래세대가 현세대에게 부여하는 사후의 평판만 존재한다. 만일 우리가 사후의 평판을 중요시하지 않는다면 현세대 입장에서는 미래를 위해 노력할 유인이 존재하지 않는다. 여기서 이른바 '상호성'에 기초한 윤리이론의 한계가 지적되고, 윤리의 본질이 과연 무엇인가 하는 논의가 제기되는 것이다. 미래세대의 문제는 윤리의 본질에 대한 논쟁에 중요한 함의를 던지고 있는 것이다.

### 4) 경제학적 접근을 넘어

세대 간 형평성 문제를 해결하기 위한 하나의 방법은 할인율을 적용할 때 분배 가중치를 부여하는 접근이다. 이와 관련해 스카보로우(Helen Scarborough)는 사람들이 갖고 있는 분배에 대한 선호를 반영하는 '세대 간 분배 가중치'(the intergenerational distributional weights)를 활용할 것을 제안한다. 그것은 이미 후생경제학에 존재하는 분배가중치 계산 기법을 미래세대와 현세대간의 분배문제에 활용한 것이다. 스카보로우에 따르면, 사람들이 갖고 있는 미래세대에 대한 선호도를 경제학적 계산에 반영할 수 있는데 그 방법은 대략 다음과 같다. 먼저 표본 집단을 구성하고, 그 다음 그들에게 두 가지 상황을 주는 것이다. 하나는 현 상황과 관련된 분배치이고, 다른 하나는 환경정책을 실행했을 때 발생하는 변화된 상황과 관련된 분배치이다. 이 두 상황에 대한 사람들의 선택을 통해 우리는 사람들이 갖는 분배적 정의에 대한 선호도, 또는 사회적 한계대체율(social marginal rate of substitution, SMRS)을 추출해낼 수 있다. 그는 통상적으로 경제학자들이 비용편익분석에서 이런 계산법을 꺼린다는 점을 인정한다. 그것은 이 과정에서 발생하는 계산상의 어려움, 그리고 누구의 분배적 정의에 대한 선호를 고려해야 하느냐와 관련된 결정의 어려움 때문이다. 하지만 그는 이런 방법을 도입해 미래세대의 복지를 반영하는 것이, 스턴처럼 낮은 할인율을 사용하는 것보다는 낫다고 본다. 그에 따르면 스턴처럼 낮은 할인율을 사용하는 것은 '경제적 효율성'과 '분배의 형평성'이라는 서로 다른 사항을 혼동한 것이기 때문이다. 그는 이를 통해 정책결정의 투명성을 증진할 수 있다고 본다(Scarborough, 2011: 152-154).

그의 입장은 세대 간 형평성의 문제를 어떤 식으로든 경제학의 틀 안에서 포섭시키려고 했다는 점에서 의미 있다고 생각한다. 하지만 이에 대한 철학적 비판도 가능하다. 이것은 비용편익분석에 대해 강력한 철학적 비판을 제기했던 새고프(Mark Sagoff)의 입장을 적용함으로써 가능하다고 생각된다. 새고프의 기본 전제는 사적 영역과 공적 영역은 다르다는 것, 따라서 판단기준도 달라야 한다는 것이다. 우리가 경제생활에서 자기의 이익을 추구하고, 자기의 취미 활동을 하는 것은 사적인 행위이다. 반면 미래세대를 위해 문화유산을 보전하고 자연을 보전하는 환경문제는 공적인 영역에 속한다.

새고프는 공적 영역의 문제는 그 특성상 공동체가 갖는 목표에 관련된다는 점에 주목한다. 그런 공적 문제에 대한 판단은 가치판단의 성격이 강하기 때문에 사적 영역의 문제와는 다른 기준에 의해 평가되어야 한다고 본다. 이는 낙태허용 여부, 인종차별, 사형제도의 문제가 경제학적 접근이나, 개인의 선호도에 의해 결정될 문제가 아니라는 점과 같은 이치이다. 그것은 광범위한 논의과정을 통해 옳고 그름의 차원에서 판별되어야 할 문제인 것이다. 그리고 이 과정에서 주장의 타당성은 우리가 그것에 대해 지불하는 가격(price)이나, 또는 그것에 대해 갖는 선호(preference)의 정도가 아니라, 공적 시민으로서 제기하는 가치판단의 '정당화'(justification) 과정을 통해 이루어져야 한다. 선호와 가치를 같은 것으로 취급하는 것은 일종의 '범주착오의 오류'(category mistake)를 범하는 것이다(Sagoff, 1988: 88-95).

이런 점에서 우리는 사회적 할인율의 결정은 단순히 경제학의 문제로만 볼 수 없다고 생각한다. 이와 관련해 할인율을 '문화적 할인율'의 차원에서 접근하는 입장을 참고할 필요가 있다. 오버호퍼(Tom Oberhofer)는 사회적 할인율은 '문화적인 것'이라고 주장한다. 그에 따르면, 사회적 할인율은 그 사회가 시간지평을 어떻게 바라보느냐에 따라 다르다. 그리고 그것은 그 사회의 전반적인 정치적, 경제적, 군사적, 문화적 전망과도 연관된다(Oberhofer, 1989: 859).

오버호퍼에 따르면 이런 사실은 역사를 보면 잘 드러난다. 로마제국의 초대황제인 옥타비아누스가 집권했던 시절, 로마제국은 자원도 풍부했고 외부로부터의 위협도 없었다. 그래서 이 시기에는 공공사업과 도로건설 같은 미래지향적인 사업이 활발했다. 이는 당시 로마 시민들이 가진 시간지평이 길었고, 그래서 낮은 사회적 할인율을 사용했던 것이기에 가능했다. 반면 3세기 후반 로마는 경제력과 군사력도 미약하고 불확실한 미래에 직면했다. 그때 로마의 관개시설은 붕괴되고 토지도 황폐화된다. 이때의 로마는 미래지향적이지도 않았고 할인율 또한 매우 높았다.

오버호퍼는 유사한 일이 미국에서도 일어나고 있다고 주장한다. 건국 초기 미국은 시간지평이 길었다. 제퍼슨이 루이지애나를 프랑스로부터 구입했는데, 이는 미국의 단기적 이익을 위한 것이 아니라 장기적인 전망을 위한 것이었다. 그런데 1980년대 이후 미국에서는 급격히 연방부채가 증가하고, 국제채무가 증가하고, 저축률이 감소하는 현상이 발생했다. 미국은 미래지향성을 상실해 시간지평이 짧아지고, 이에 따라 할인율 또한 높아졌다. 오버호퍼에 따르면, 이는 사회의 응집력이 약화되었기 때문에 발생했다. 경제에 대한 관심이 증가해, 경제가 정치, 철학, 사회문화를 지배하게 되었다. 경제중심사회에서 모든 것이 상품화되고, 노동, 가족 간의 유대, 전통적 의무, 교회, 지역공간에 대한 헌신 등도 붕괴되어갔다. 이것은 개인주의를 낳고 사회적 책임의식을 약화시켰다. 이런 맥락에서 미래에 대한 의식도 설명될 수 있다. 사회적 책임의식이 약화되면서 자기 자신의 경제적 이익을 위해 타자와 미래의 복지를 희생시키려는 경향이 나오고 있는 것이다(Oberhofer, 1989: 860-864).

이와 관련해 필자가 대안으로 생각하는 것은 '숙의민주주의'(deliberative democracy)이다. 그것은 사회적으로 중대한 사안에 대해 관련된 시민들의 대화와 토론을 통해 결정하는 것이다. 여기서 대화와 토론은 충분한 정보에 기초해야 한다. 특히 기후변화문제는 매우 복잡한 사실의 문제와 관련되기 때문에 다방면의 과학적 지식이 요구될 것이다. 그리고 우리는 '숙고된'(considered) 판단을 내려야 한다. 일시적이고 즉흥적인 감정이나 선호가 아니라 다른 이들의 견해에 대해 성찰하고 고민하면서 내린 판단이어야 한다. 동시에 그것은 공동체의 미래와 미래세대의 생존과 안녕이 관련된다는 점에서 이들의 입장에서도 고려해야 한다. 그리고 기후문제와 관련해 심각한 불확실성이 존재한다는 점을 감안한다면 다양한 각도에서 앞으로 벌어질 미래에 대해 상상력을 발휘하는 과정이 필요하다. 이런 점에서 그것은 수량화된 형식이나 알고리듬 형식이 아닐 가능성이 높다.

이와 관련해 코턴(Matthew Cotton)은 '감정이입적'(empathetic)이고 '상상력을 발휘하는'(imaginative) 숙의과정이 필요하다고 주장한다. 감정이입적 방법은 미래세대의 입장에서 문제를 바라보는 것이다. 그것은 자기중심적 사고를 넘어, 자신을 다른 사람으로 상상하는 것, 그래서 타자의 이익, 필요, 열망을 이해하려는 것이며, 자신의 결정에 의해 영향 받는 사람들 중 하나로서 자신을 생각하는 것이다. 상상력을 발휘하는 방법은 미래학 연구로부터 이끌어진 다양한 시나리오에 기초해 바람직한 미래에 대해 상상력을 발휘해 창의적으로 사고하는 것이다. 심각한 불확실성이 존재하기 때문에 미래세대의 이익이 무엇인지에 대해서 창의적으로 생각하고 상상력을 발동해야 할 필요가 있다. 그는 존 듀이의 개념을 빌어 이를 '드라마틱 리허설'의 방법이라고 부른다. 그것은 현재의 행위를 통해 창출되는 다양한 가능한 미래를 상상하고 그 중에서 바람직한 미래가 무엇인지 확인하고 그것의 실현을 위해 합당한 도구를 창출하는 지적 능력을 발휘하는 것이다. 그것은 맥락적인 도덕적 상상력이 개입되는 것으로 합리적 계산적 의사결정 모델과 대비된다(Cotton, 2013: 321-323). 물론 이것은 아직 아이디어에 불과하지만, 비용편익분석과 경제학적 접근을 보완하고 대체하는 방법으로 연구될 필요가 있을 것이다.

## 5  결론

　이글은 먼저 기후변화가 심각함에도 불구하고 국제사회의 대응이 원활하지 않는 이유를 가디너의 개념을 빌어 설명했다. 기후문제에는 불확실성과 관련한 이론적 폭풍, 다양한 국가들의 이익이 충돌하는 범지구적 폭풍, 현세대와 미래세대간의 세대 간의 폭풍이 서로 얽혀 있어 문제 해결이 쉽지 않다는 점을 지적했다.

　기후변화와 관련해 미래세대의 문제는 경제학에서도 중요한 화두였다. 이글은 특히 경제학계에서 벌어진 사회적 할인율 논쟁에서 윤리 철학과 관련된 부분을 집중적으로 분석했다. 스턴이 관행보다 낮은 할인율을 촉구한 것이나, 스카브로우가 세대 간 분배적 가중치를 제안한 것에서 미래세대에 대한 이들의 고민과 노력을 엿볼 수 있다.

　분명한 것은 여기에는 근대경제학의 문제점이 잘 나타난다는 점이다. 필자가 보기에 문제는 근대경제학의 근본원리인 계산가능성과 효율성의 추구이다. 실증적 계산가능성에 기초한 객관성의 추구는 가치와 관련된 중요한 것들을 놓친다. 수량화되지 않는다거나 주관적인 것이라고 해서 중요하지 않은 것은 아니며, 정책결정에서 배제되어야 하는 것은 아니다.

　효율성의 추구, 즉 비용 대비 편익 극대화의 주체는 합리적 경제행위자이다. 그런데 이것은 인간을 오로지 효용, 특히 자기의 효용의 극대화를 추구하는 존재로 규정하는 것이다. 이런 경제적 인간(Homo Economicus)은 오늘날 파편화된 우리의 자화상이다. 윤리학에서 그것은 합리적 이기주의, 또는 선호공리주의란 이름으로 제안되고 정당화된다. 중요한 것은 그것들은 논의의 전제가 아니라 비판되어야 할 대상이라는 것이다.

　기후변화문제에서 드러나듯이 경제학적 접근은 인류의 보전이라는 우리의 기본 책무를 잘 설명하지 못한다. 이런 문제를 인정한다면 할인율 논쟁에 대한 근본적인 성찰이 요구된다. 그것은 경제학의 영역을 넘어 사회문화적 시각에서 검토되어야 한다. 그리고 단순히 세대 간의 형평성 문제를 넘어 우리의 정치, 사회, 문화 전반에 대한 성찰을 요구한다. 그것은 사적 개인으로서가 아니라 공적 시민으로서의 인간을 조명하는 것이고, 공동체를 생각하는 것이고, 시간지평을 확대하는 것이다. 공동체의 유지와 인류의 지속을 우리의 기본 책무로 인정하는 책임윤리가 필요하다. 그것은 삶의 본질에 대한 검토를 요구하는 것으로 형이상학적 측면을 갖는다는 점도 부인할 수 없다.

마지막으로 제안한 것은 가치다원적 현실을 인정한 상태에서 숙의민주주의적 접근이 필요하다는 것이다. 다양한 가치들과 견해들이 충돌하는 상황에서 해법은 관련된 이들의 대화와 토론을 통해 합의하는 수밖에 없다. 다만 기후문제는 먼 미래와 관련된다는 점에서 불확실성에 대처하기 위해 상상력을 발휘하고 미래세대의 관점에서 그들의 삶에 대해 감정이입하는 과정이 필요하다.

## 참고문헌

김명식(2009), 『숙의민주주의와 환경』, 철학과 현실사.
김명식(2012), 「원자력과 숙의민주주의」, 『환경철학』13집, 한국환경철학회.
김명심 박희제(2011), 「기후게이트와 기후과학논쟁」, 『Eco』15권 1호.
김은성(2011), 「사전예방원칙의정책유형과 사회문화적 맥락에 대한 고찰」, 『한국행정학보』제 45권 제1호.
김형진 황형준(2009), 「영국의 기후변화법과 스턴 보고서」, 고학수 허성욱 편, 『경제적 효율성과 법의 지배』, 박영사.
박순열(2010), 「생태시티즌쉽 논의의 쟁점과 한국적 함의」, 『환경사회학 연구 ECO』 14(1), 2010, 167-194, 한국사회학회
박희제(2008), 「기후변화논쟁을 통해 본 환경과학의 역할과 성격」, 『Eco』12권 1호.
변종헌(2006), 「다중시민성과 시민교육의 과제-제주특별자치도를 중심으로」, 『초등도덕교육』21집, 한국초등도덕교육학회
윤경준(2011), 「기후변화와 적응정책」, 한국정책학회, 『The KAPS』25권.
윤순진(2009), 「기후변화」, 김은성 편(2009), 『불확실성에 대응하는 위험거버넌스』, 법문사.
채여라 염유나(2010), 「효율적 기후변화 적응대책 수립을 위한 기후변화의 경제학적 분석」, 대한환경공학회 특집.
한상운 외(2019), 『기후정의 실현을 위한 정책 개선방안 연구(I)』, 한국환경정책평가연구원.
허성욱(2010), 「기후변화대응규제법제의 설계와 사회적 할인율 논쟁」, 『환경법연구』 32권 1호.
COMEST(2009), On The Ethical Implications of Global Climate Change, http://www.unesco.or.kr/front/data_center/data_center_01_view.asp?articleid=417&page=1&cate=&SearchItem=All&SearchStr=comest.
De-Shalit, Avner(1995), *Why Posterity Matters*, Routledge.
DesJardins, Joseph, 김명식 역(1999), 『환경윤리』, 자작나무.
Gardiner, Stephen M.(2004), "Ethics and Climate Change", *Ethics* 114.
Gardiner, Stephen M(2010a), "Ethics and Climate Change: An Introduction" in http://www.phil.washington.edu/POV/GardinerFormalPublicationList.htm.
Gardiner, Stephen M.(2010b), "A Perfect Moral Storm: Climate Change, Intergenerational Ethics, the Problem of Corruption", Gardiner, Stephen M.(ed)(2010), *Climate Ethics*, Oxford University Press.
Giddens, Anthony, 홍욱희 역(2010), 『기후변화의 정치학』, 에코리브르.
Habermas, Jürgen, 이진우 역(1997), 『담론윤리의 해명』, 문예출판사.
Heller, Peter. S. 최경규 역(2006), 『누가 지불할 것인가』, 서울시정개발연구원.

Hoffmann, Michel H. G.(2011). Climate Ethics: Structuring Deliberation by Means of Logical Argument Mapping, *Journal of Speculative Philosophy*, vol 25, No 1.

Kamminga, Menno R(2008). The Ethics of Climate Politics: Four Modes of Moral Discourse, *Environmental Politics*, vol 17, No 4.

Kelleher, J. Paul(2012), "Energy Policy and the Social Discount Rate", *Ethics, Policy and Environment*, vol 15, no 1.

Lomborg, Bjorn, 김기웅 역(2008). 『쿨잇』, 살림.

Nordhaus, William(2007), "A Review of the Stern Report on the Economics of Climate Change", *Journal of Economic Literature* 45.

Marshall, Jeorge, 이은경 역(2019) 『기후변화의 심리학』, 갈마바람.

Oberhofer, Tom(1989), "The Cultural Discount Rate: Social Contract, and Intergenerational Tension", *Social Science Quarterly*, vol 70, no 4.

Page, A. Edward(2006), *Climate Change, Justice, and Future Generation*, Edward Elgar.

Posner, Eric A. & Weisbach, David, 이은기 역(2014), 『기후변화정의』, 서강대출판부.

Rawls, John(1971). *A Theory of Justice*, Harvard University Press.

Sagoff, Mark(1988), *The Economy of Earth*, Cambridge University Press.

Sandel, Michael, 이창신 역(2010). 『정의란 무엇인가』, 김영사.

Scarborough, Helen(2011), "Intergenerational equity and the social discount rate", *The Australian Journal of Agricultural and Resource Economics* 55.

Shrader-Frechette, Kristin(2011). *What Will Work: Fighting Climate Change with Renewable Energy, Not Nuclear Power*, Oxford University Press.

Stern, Nicholas(2007). *The Stern Review : The Economics of Climate Change*, http://mudancasclimaticas.cptec.inpe.br/~rmclima/pdfs/destaques/sternreview_report_complete.pdf

Stern, Nicholas(2010), "The Economics of Climate Change", Stephen Gardiner(ed), *Climate Ethics: Essential Readings*, Oxford University Press.

Weitzman, Martin L.(2007), "A Review of the Stern Review on the Economics of Climate Change", *Journal of Economic Literature*.

# 5장
## 기후변화 대응을 위한 지속가능발전 교육

추정완(춘천교육대학교 교수)

### ① 환경오염과 지속가능발전 개념의 등장

일반적으로 기후변화는 "충분한 기간 동안 관측된 자연적인 기후변동성에 추가하여 지구 대기의 조성을 변화시키는 인간의 활동이 직접적 또는 간접적 원인이 되어 일어나는 기후의 변화(UNFCCC, 2007, 3)"로 정의된다. 오늘날 우리가 자연적인 기후 변동, 그중에서도 지구 온난화에 주목해 온 이유 중 하나는 지구 평균 온도의 급속한 변화가 인류의 생존을 위협하고 있기 때문이다. 전 세계는 지구의 평균 온도의 급상승으로 인해 유래를 찾기 어려울 정도로 심각한 가뭄, 홍수, 태풍을 비롯한 해수면 증가 등 다양한 자연재해를 경험하고 있으며, 이것은 전 세계의 곡물 수확량 감소, 각종 질병의 유발, 생활터전의 상실 등을 유발함으로써 인류 전체의 생존을 위협하고 있다.

그런데 이러한 문제에 대한 안타까운 진단은 이러한 지구 온난화의 주된 원인이 바로 인간이 만들어낸 문명과 인간의 활동에서 유래되었다는 데 있으며, 이러한 문제는 최근의 이러한 위기 상황을 이른바 '인류세'로 명명하는 데 이르렀다는 점이다. 실제로 최근 AGCI(Aspen Global Change Institute, 2021)와 같은 기관은 지구 환경변화를 다섯 가지 관점에서 정리하면서 인간의 책임을 지적하고 있다. 이 기관은 '자연 시스템은 지속적으로 변화하며, 지구 환경 시스템의 변화는 지구상에 존재하는 요소들이 상호 작용하여 나타난 결과이며, 지구의 특정 지역에서 발생하는 변화가 전 세계에 영향을 미칠 수 있고, 이러한 지구 변화는 인류의 삶에 영향을 미치며, 이러한 지구 환경 변화의 주요 원인 또는 주체가 바로 인간이라는 점을 강조하고 있다.

기후변화로 대표되는 지구 환경 문제가 이전에는 없었던 새로운 문제였을까? 그렇지 않다. 1950년대 런던 스모그사태나 이타이타이병과 미나마타병 등 질병은 환경오염이 낳은 재해의 성격을 지니고 있다. 우리가 이러한 문제를 잊었을 뿐이다. 일찍이 환경이 인류의 생존에 심대한 영향을 미치는 존재라는 사실을 알게 된 선각자들은 환경 보전의 가치를 역설하였다. 가령, 산업사회에 대한 인류 지성의 반성은, 화학약품의 오남용이 생태계를 파괴하는 구체적인 과정을 설득력 있게 고발한 레이첼 카슨(『침묵의 봄』, 1962)의 보고 외에도 환경파괴와 자원고갈이 결국 인류 성장의 한계를 맞이하게 할 것이므로 인류는 제로 성장을 목표로 해야 한다는 로마클럽의 권고(『성장의 한계』, 1972) 등 지속적으로 제기되었다.

환경오염이 심화되면서 환경 보전의 필요성이 점차 증가함에 따라 1970년대부터 UN을 중심으로 지속가능 발전의 개념이 제안되기에 이르렀다. 비록 1972년 5월 유엔인간환경회의(스톡홀름 회의)에서는 자연보호의 중요성을 강조하는 선언문이 발표되었지만, 일부 선진국들의 참여 태도는 적극적이지 않았다. 그러한 가운데 이탈리아에서 다이옥신이 대량으로 방출된 세베소 사건(1976)으로 수천 명이 사망하였으며, 인도의 보팔 참사(1984)는 산업화가 불러온 안전 불감증과 산업재해가 자연의 파괴와 인류의 생존을 심각하게 위협하는 일이라는 것을 깨닫게 해 주었다. 이러한 가운데 1987년에 세계 환경개발위원회(World Commission on Environment and Development, WCED)가 발간한 『우리들 공동의 미래(Our Common Future)』에서 '지속가능발전'이라는 용어가 공식적으로 국제사회에 등장하게 되었다. 브룬트란트 보고서(Brundtland Report)로 불리는 이 보고서에서는 '미래 세대의 필요를 충족할 수 있는 기반을 저해하지 않는 범위에서 현세대의 필요를 충족시키는 발전'을 모색하는 것으로 지속가능발전을 개념화하였다.

한편 1992년 6월 리우데자네이루에서 개최된 유엔환경개발회의(지구정상회의, 이하 리우 회의)에서는 전 세계 모든 사람들이 미래 세대를 위해 지구를 구해야 한다고 선언하면서 의제 21을 채택하였는데, 그 내용은 주로 21세기에 필요한 환경보전, 기후변화, 생물 다양성 등에 관한 협약을 중심으로 한 것이었다. 또한 리우 회의는 27개의 대원칙을 제시하였는데, 그 내용에는 자국 자원에 대한 개발의 권리 외에도 전 세계의 빈곤 퇴치, 여성의 사회적 지위 향상, 생산 및 소비 방식의 변화, 인구 정책, 환경 정화 비용의 부담, 산림 관리, 기후변화, 생물 다양성 유지 등이 포함되었다. 이러한 대원칙 하에서 기후변화에 관한 협약과 생물 다양성 협약의 기반도 함께 논의되었다. 아울러 이 회의는 대기 중 이산화탄소와 화석 연료를 지구온난화의 주요 원인으로 간주하면서 온실가스 배출의 축소를 강조하였다. 이것은 1997년에 기후 협약의 채택과 2004년 교토의정서의 법률적 기반이 되었다.

이후 다소간의 소강기를 거쳐, 2012년 리우회의는 1992년 리우회의 20주년을 기념하면서 녹색경제(Green Economy)의 확산과 지속가능발전 관련 UN기구의 개편, 새천년발전목표(Millenium Development Goals, MDGs, 2000)의 후속 목표 설정 논의에 집중하였다. 이 회의에서는 '우리가 원하는 미래'라는 제목 하에 1992 리우선언 이후 전개된 각종 의제 및 프로그램의 이행을 촉구하는 문서를 채택하였다. 한편 2015년 UN지속가능발전정상회의에서는 "우리가 사는 세상의 전환: 지속가능발전 의제 2030"을 의결하면서, 지속가능발전 목표(Sustainable Development Goals, SDGs)를 17개 주요목표와 169개 세부목표로 제안하였고, 이것은 향후 2030년까지 각국의 상황에 맞춰 일부 수정을 거쳐 추진될 것으로 예상되고 있다.

### 2 지속가능발전 목표로서 환경 보전 영역의 주요 내용

지속가능발전 목표의 주요 내용 중에서 기후변화와 관련한 직접적인 관련 분야는 단연 환경 보전의 영역이다. 지속가능발전 목표의 주요 내용은 주로 환경, 경제, 사회 영역[1]으로 분류 되는데, 그중에서도 환경 영역은 '오존층 파괴, 지구 온난화, 생물종의 멸종'과 같은 문제들에 대한 국제 사회의 대응 노력과 '에너지 절약 및 친환경 기술의 적용'을 두 가지 주요한 과제로 삼고 있다. 따라서 본 장에서는 지속가능발전 목표의 환경 분야에 대한 두 가지 영역의 내용을 간단히 살펴보기로 한다.

먼저 '오존층 파괴, 지구 온난화, 생물종의 멸종'에 대해서 각각 살펴보

---

[1] 최근에는 사회 영역의 내용상 범위가 광범위함을 고려하여 사회 현상과 분리하여 정치 영역을 추가하기도 한다(strife, 2010).

기로 하자. 인류는 1980년대 초부터 지구를 둘러싼 성층권의 오존층의 두께가 지구 생명체에 영향을 미친다는 사실을 알게 되었다. 오존층이 태양으로부터 자외선을 막아줌으로써 사람의 눈과 피부를 비롯한 신체건강을 지켜줄 뿐 아니라 동식물 등 지구 생명체 보존에 기여하는 것으로 밝혀졌다. 그런데 문제는 인류가 냉매 등에 사용하는 프레온 가스로부터 발생하는 염소 함유물과 살충제 성분(메틸브로마이드) 등의 화학물이 오존층을 파괴하는 주요 원인이라는 보고가 이어지게 되었다. 이러한 문제에 대응하여 오존층 보호의 필요성을 인지한 세계 140여 국가들은, 오존층 보호를 위하여 1987년에 몬트리올 의정서를 채택하여 2030년까지 프레온 가스 이용을 금지하기로 합의하였다.

한편 기후 변화와 가장 밀접한 관련을 지닌 지구 온난화의 문제는 이산화탄소의 발생으로부터 기인한다. 이러한 대기 중 이산화탄소 함유량은 (석탄, 석유, 가스 등의 이용으로 인해) 산업화 초기에 비해 오늘날 대략 30% 증가한 것으로 알려져 있다. 기후 변화 자체를 두고 논란이 없는 것은 아니지만, 이산화탄소와 메탄가스의 배출이 지구의 온도를 높인다는 주장에는 설득력이 있다. 특히 지구 온난화로 북극의 영구 동토층이 녹으면서 메탄이 배출되고, 다시 그 메탄이 지구의 온난화를 부추긴다는 '양성 순환 고리(positive feedback loop)' 현상은 지구 온난화의 중대한 위협이 되고 있다. 다이아몬드(2019: 488)의 설명에 따르면, 이산화탄소가 일으키는 영향은 온실 효과 이외에도 대양 속 산호초를 죽이고, 식물의 생장에 부정적인 영향을 미친다는 점이다. 이산화탄소는 바다에 탄산 형태로 축적됨으로써, 바닷물고기의 생존에 중요한 환경이면서도 해안의 해일파와 쓰나미를 막는 역할을 하는 산호초를 죽인다. 또한 이산화탄소가 대기 중에 증가하여 식물의 생장이 부족하면 인간의 농작물 수확도 줄어들게 된다. 그밖에도 지구 온난화는 곡물보다 잡초의 생장에 더 유리할뿐 아니라 지구의 더 넓은 영역, 즉 온대지방에도 열대성 질병이 자주 발생하는 여건을 만들어낸다는 데 문제가 있다. 이러한 이산화탄소 배출 문제를 완화하고자 1997년 채택된 것이 바로 교토의정서이다. 2005년 2월 발표된 교토의정서에서 38개 선진국은 1990년 대비 2012년까지 온실가스 배출을 5.2% 줄이기로 하였다. 하지만 미국은 교토의정서 비준을 거부하면서 오히려 배출량을 증가시켰다. 중국과 인도를 비롯한 다수의 개발도상국들의 경우에도 온실가스 배출에 제약을 두지 않고 있으며, 현재 중국은 미국보다 많은 온실가스 배출국이 되고 있다.

마지막으로 생물종의 멸종은 인간의 무분별한 환경 이용 및 개발과 기후변화로 인한 결과에 해당하는 문제이다. 국제자연보존연맹(IUCN)의 보고에 따르면, 지구에 서식하고 있는 7,850여 종의 동물과 8,450여 종의 식물이 멸종위기에 처해 있다고 한다. 또한 동물의 경우만 보더라도 조류의 12%, 포유류 23%, 양서류 32%, 거북이 42%가 멸종 위기에 처해 있으며, 더욱 심각한 문제는 생물종의 소멸 속도가 나날이 빨라지고 있다는 것이다.

한편 '에너지 절약과 친환경 기술의 과제'분야는 기후변화의 원인을 개선하는 것과 관련한 환경 분야의 지속가능발전 목표라고 할 수 있다. 그중에서도 에너지 절약의 영역은 전 세계 인구가 사용하는 에너지의 1/3을 담당하는 석유 자원의 소비행태의 변화를 요구하고 있다. 이러한 문제 의식에서, 최근에는 미래를 대비하기 위한 대체 에너지 분야에서, 자연현상을 이용한 풍력, 수력, 조력, 지력, 태양열, 바이오매스 등 재생 가능 발전 분야로 확장되는 추세이다. 자연 현상을 이용하는 발전 방식은 이론상 고갈되지 않는 특성을 지니고 있다. 대표적인 예로는 수력발전이 있으며, 덴마크의 풍차나 아이슬란드의 수도 레이캬비크의 지열 에너지 이용은 대표적인 사례라고 할 수 있다. 최근 이러한 기술 개발의 사례로, 사람과 물자 수송을 담당하는 운송수단의 엔진 구조를 전기와 수소 연료로 이용하는 전기차나 수소트럭 등도 상용화되고 있는 추세다. 이러한 노력은 지구 온난화와 환경오염으로부터 비롯되는 기후변화의 원인을 일부 경감하는 중요한 방법이 될 수 있다. 물론 이와 같이 다양한 대체 에너지의 개발도 중요하지만, 더 중요한 것은 기존의 지구 온난화와 환경오염을 줄이면서, 에너지의 효율을 높이는 것이다.

또한 에너지 문제 해결을 위해서는 에너지 낭비의 요소를 찾아 개선하고 에너지 절약을 습관화 하는 것 또한 중요하다. 가령 재활용 분야는 에너지 절약에 성공한 대표적인 영역이다. 오늘날 일상생활에서 실천하고 있는 재활용 운동은 제지, 금속, 플라스틱 등 다양한 분야에서 효과를 보이고 있다. 재활용 결과 철강 생산의 20%는 고철이 담당하고 있으며, 펄프의 50%가 수거된 종이로 만들어지고, 기존의 PVC를 대체한 폴리에틸렌 테레프탈레이트(PET) 제품의 증대와 이를 통한 플라스틱 제품의 재활용률 또한 증가하고 있다.

## ③ 지속가능발전 교육(Education for Sustainable Development, ESD)의 등장과 내용

지속가능발전 교육이 어디부터 출발했다고 말하기 어려운 부분이 있다. 당연히 지속가능발전의 아이디어가 생겨난 어느 쯤이 될 수 있을 것 같긴 하지만 구체적인 내용과 목표를 고려할 때 이견이 있을 수는 있다. 일찍이 유네스코는 "지속가능발전을 성취하기 위한 탐구를 하는데 인류 최대의 희망이자 가장 효과적인 수단(UNESCO, 1997: 제40항)"이라고 강조해 왔지만, 그 내용과 방법에 대해서는 구체적으로 언급하지 않고 있었다. 일부 학자들(정기섭, 2010: 67, 2019: 75)은 리우회의에서 채택된 의제21의 내용을 근거로, 이때부터 지속가능발전교육이 출발했다고 주장하기도 한다. 왜냐하면 리우 의제 21의 제36장은 지속가능발전을 위한 교육의 필요성을 '생태적이고 윤리적인 의식과 지속가능발전에 합치될 수 있는 가치, 견해, 능력, 행동방식을 형성'과, '일반 대중의 의사결정 과정에 적극적으로 참여'에 이바지 하는 것으로 명시하고 있기 때문이다. 그러나 이때에도 교육의 구체성은 미흡한 수준이었다.

비로소 지속가능발전을 위한 교육이 구체화된 것은 2002년 요하네스버그 회의 이후였다. 왜냐하면 이 회의에서 지속가능발전을 위한 실행 방안으로써 교육이 특별히 강조되었기 때문이다. 그 중 121항은 개발도상국에서 교육의 기회 확대와 교육 전체를 지속가능발전을 위한 교육 체제로 통합하는 것이 중요하다는 점을 천명하고, 문맹 종식과 평생학습을 강조함과 동시에 2015년까지 전 세계 모든 지역의 아이들에게 초등교육을 완전히 마칠 수 있는 기회를 제공할 것을 강조하였다. 이와 관련하여 유네스코는 2005년에 지속가능발전 교육이 갖추어야 할 최소한의 가치를 ⅰ) 전 세계 모든 사람의 존엄성과 인권 존중 그리고 사회적, 경제적 정의를 위한 헌신, ⅱ) 미래 세대의 인권 존중 그리고 세대 간의 책임에 대한 헌신, ⅲ) 지구 생태계의 보호와 복구를 포함하는 생명공동체의 다양성에 대한 존중과 배려, ⅳ) 문화적 다양성 존중과 지역 및 지구적인 관용, 비폭력, 평화의 문화를 형성하는 데 대한 헌신 등으로 제시하였다(UNESCO, 2005: 16).

이후 2009년 독일의 본에서 열린 지속가능발전 교육 세계대회에서는 지속가능발전교육을 위한 교사의 전략을 개발하고, 교수-학습과정의 평가에 대한 지원을 촉구하였으며(정기섭, 2019: 78-79), 2014년 일본 나고야 회의에서는 "우리가 원하는 미래 만들기" 보고서를 통해 지속가능발전 교육의 중요성을 네 가지 범주로 언급하였다. 그 내용은, 첫째 교육이 지속가능발전을 가능하게 하는 동인이며, 둘째 지속가능발전 교육을 위해서는 이해관계자들의 참여가 중요하며, 셋째 지속가능발전교육이 교육혁신을 자극하고 있고, 넷째 지속가능발전교육이 교육의 모든 수준과 영역으로 확산되고 있다는 것이었다. 덧붙여 이 보고서는 향후 과제로 교육의 통합과 제도화 및 모니터링과 평가 개선의 향상이 더 있어야 한다고 제안하였다. 이러한 노력의 결과, 나고야선언 이후 지속가능발전 교육 강화를 위한 교육 실행 계획 전략[2]이 제안(UNESCO, 2014: 26)되었다.

### 4  지속가능발전 교육의 하위 요소로서 기후변화 교육

기후변화 교육이 지속가능발전 교육의 목표에 부합하는 하위 내용 요소라고 가정할 때, 먼저 유네스코가 제시하는 지속가능발전 교육의 기본 사항을 확인해 보기로 하자.

유네스코는 최근 지속가능발전 교육에 필요한 강조점을 크게 네 가지로 제시한 바 있다. 첫째는 교육 정책에서 지속가능발전 교육의 통합이다. 교육 정책은 모든 학습 환경에 지속가능발전 교육을 통합하기 위한 핵심 요소이며, 교육의 변화를 촉진하기 위해서는 적절성과 일관성을 갖춘 정책을

---

[2] 실천전략은 지속가능발전교육을 위한 새로운 동력 육성과 지속가능발전교육을 위한 동반 관계의 활용, 지속가능발전교육을 위한 전 지구적 실천 공동체 만들기, 지속가능발전교육의 좋은 실천사례의 공유 등 네 가지 이다.

필요로 하며, 교육 정책을 담당하는 기관은 교육 시스템이 지속가능성의 문제에 대비하고 대응하도록 해야 할 중요한 책임을 지니고 있다(유네스코, 2019: 48)는 것이다.

둘째는 교육과정과 교과서에서 지속가능발전 교육을 통합하는 것이다. 지속가능발전 교육은 영유아 보육 및 교육, 초등 및 중등 교육, 직업기술교육훈련, 고등교육 등을 포함한 형식교육의 모든 교육과정에 통합되어야 한다. 지속가능발전 교육은 현행 교육과정에 단순히 추가되는 것으로 간주되어서는 안 된다. 지속가능발전 교육을 주류화하기 위해서는 지속가능성 주제를 포함시키는 것은 물론, 지속가능성 관련 학습의 결과를 교육과정을 통해 유기적으로 통합하는 것이 필요하다(유네스코, 2019: 49).

셋째는 지속가능발전 교육을 통합하는데 있어 교사의 중요성이다. 교육자들은 지속가능발전 목표를 달성하는데 필요한 교육적 대응을 전달할 수 있는 변화의 주체이므로, 교사들의 지식과 역량은 지속가능성을 위한 교육과정과 교육기관을 재구성하는데 필수적인 것이다. 따라서 교사교육은 지속가능발전 교육으로 방향을 전환함으로써 교사들이 다양한 도전과제에 대처할 수 있도록 해야 한다. 또한 지속가능발전 교육의 내용과 교수학습 방법에 접근하기 위해서는 교사교육의 방향을 재설정하려는 작업이 더 많이 이루어져야 한다. 교사가 지속가능발전 교육을 준비하기 위해서는 지속가능성 핵심 역량(지식, 기술, 태도, 가치, 동기 부여 및 헌신 등)을 개발해야 한다. 교사는 일반적인 지속가능성 역량 외에도 지속가능발전 교육 역량도 필요하며, 이는 다양한 혁신적인 교수 학습 실천을 통해 사람들이 지속가능성 역량을 개발할 수 있도록 돕는 교사의 능력으로 설명된다(유네스코, 2019: 51).

넷째는 교실과 기타 학습 환경에 있어 지속가능발전 교육을 실행하는 것이다. 지속가능발전 교육은 단지 지속가능발전을 가르치고 교과 과정이나 훈련에 새로운 내용을 추가하는 것이 아니다. 학교나 대학은 스스로를 지속가능발전을 위한 학습과 경험의 장소로 인식하고, 모든 과정을 지속가능성 원칙의 방향 하에 설정해야 한다. 지속가능발전 교육이 더욱 효과를 발휘하기 위해서는 교육기관 전체가 변해야 한다. 이는 지속가능성을 교육기관의 모든 측면에서 주류화 하는 것을 목표로 한다. 또한 이것은 교육과정, 대학 운영, 조직 문화, 학생 참여, 리더십과 관리, 지역사회 관계 및 연구 등을 재고하는 것이다. 이를 통해 교육기관 자체가 학습자의 롤 모델로서 기능하게 된다(유네스코, 2019: 53).

이러한 지속가능 발전 교육의 핵심 요소들은 국가 단위의 교육 전반에 지속가능발전을 위한 이상이 공유된 가운데 교육 내용이 통합적으로 구성되고, 훌륭한 교사가 적절한 교육환경에서 지속가능발전을 위한 교육 내용을 잘 가르쳐야 할 필요가 있다. 물론 국내의 유네스코 지속가능발전 교육 한국위원회와 같은 기관들에서는 지속가능발전을 위한 교육 사례와 자료를 보급하고 있지만, 실제 학교 현장에서 지속가능 발전 교육이 효과적으로 일어나고 있다고 평가하기는 쉽지 않다. 그럼에도 불구하고, 기후변화를 포함한 상위의 지속가능발전을 위한 교육 내용 전반을 학생에게 충실히 전달하기 위해서는 이러한 특성이 고려되어야 한다.

## 5 기후변화 교육의 실제

국내 기후변화 교육이 성공하기 위해서는 기후변화에 대한 지식과 기후변화 문제에 대한 올바른 판단 능력과 인식 태도 그리고 이러한 문제 해결을 위한 실천력이 중요하다. 2016년에 유네스코는 지속가능발전 목표에 대응한 교육의 내용을 별도로 설명(UNESCO, 2016 : v)하였는데, 기후변화와 관련한 목표 13의 내용은 다음과 같다.

---

목표 13. 기후변화와 그 영향을 방지하기 위한 긴급한 행동의 실시 : 교육은 특히 지역적 차원에서 기후 변화의 영향에 대한 대중의 이해, 대응과 완화를 위해 매우 중요하다.

---

위에 제시된 것과 같이, 유네스코는 기후변화와 관련한 지속가능발전 교육의 목표를 지역적 차원에서 기후 변화의 영향을 대중이 이해하고 이에 대응하는 실천력을 높이는데 두고 있다. 따라서 기후 변화를 학교 현장에서 교육하기 위해서는 환경과 기후 변화에 대한 지식을 제공하는 교과와 기후 변화의 문제를 이해하고 기후 변화에 대응하기 위한 실천적 능력을 고양하기 위한 교과 간 상호 협력을 통한 교육이 필요하다. 이와 관련하여 최근 기후변화 교육 연구와 관련한 이봉우와 조헌국의 제안에 따르면(이봉우, 조헌국: 2020, 107-108), 이들은 기후 변화교육에 대한 적절한 교육을 위해서는 기후변화에 대한 지식, 의사결정, 인식 및 태도, 신념 등 4개의 주제에 대한 연구를 강조하고 있다. 이어서 이들은 기후 변화와 관련한 교육의 수행에 있어서 일상생활과 관련한 연계성이 높은 소재를 주제에 학생들이 의사결정 과정을 경험하는 것이 중요하며, 기후 변화의 문제를 과학기술, 사회 인식, 제도 등 다양한 관점에서 검토할 수 있게 하는 것이 중요하다고 강조한다. 이러한 제안은 지속가능발전 교육, 그중에서도 기후 변화에 대응하는 실천력 증진을 위해 필수적이고 중요한 지적이다.

이상의 관점을 고려하면서, 본 절에서는 기후 변화에 대응하는 가치 및 태도, 실천의지 함양 관점에서 교육적 효과를 보일 수 있는 교육 내용과 방법을 도덕과 교육을 중심으로 제시해 보고자 한다.

위 표는 지속가능발전 목표(SDG)이며, 기후변화와 대응은 13번째 목표에 속한다. 세부 목표는 첫째 모든 국가에서 기후와 관련한 위험 및 자연재해에 대한 복원력과 적응 능력강화하는 것이며, 둘째 기후 변화에 대한 조치를 국가 정책, 전략, 계획에 통합하는 것이며, 셋째 기후 변화 완화, 적응, 영향 감소, 조기 경보 등에 관한 교육, 인식 제고, 인적 · 제도적 역량을 강화하는 것이다.

한편 기후 변화 교육의 인지, 사회/정서, 행동적 차원에서 목표를 제시하면, 첫째, 인지적 목표는 '학습자 · 지역적, 국가적, 세계적 수준에서 기후변화의 주요 생태학적, 사회적, 문화적, 경제적 결과를 인식하고, 이 결과들이 어떻게 기후변화에 촉매 요인과 강화 요인이 될 수 있는지 이해'하는 것이다. 둘째, 사회 · 정서적 복표는 '학습사가 지역적 관점에시부디 세계적 관점에 이르기까지 세계 기후에 미치는 개인적인 영향을 이해'하는 것이다. 셋째, 행동적 목표는 '학습자가 자신의 개인 활동 및 직업 활동이 기후 친화적인지 여부를 평가할 수 있으며, 그렇지 않은 경우 그 활동을 수정'하는 것이다.

이러한 상황을 고려하여 실제 시민을 대상으로한 교육 현장에 활용할 수 있는 수업 진행 내용과 방법을 제시하면 아래와 같다(차미란 외, 2020:174-191).

〈 목표 〉
- 기후 위기의 실상을 설명할 수 있다.
- 기후 정의의 관점에서 기후 위기 극복 방안을 제시할 수 있다.
- 기후 변화 대응을 위한 개인적·사회적 차원의 실천을 계획하여 실행할 수 있다.

1) 기후변화와 관련한 현황을 알 수 있는 기본 정보가 제공되어야 한다. 가령 "바다는 따뜻해지고 눈과 얼음은 줄어 들었으며 해수면은 상승했습니다. 북극의 해빙 범위는 1979년 이후 매 10년 동안 줄어 들었고, 매 10년마다 107만 km²의 얼음 손실이 있었습니다. 평균 해수면 상승은 2065년에는 24~30cm, 2100년에는 40~63cm로 예측됩니다."와 같은 사항은, 기후변화의 문제에 관심을 가질 필요성을 일깨우는 도구가 될 수 있다.

2) 학습자 또는 수강생들이 자신의 경험과 관련지어 접근할 수 있도록 산불, 폭우, 폭염 사례를 기후 멸종·기후 위기의 심각성과 관련지어 이해할 수 있도록 활용하며, 인간중심주의와 생태중심주의 관점에서 현 상황을 평가할 수 있도록 할 수 있다. 인간중심주의 관점에서 지구 온도 상승이 가난하고 위험에 취약한 사람들의 생존을 위협하고 있음을 강조하며 기후 정의 개념에 접근하고, 생태중심주의 관점에서 기후변화가 생태계에 가져올 피해가 인간의 삶에 연결되는 과정을 탐구

하도록 할 수 있다. 최근 관심을 끌고 있는 '지구온난화 1.5℃'와 '탄소중립 정책'의 배경을 이해하고 이것이 실현되지 못할 경우 미래에 닥쳐올 재앙을 상상하도록 해 볼 수 있다.

3) 유의점으로는 교육과정에서 '기후 정의, 미래 세대에 대한 책임, 생태 지속가능성'의 내용과 지속가능발전 목표를 이해하고 구체적인 사례에 대한 토론 활동을 통해 적용하여 이해를 심화할 수 있다. 또한 기후위기의 심각성에 대해 공감하고 해결의 의지를 갖도록 일깨우는 것이 중요하며, 실제 사회에 영향을 미칠 수 있는 프로젝트를 계획하여 실행하도록 할 수 있다. 마지막으로 기후변화에 대응하기 위한 실천 과제는 계획 단계에서부터 실행까지 가급적 실제와 유사한 방식으로 진행함으로써 실천에 필요한 역량을 기를 수 있도록 도울 수 있을 것 같다.

4) 강의 계획

| 교수-학습 활동 || |
|---|---|---|
| 단계 || 교수·학습 활동 내용 |
| 도입 | 확인하기 | 지속가능개발목표13 제시<br>[활동1] 폭염의 온도 차이<br>폭염을 통해 기후 위기의 심각성 느끼기<br>기후 위기의 피해와 책임의 차이에 대한 관심 |
| 전개 | 탐구하기 | [활동2] 지구 평균온도가 2.0도 상승하면?<br>2018년 IPCC의 '지구온난화 1.5℃' 특별 보고서 채택의 배경과 의의 이해하기<br>지구평균온도가 2.0도 상승할 때 변화 알아보기 |
| 정리 | 성찰하기 | [활동3] 2050년의 세계<br>- 기후 소설(Cli-fi)『더 월』을 통해 지구 평균 온도 상승이 인간과 생태계에 미칠 영향 상상 하기 |
| 행동하기<br>성찰하기 || [활동4] 기후위기 비상 행동 프로젝트<br>- 사람들을 설득하는 연설문 작성하기<br>- 개인의 실천을 위한 프로젝트 기획 및 실행 |

이러한 학습을 원활하게 진행하기 위해서는 학습자의 학습활동을 자극하기 위한 활동 자료가 필요하다. 차시 계획 내용에 나와 있는 것을 순서대

로 제시하면 아래와 같다.

**1) 활동 1에서는 폭염 속에서 목숨을 잃은 사람들의 뉴스를 제시한다.**

"세종지역에서 보도블록 공사를 하던 하청업체 근로자 A씨(39)는 16일 오후 4시20분께 쓰러졌다. 발견 당시 A 씨의 체온은 43도가 넘어 매우 위험한 상태였다. A 씨는 결국 다음날인 17일 숨졌다. 세종지역은 지난 13일부터 닷새째 폭염경보가 내려진 상태였다."- 아시아경제 2018.07.20.

미국 UC버클리대 연구팀은 1995년 이후 인도에서 작물들이 성장하는 시기 20도가 넘는 기온에서 평균 1도씩 오를 때마다 67명이 더 자살했다는 보고서를 발표했다. 특히 연간 강수량이 1㎝ 증가하면 그해 자살률이 7% 떨어진 점은 온난화와 농부 자살의 인과관계를 보여준다고 연구팀은 설명했다. - 경향신문 2017.08.01.

강의자(교사)는 왜 이들이 목숨을 잃었는지 질문하고, 폭염으로 인한 피해에는 어떤 것들이 있는지 질문한다. 강의자는 여기서 경제, 사회, 환경적 관점을 종합적으로 고려하여 폭염 문제에 접근할 수 있으며, 기후 불평등의 측면에서 폭염이 취약계층에게 야기한 문제, 폭염과 범죄율의 연관성 등 관련 사례를 직접 탐구하도록 할 수 있다. 또한 학생들로 하여금 폭염뿐 아니라 폭우, 산불 등의 문제로 확장하여 생각해 볼 기회를 제공할 수 있다.

또한 강의자는 폭염이 범죄율의 증가 등 사회적 영향과 관련성이 있을 수 있다는 점을 제시할 수도 있다. 실제 2013년 미국 캘리포니아 버클리대학교 연구팀이 과학저널 〈사이언스〉에 발표한 보고서에 따르면, 미국은 기온이 섭씨 3도 올라갈 때마다 폭력 범죄 발생 가능성이 2~4퍼센트 높아진다고 한다. 한편 영국의 경우는 런던경찰서에서 2010년 4월에서 2018년 6월까지의 자료를 통해서 폭력 범죄의 경우 섭씨 20도가 넘었을 경우 섭씨 10도 미만일 때에 비해서 14퍼센트가 증가했다는 결과를 발표하기도 했다. 멕시코의 경우 16년간의 범죄 자료를 분석한 결과 기온이 1도 상승하면 범죄율이 1.3퍼센트 상승한다고도 밝혔다.

  이밖에도 강의자는 폭염 피해 예방을 위한 사회적 대응 방법을 수강생들에게 알려줄 수 있다. 가령 우리나라는 2018년 이후 자연 재난에 폭염을 추가하였으며, 여름에 취약 계층의 폭염사고 예방을 위해 재난 및 안전관리기본법의 내용을 바꿔 이들의 지원을 제도화하고 있다. 실제 환경부는 취약계층의 폭염 대응 및 안전 지원을 위해 폭염 대응 물품을 제공하고, 창문형 냉방기기를 지원하는 등 취약자 보호에 힘쓰고 있다.

**2) 활동 2에서는 지구의 온난화 현상을 제시할 수 있다.**

|  | 1.5도 | 2.0도 | 비고 |
| --- | --- | --- | --- |
| 해수면 상승 | 0.26~0.77m | 0.30~0.93m | 1.5도일 때 2.0도 대비 상승 폭 10cm 작아 위험인구 1천만명 적다 |
| 중위도 극한 고온일 (폭염) | 3도까지 상승 | 4.5도까지 상승 |  |
| 생물 다양성 변화* | 곤충 6% 식물 8% 척추동물 4% | 곤충 18% 식물 16% 척추동물 8% | * 기후지리적 분포범위 절반 이상을 잃는 동식물 비율 |
| 다른 유형 생태계로 전환하는 육지 면적 | 6.5% | 13% | 툰드라 → 관목지대 변화 등 |
| 북극 얼음 녹아 없어질 확률 | 100년에 한 번 | 10년에 한 번 |  |
| 산호초 피해 | 70~90% 감소 | 99% 이상 감소 |  |
| 어획량 | 150만t 감소 | 300만t 감소 |  |

자료=IPCC 〈지구온난화 1.5도 특별보고서〉

강의자는 위 표를 학생들에게 제시한 후 지구 온도의 상승으로 어떤 피해가 예상되는지 학생들에게 질문할 수 있다. 이것은 기후 변화가 심각하다는 점을 알려줌과 동시에 기후 변화를 완화하기 위한 우리들의 노력이 시급함을 이해할 수 있게 해 주는 역할을 한다.

이와 관련하여 박재용은(박재용, 2019:189-191) 2016년 멜버른 인근 데어빈의 기후 비상사태 선포, 2017년 8월 '데어빈 기후 비상사태 계획' 결의, 2019년 5월 영국 의회 기후 비상사태 선포(중앙정부 최초)한 이후 아일랜드, 캐나다, 프랑스, 오스트리아, 아르헨티나 및 900개 이상 지방 정부 참여, 2019년 9월 전 세계 400만 명의 기후 비상사태 선포 요구 집회 및 시위를 제시하면서, 이러한 현상은 각국 정부가 지구온난화 추세를 되돌리기 위한 비상행동을 공식적으로 지원하겠다는 뜻으로, 이전까지 '기후변화'라고 불렸던 것을 '기후위기'로 바꿔 부름으로써 위기의 심각성과 시급함을 나타낸다고 강조하고 있다.

**3) 활동 3에서는 학생들에게 기후 변화가 지속될 경우 예상되는 미래에 대해서 생각해 보도록 할 수 있다.**

더 사이언스타임즈(2019.01.16.)에 따르면, 'Cli-Fi(Climate Fiction)'로 불리는 기후소설의 출간이 빠르게 늘어나고 있다고 한다. 이러한 소설은 과학적 지식을 바탕으로 부정적인 미래를 그리는 가운데 , 일부 소설의 경우, 신재생에너지 공급이 늘어나면서 기후변화가 완화된다는 내용을 담고 있다고 한다. 교사는 2050년의 미래를 상상하며 학생들에게 기후 소설의 줄거리를 써보게 할 수 있다. 우리가 기후 위기 대응에 성공할 수 있을지, 미래 환경에서 사람들은 어떻게 살아갈 지를 상상하게 함으로써 기후 변화의 문제를 자신의 과제로 느끼게 할 수 있다.

4) 활동 4에서는 기후 위기에 대응하기 위한 학생들의 책임의식을 일깨우는 활동을 제시할 수 있다.

비비아나 마차(2019)는 "우리 청소년들은 그 위기에 책임이 없습니다. 우리는 이 세상에 태어나자마자 평생 짊어져야 할 위기를 만났습니다. 우리 자식도, 그 자식의 자식들도 마찬가지입니다. 그러니까 미래 세대 모두의 위기인 것입니다. 하지만 우리는 그러한 미래를 받아들이지 않을 것입니다. 그렇게 되도록 내버려 두지 않을 것입니다. 그래서 우리는 등교를 거부합니다. 미래를 원하기에 학교를 파업합니다."라고 말했다. 이러한 사례를 통해 학생들이 공감하거나 활용하고 싶은 실천 방법을 작성하고 다짐하게 할 수 있다.

## 6  기후변화 교육의 향후 과제

우리는 이글의 전반부를 통해 환경오염으로 촉발된 지속가능발전 개념의 역사적 전개와 그 내용 그리고 지속가능발전 목표로서 기후 변화와 직결된 환경 보전 영역의 주요 내용을 함께 살펴보았다. 이러한 이해를 기초로, 우리는 지속가능발전의 토대가 되는 지속가능발전 교육이 어떻게 전개되었는지, 지속가능발전 교육의 하위 요소인 기후 변화 교육이 어떤 특성을 지니고 있는지에 대해서도 알아보았다. 필자는 이러한 사항을 설명하고 전달하면서 마지막 5절에서 시민 대상 또는 학교 현장에서 실시할 수 있는 지속가능발전 교육으로서 기후변화 대응 강의 실제 지도안과 활동 예들을 제안해 보고자 하였다.

우리가 이미 살펴본 바와 같이, 기후변화의 문제를 주제로 한 교육 내용과 방식은 지속가능발전과 그 교육의 목표와 긴밀한 연계성을 확보해야 한다는 점에서, 때로는 교육적으로 접근하기 어려울 수도 있고, 효과적인 학습결과를 낳지 못할 수도 있다. 필자가 생각하기에 이러한 교육적 과제에서 중요한 것은 '지속가능발전 목표가 제시하고 있는 구체적 주제에 집중'하면서도, 여러 도덕, 사회, 경제, 정치 영역 등에 대한 확산적 사고를 유도하는 것일 것이다. 이를 위해서는 단순히 필요성만을 일깨우는 추상적인 논의보다는 교육에 초점을 두어야 하는 구체적인 문제가 무엇인지 사전에 점검하고, 교육을 위해 요구되는 교수학습 자료를 사전에 풍부 하게 축적하며, 교육 내용을 효과적으로 전달할 수 있는 다양한 수업도구와 방식의 다양화 등 노력을 경주해야할 것이다.

자연재해는 말 그대로 객관적인 현상이지만, 그것을 경험하는 사람들의 범주에는 인류 모두가 해당되지 않는다. 기후변화는 인류가 관찰하고 있는 현상이지만, 기후변화로 고통받는 사람들과 그렇지 않은 사람들은 나눠지고 있다. 이러한 점을 상기하면서 우리는 인류가 만든 인류의 재앙인 기후변화의 문제에 슬기롭게 대처하기 위한 교육의 가치를 성실하게 발휘해 나가야 할 것이다.

## 참고 문헌

박재용(2019), 『1.5도, 생존을 위한 멈춤』, 서울: 뿌리와 이파리.
비비아나 마차(2019), 『열여섯 그레타 기후위기에 맞서다』, 우리학교.
이봉우, 조헌국(2020). "상세 서지분석을 이용한 기후변화 교육 관련 연구 동향 분석", 「에너지기후변화교육」10권 2호, 에너지기후변화교육학회.
유네스코(2005), 『지속가능발전교육 10년 국제 이행 계획』
유선영, 박은혜(2015), "지속가능발전교육프로그램 개발", 『한국교원교육연구』, 32(1).

정기섭(2010), "지속가능발전교육 해외 사례-독일", 유엔지속가능발전교육 인천센터.
정기섭(2019), 『지속 가능한 미래를 위한 교육』, 서울: 강현출판사.
조성화 · 안재정 · 이성희 · 최돈형(2015), 『교육과 지속가능발전의 만남』, 서울
유네스코(2019), 『지속가능발전목표 달성을 위한 교육-학습목표』, 서울: 유네스코한국위원회
Chauveau(2011), 『지속 가능한 발전』, 윤인숙 옮김, 서울: 현실문화.
Diamond, J.(2019), Upheaval: Turning Points for Nations in Crisis, Little, Brown and Company. (강주헌 옮김, 『대변동 : 위기, 선택, 변화 – 무엇을 선택하고 어떻게 변화할 것인가』, 서울: 김영사).
Sachs(2015), 『지속 가능한 발전의 시대』, 홍성완 옮김, 파주: 21세기북스.
Strife, S.,(2010), Reflecting on Environmental Education: Where Is Our Place in the Green Movement?, *The Journal of Environmental Education*, 41(3), 179-191.
UNESCO(1997), Education for Sustainable Future. *A Transdisciplinary Vision for Concreted Action* (EPD-97/CONF.401/CLD.1): http://www.unesdoc.org/education/tlsf/theme_a/mod01/uncom01t05s1.htm.
UNESCO(2005), *United Nations Decade of Education for Sustainable Development 2005-2014*. Draft International Implementation Scheme.
UNESCO(2013), *Education beyond 2015*, General conference 37th session :Http://www.prithvimedia.com/japan-event.pdf.
UNESCO(2014), *Shaping Future We Want*. UN Decade of Education for Sustainable Development(2005-2014), Final Report : http://www.un.org/ga/search/view_doc.asp?symbol=A/RES/66/288&Lang=EUNESCO(2016), Planet: Education for Environment Sustainability and Green
Growth, Global Education Monitoring Report Summary 2016: http://www.unesdoc.org/images/0024/002464/246429E.pdf.

# 6장
## 기후변화와 인간공학[1]

추병완(춘천교육대학교 교수)

　기후변화는 인류가 직면한 가장 심각한 문제 가운데 하나다. 인류는 산업혁명 이래 급속한 발전을 이루었지만, 무분별한 개발과 성장으로 인한 환경오염은 급격한 지구환경의 변화를 불러일으켰다. 예상치 못한 기후변화로 인한 피해는 이제 국경을 넘어 전 세계에 걸쳐 발생하며, 그 충격은 우리의 삶에 심각한 영향을 주고 있다. 식량 생산을 위협하는 기상유형의 변화에서부터 해수면 상승으로 인해 증폭되는 홍수의 위험에 이르기까지 기후변화는 전 세계에 전례 없는 규모로 큰 영향을 미치는 중이다. 이에 따라 기후변화가 식량 생산, 식수 접근, 건강, 환경과 같은 분야에서 지구상의 모든 생명체에게 영향을 줄 것이라는 우려가 날로 커지고 있다.
　기후변화라는 개념 자체가 논란의 여지가 많기는 하지만, 적어도 지구

---

[1] 2021년 9월 한국윤리학회의 『윤리연구』 134호(pp. 159-180)에 게재한 '기후변화에 대한 인간공학 접근법의 문제점 해부'를 수정·증보한 것임.

온난화는 부정할 수 없는 사실이다. 또한, 기후변화의 주된 원인이 무엇이든지 간에 우리 인간이 지구 온난화에 원인 제공을 한 것은 결코 부인할 수 없다. 오늘날 기후변화에 관해 과학자들 사이에 합의한 사항은 다음과 같다(UNESCO, 2011: 12-13). 첫째, 대기에 열을 가두는 가스의 농도가 증가함에 따라 지구는 온난화를 겪고 있다. 둘째, 지난 세기 동안의 가스 농도 증가의 대부분은 인간 활동, 특히 화석 연료 사용과 산림 벌채 때문이다. 셋째, 자연적 원인은 언제나 지구의 기후변화에 역할을 했지만, 현재는 인간이 초래한 변화가 이를 압도하고 있다. 넷째, 지구 온난화는 많은 여러 기후 유형을 현대에 들어 전례가 없는 속도로 변화시킬 것이며, 이는 해수면 상승 속도 증가와 물 순환 체계 변화도 포함한다. 이산화탄소 농도 상승 또한 바다를 더욱 산성화시킬 것이다. 다섯째, 더 빈번하고 극단적인 기상 이변, 농업과 식량 생산에 영향을 주는 식물 생장 변화, 변화하는 조건에 적응하거나 이주하지 못하는 동·식물 종의 사라짐, 속도와 범위의 확대 등 전염병 확산의 변화, 해류 흐름의 변화와 계절의 변화 등을 포함한다. 기후변화의 영향은 이미 관측되고 있다. 여섯째, 이 복잡한 기후변화의 조합은 해안 지역사회나 도시, 식량과 물 공급, 해양 및 민물 생태계, 숲, 고산 환경 그리고 이보다 더 많은 것을 위협한다.

기후변화의 위험은 대기 중의 온실가스 수준이 감소하여 안정되면 얼마든지 줄어들 수 있다. 이에 따라 온실가스 배출을 감소하려는 다양한 해결 방안이 지금까지 제시되었다(National Center for Environmental Economics, 2006: 6). 예를 들어, 사람들이 자동차 운전을 줄이고 재활용을 더 많이 하도록 장려하는 것처럼 저(低)기술의 일반적인 행동적 해결책이 가능하다. 탄소 과세와 배출 거래 그리고 더 청정한 전력, 열, 수송 기술을 채택하도록 기업을 유도하는 시장 기반 해결책도 존재한다. 더 나아가 그 해결 방안은 재조림 사업을 포함한 대규모 환경 조작, 지구의 태양 복사 비율(albedo)을 바꾸려고 우주 기반 거울을 사용하는 것, 온실가스 흡수원을 높이기 위해 바다에 철을 비옥하게 하는 것과 같은 지구공학(geoengineering)을 포함한다(Keith, 2000: 263-264).

기후변화 관련 문헌에서 이러한 여러 유형의 해결 방안에 대한 활발한 논쟁이 전개되었다. 각각의 유형은 나름의 장단점이 있다. 예를 들어, 행동적 해결 방안의 최대 장점은 우리 대부분이 물리적으로 쉽게 수행할 수 있다는 것이다. 그것의 단점은 많은 사람이 필요한 방식으로 행동을 변화시킬 동기가 부족하다는 사실 그리고 그것이 널리 채택되더라도 그런 행동 변화만으로는 기후변화를 완화할 수 있을 만큼 온실가스 배출량을 현저하게 줄이지 못한다는 사실이다.

시장 기반 해결 방안의 장점은 이윤 창출과 부정적인 환경적 영향의 최소화 사이에서 현재 기업에 존재하는 갈등을 줄일 수 있다는 것이다. 이것의 단점은 국제배출권 거래와 같은 효과적인 시장 기반 해결 방안은 실행 가능한 국제협약이 필요한데, 지금까지는 이를 조율하기가 어려워 보인다. 예를 들어, 교토의정서(Kyoto Protocol)는 세계 수준에서 입증할 수 있는 배출량 감소를 만들어내지 못했다. 다시 말해, 교토의정서는 지구 온난화를 늦추는 데 실패함과 동시에 기후변화에 맞서 싸우고, 피할 수 없는 결과에 우리가 적응할 수 있는 대안적인 정책 접근에 대한 논의를 억제했기 때문에 여러 가지 면에서 실패했다는 평가가 지배적이다(Prins & Rayner, 2007: 973). 기후를 쾌적한 상태로 복원하려면 전 세계적으로 탄소 배출량의 70% 이상을 줄여야 한다(Washington et al., 2009: L08703). 석유와 전기의 비탄력적이고 증가하는 수요를 고려할 때, 탄소 과세와 같은 시장 기반 해결 방안이 그 자체로 그 정도 규모의 감축을 제공할 수 있을지에 대한 우려의 문제도 있다.

지구공학의 장점은 이론적으로 그 영향이 기후변화를 완화할 만큼 충분히 클 수 있다는 것이다. 그것의 단점은 많은 경우 자신과 미래 세대에 큰 위험 없이 지구공학을 고안하고 구현하는 데 필요한 과학 지식이 아직 부족하다는 사실이다. 지구공학은 매우 사변적이고 입증되지 않은 것이며, 알려지지 않은 부작용의 위험성도 존재한다(Royal Society, 2009: 47). 또한, 어떤 기관이나 국가가 지구공학을 시도할 권리를 가져야 하는지도 의문이고, 그러한 결정 자체가 민주적으로 내려지기도 사실상 매우 어렵다(Jamieson, 1996: 330).

이런 맥락에서 일부 연구자는 기후변화 문제에 대한 새로운 유형의 해결 방안으로서 인간공학을 제안한다. 그것은 기후변화를 더 감소하도록 인간을 생의학적으로 바꾸는 것을 뜻한다(Liao, Sandberg & Roache, 2012: 206). 인간공학을 주장하는 사람들은 위에서 살펴본 기존의 해결 방안과 인간공학이 병행적으로 실행된다면 기후변화 문제를 다루는 효과적인 수단이 될 수 있다고 강변한다. 인간공학은 강제적이고 의무적인 방식보다는 세금 감면, 의료 서비스 지원 등과 같은 장려책을 통해 실행되는 자발적인 활동이 되어야 한다고 그들은 제안한다(Liao, Sandberg & Roache, 2012: 207). 이에 이 장에서는 기후변화에 대한 인간공학 접근법의 문제점을 해부하는 데 초점을 맞춘다. 이를 위해 이 장에서는 문헌 분석을 통해 다음과 같은 세 가지 사항을 다룰 것이다. 첫째, 기후변화의 개념과 사회적 영향 및 기후변화에 대한 두 가지 대응 전략을 살펴본다. 둘째, 기후변화에 대한 인간공학적인 해결 방안의 실체를 규명한다. 셋째, 기후변화에 대한 인간공학적인 해결 방안의 실제적·잠재적인 윤리적 문제를 분석한다. 넷째, 기후변화에 대응하는 현실적인 대안으로 나바이즈(Narvaez)의 도덕교육 방법을 제시한다.

## 1  기후변화의 이해

### 1) 기후변화의 개념과 사회적 영향

　기후변화는 전 지구적 규모의 기후 또는 지역적 기후의 시간에 따른 일련의 변화를 의미한다. 기후변화는 지구 내부의 작용(예: 빙하 작용, 해양의 변화, 기후의 장기기억), 태양 복사의 변화와 같은 외력의 작용(예: 온실가스), 인간의 활동(human activity) 등에 의해 발생한다(권현한·김병식·윤석영, 2008: 31). 지구 기후의 장기적인 변화에 영향을 주는 네 가지 요인은 태양 주위를 도는 지구 궤도의 변화, 태양으로부터 에너지 방출 변동, 열대 태평양 심해의 한랭 해수의 용승 변동으로 인해 일어나는 대양 순환 변화, 대기 구성 변화다. 앞의 세 가지는 인류가 통제할 수 없지만, 대기의 구성은 지난 200년 동안 인간의 활동 때문에 바뀌어왔다(UNESCO, 2011: 9). 그래서 보통 기후변화는 주로 인간의 활동으로 야기되는 지구의 통상적인 기후가 변화(온도, 강수, 바람 등)하는 것을 특징으로 하는 세계적 현상을 지칭한다. 인류가 지구에서 날씨의 균형을 깨뜨린 결과, 지구 생태계의 지속가능성은 물론 인류의 미래와 세계 경제의 안정성 자체가 크게 위협을 받고 있다.

　기후변화로 인한 온도 상승, 해수면 변화, 강수 유형 변화, 바뀐 계절과 그 외 환경 변화들은 이미 많은 다양한 방식으로 인간 사회에 영향을 미치는 중이다. 어떤 경우에 이 현상들은 새로운 과제를 낳기도 하고, 어떤 경우에는 이미 있는 문제를 더 어렵게 만들기도 한다. 예를 들어, 해수면 상승은 해안 저지대에 거주하는 사람들에게 직접적인 위험이 되고, 태풍과 홍수가 점점 빈번한 현상은 전 세계에 영향을 미친다. 기후변화의 부정적 영향은 자연 및 보존된 생태계뿐 아니라, 사회경제 체계 또는 인류의 건강과 복지에 매우 해로운 영향을 미친다.

유네스코는 기후변화의 사회적 영향을 다음과 같이 제시한다(UNESCO, 2011: 19). 첫째, 해수면 상승과 사막화, 물 부족 심화 현상과 같은 기후변화 징후, 사이클론이나 홍수 등 극한의 기후 변동과 이변 등은 그 자체로 끝나는 게 아니다. 해안선 침식이나 해안 홍수, 그리고 농업에 미치는 지장 등으로 인해 수백만 명의 사람들을 난민으로 만들 수 있다. 둘째, 기후변화 영향은 빈곤 계층의 삶을 더욱 어렵게 만든다. 개발도상국들은 기후변화로 인한 해수면 상승, 물 부족, 늘어나는 기상 이변, 농업에 미치는 부정적 영향 등에 대처할 준비가 덜 되어 있기 때문이다. 셋째, 기후변화는 이미 세계적으로 건강에 부정적인 영향을 미치고 있다. 세계보건기구(WHO)는 1970년부터 2004년 사이의 지구 온난화가 연간 14만 명의 추가 사망을 불러왔고, 말라리아나 설사와 같이 통제하기 어려운 심각한 전염병을 만들어내고 있다고 추산했다. 이러한 경향은 온실가스 방출을 줄이고 기후변화를 완화하려는 현재의 노력에도 불구하고 가까운 미래에 악화할 가능성이 크다. 넷째, 기후변화는 젠더 차이를 악화하는 경향이 있으며 여성과 소녀들에게 더 무거운 부담을 안겨준다. 기후변화의 결과로 인한 자연 자원 손실은 여성과 소녀들에게 많은 영향을 미치며 젠더 불평등을 심화할 가능성이 있다.

### 2) 기후변화 대응 전략으로서 완화와 적응

유엔기후변화협약(UNFCCC)은 기후변화에 대처하기 위한 두 가지 방안을 모색하였다. 기후변화, 특히 지금 가장 심각한 위협인 온실가스에 대한 두 가지 보완적인 대응 전략은 바로 완화(mitigation)와 적응(adaptation)이다. 완화는 기후변화의 원인을, 적응은 기후변화가 사회와 환경에 미치는 영향을 다룬다. 완화는 이산화탄소, 메탄, 아산화질소와 같은 온실가스의 배출 감소나 흡수율을 높이는 것을 목표로 하는 모든 인간의 활동으로 구성된다. 기후변화의 맥락에서 적응은 피해를 완화하거나 유익한 기회를 이용하기 위한 목적으로 기후변화의 실제 또는 예상되는 영향에 대응하여 자연 또는 인간 시스템에서 발생하는 모든 조정을 의미한다(Klein, Schipper & Dessai, 2005: 580). 인류는 완화와 적응을 통해 기후변화로 인한 피해의 위험을 줄일 수 있다.

기후변화에 대한 두 가지 대응 전략은 적어도 세 가지 중요한 면에서 서로 다르다(Klein, Schipper & Dessai, 2005: 581-582). 완화와 적응 사이의 첫 번째 차이는 그것들이 효과적인 공간적, 시간적 척도와 관련이 있다. 완화 전략은 세계 수준에서 효과가 있으나, 적응 전략은 그 효과가 국지적이다. 반면에 완화 전략의 효과는 수십 년 후에 나타날 수 있지만, 적응 전략의 효과는 즉각적으로 나타날 수 있다. 완화와 적응의 두 번째 차이는 비용 및 특히 그것의 이득을 결정·비교·통합할 수 있는 범위다. 완화 선택지의 다양성과 관계없이, 그것들은 모두 온실가스 배출을 줄이는 역할을 하며, 세계적인 이득의 관점에서 볼 때 전 세계 어느 곳에서 완화 조치가 이루어지느냐 하는 것은 큰 관련이 없다. 이산화탄소 등가물로 표현되는 경우, 달성한 배출물 감소량을 다른 경감 선택지와 비교할 수 있으며, 구현 비용을 알 수 있는 경우 이러한 선택지의 비용 효율성을 결정하고 비교할 수 있다. 적응의 이점은 단일 메트릭(metric)으로 표현하기가 더 어려워 적응 선택지 간의 비교를 방해한다. 적응의 이득은 금전적 손해 회피, 인명 구조, 자연적 및 문화적 가치의 손실 등과 같은 측면에서 얻을 수 있다. 더욱이, 적응의 국지적 또는 지역적 성격의 결과로, 적응의 이득은 그것이 발생하는 사회적·경제적·정치적 맥락에 따라 다르게 평가될 것이다. 완화와 적응의 세 번째 차이는 구현에 관련된 행위자와 정책 유형에 관한 것이다. 완화는 주로 산업화를 이룬 국가의 에너지 및 운송 부문, 그리고 개발도상국의 에너지 및 임업 부문 등을 포함한다. 이와는 대조적으로, 적응에 관여하는 행위자들은 농업, 관광 및 여가, 인간 건강, 물 공급, 해안 관리, 도시 계획 및 자연보전을 포함한 다양한 분야의 이해관계를 대표한다. 이렇게 볼 때, 완화와 적응의 차이를 〈표 1〉과 같이 나타낼 수 있다(Wilbanks et al., 2003: 32).

<표 1> 완화와 적응의 차이

| | 완화 | 적응 |
|---|---|---|
| 시기 선택 | 비용-지금, 이득-사후 | 비용-상시, 이득-곧 혹은 사후 |
| 시간적 발생 | 비용-지금, 이득-다음 세대 | 부담 비용에 의한 유용한 이득 |
| 지리적 발생 | 비용-국지적, 이득-세계적 | 비용-국지적, 이득-국지적 |
| 분야적 발생 | 에너지 소비에서 배출에 초점을 맞춤. | 매우 이질적임. |
| 분야 및 지역 민감성 | 모든 분야 및 지역에 영향력 감소 | 특정 분야 및 지역에 효과가 있음. |
| 불확실성과의 관계 | 엄청난 불확실성에도 불구하고 더 일찍 행동해야 함. | 예상하는 적응이 조기 행동을 요구한다 해도 불확실성을 감소시킨 후에 행동함. |

하지만 기후 완화와 적응은 서로 별개의 대안이 아니라, 온실가스 배출과 기후변화의 영향을 줄여주는 통합적 전략을 이루는 상호보완적인 방안으로 기능한다. 또한 완화와 적응 계획을 결합하는 방법들이 있는데, 예를 들어 해안가에 맹그로브를 심으면 이산화탄소를 제거하며 동시에 증가하는 폭풍 해일을 막아주는 완충 역할을 한다. 완화 노력은 또한 지역의 기후 조건에서 변화에 적응하는 지역사회의 역량과 회복탄력성을 높일 수 있다. 자연 서식지 손실과 삼림 파괴를 모두 줄이면 상당한 생물다양성과 토양과 물 보존 혜택을 얻을 수 있고, 사회적으로 그리고 경제적으로 지속 가능한 방식으로 시행될 수 있다. 예를 들어 삼림 조성과 지속 가능한 바이오에너

지 조림은 파괴된 땅을 회복시키고, 물 유출을 관리하며 토양 탄소를 유지하고 지역 경제에 도움이 되므로 기후변화의 악영향에 적응하는 능력을 높인다(UNESCO, 2011: 46). 여기서는 이 두 가지 대응 전략에 대해 자세하게 살펴보고자 한다.

### 2-1) 완화 전략

완화는 기후변화 영향을 줄이는 방법을 필요로 한다. 지금 우리가 완화 노력을 덜 기울일수록 더 큰 기후변화가 일어나며 이후에 적응을 위해서 우리는 더 큰 노력을 기울여야 한다. 이것이 바로 온실가스 배출 감소를 둘러싼 긴급성의 배경이다. 만약 온실가스 배출을 줄이려는 조치가 취해지지 않는다면, 대기의 온실가스 농도는 2035년이면 산업혁명 이전의 2배에 이르게 되며, 사실상 지구 평균온도가 2도 이상 올라간다. 장기적으로 볼 때 온도가 5도 이상 올라갈 가능성이 무려 50% 이상이다. 이 온도 상승은 지난 빙하기(10,000~15,000년 전)로부터 오늘날까지 평균적인 온도 변화와 같은 것이다. 이런 급격한 변화는 사람들이 사는 장소와 생활 방식에 큰 변화를 가져오며, 급격한 변화가 세계 지역 곳곳을 강타할 것이다(UNESCO, 2011: 41).

온실가스 배출 감소는 여러 기법과 기술을 결합하여 사용함으로써 이룰 수 있다. 저탄소·무탄소 에너지원 사용, 에너지 절약 및 에너지 사용 효율 증가, 탄소 포집 및 저장, 이산화탄소 흡수원 확대, 저탄소 생활 방식과 소비 선택은 대표적인 완화 방식에 속한다. 새롭게 개발되고 현재 사용 가능한 저탄소, 무탄소 에너지원과 기술은 재생가능 에너지(태양력, 풍력, 지열, 수력, 조력, 해양 에너지), 바이오연료, 바이오매스, 연료 전환(석탄에서 천연가스로), 그리고 논란의 여지가 있는 원자력을 포함한다(UNESCO, 2011: 41).

에너지 효율 기법과 기술은 다양한 주요 온실가스를 배출하는 경제 부문에 통합되어, 같은 상품을 생산하고 같은 서비스를 제공하는데 에너지를 더 적게 사용하거나 아직 사용하지 않은 잠재 에너지를 사용하게 할 수 있다. 이를테면 그것은 절연 처리된 에너지 절약형 조명과 냉난방 건물 설계, 교통수단의 연료 효율성 개선 또는 차량의 동력원 변화(하이브리드, 충전식 하이브리드, 바이오연료), 도로에서 철도로 상품과 사람의 이동 수단 변화, 에너지 회수를 할 수 있는 폐기물 소각 및 매립 메탄 포집, 그리고 산업 분야의 열-동력 회수 등을 포함한다.

탄소 포집 및 저장은 배출된 이산화탄소가 대기 중에서 해로울 수 있는 높이에 닿기 전에 발생원에서 포집해 영구적으로 가둬 두는 것이다. 중앙 발전소와 같은 점오염원이 이상적이나 아직 상업화되지는 않았다. 숲과 같은 바이오매스를 온실가스 흡수원으로 사용하는 것은 이미 입증되고 실행 가능한 탄소 격리 기법으로 인정받고 있다. 몇 종의 나무의 탄소 격리 실행력을 높이려는 연구가 진행 중이다. 현재 있는 숲을 유지하는 것은 비록 어떤 지역에서는 기후변화의 결과로 건기가 늘어나 산불이 이 전략에 위험이 되고 있긴 하지만 탄소 격리를 효율적으로 하기 위한 중요 요소다.

온실가스 배출의 주요 동인은 인간의 소비다. 다시 말하면 상품과 서비스의 소비가 없다면, 인간의 온실가스 배출도 없을 것이다. 그러나 세계 인구가 증가하고 여유로운 생활이 커지면서 서구식 소비를 추구하는 경향과 맞물려 이미 토양과 물은 물론 대기에 영향을 미치는 환경오염 문제를 악화시키고 있다. 지역 상품 구입, 육식 줄이기, 대중교통이나 자전거 이용 등의 생활양식 변화와 저탄소 소비는 온실가스 배출 완화를 위해서 개인이 취할 수 있는 실제적 방법들이다.

완화 노력은 비용 대비 효과가 높은 최적의 결과를 위해 모든 가능한 수단을 이용하고 조정하며, 균형을 맞춰야 한다. 사실상 완화를 반드시 비용으로 여길 수는 없지만, 위에 언급한 활동의 경우 온실가스 감소 외에도 경제 발전과 시장 창출, 보건, 기술 개발 등의 혜택이 생길 수 있다(UNESCO, 2011: 42).

### 2-2) 적응 전략

기후변화는 인간과 자연계 모두에게 조정이 필요한 결과를 초래한다. 적응은 해로움을 누그러뜨리고 이점을 이용하는 방식의 조정을 뜻한다. 비록 개인이나 사회가 기후 변동에 항상 적응해오긴 했지만, 이 경험은 종종 오늘날과 미래에 일어날 기후변화 규모에 대응하기에는 아직 충분치 않다(UNESCO, 2011: 45).

기후변화에 대한 대응으로서 이론상 적응은 적응을 촉발하는 계기와 적기, 관련된 시스템 등 몇 개의 하위 범주로 나눠질 수 있다. 〈표 2〉는 적응 범주에 대한 적응 행동의 예를 보여준다. 자율적 적응은 기후변화에 대한 의식적 대응이라기보다는 자연계의 생태적 변화와 인간 사회의 시장이나 복지 변화를 통해 촉발된다(UNESCO, 2011: 45).

<표 2> 적응 선택 목록의 사례

|  |  | 예측 | 반응적 |
|---|---|---|---|
| 자연계 |  |  | - 성장 시기 길이의 변화<br>- 생태계 구성의 변화<br>- 습지 이동 |
| 인간 사회 | 공적 | - 보험 구입<br>- 기둥 위에 주택 건설<br>- 석유 굴착 장지 변경 | - 농업 관행 변화<br>- 보험료 변화<br>에어컨 구입 |
|  | 사적 | - 조기 경보 시스템<br>- 새로운 건축 법규, 디자인 기준<br>- 이전 보조금 | - 배상금, 보조금<br>- 건축 법규 시행<br>- 해변 조성 |

한편, 실제 적응은 적응 계획의 주요 단계를 포함한다. 적응 계획의 첫째 단계는 현재와 향후 취약성을 확인하고 기후변화 위험을 평가하는 것이다. 취약성은 기후변화의 악영향에 시스템이 영향을 받는 정도, 또는 대처할 수 없는 정도를 나타낸다. 시스템의 취약성은 노출도, 민감성, 적응 능력과 관련이 있다. 취약성 평가는 사회경제, 환경 조건의 변화와 기후 스트레스의 생물물리학적, 사회경제적 영향과 시스템의 적응 능력을 고려한다. 잠재적인 향후 취약성을 이해하기 위해서는 취약성의 근본적인 동인을 확인할 필요가 있다. 미래 기후위험평가 측면에서는 이것들에 대한 예상을 진전시키기 위해 시나리오와 모형을 사용하는 게 가능할 것이다. 한 지역사회나 지역이 직면하는 기후 위험과 취약성을 이해하면 다음 단계는 가능한 것처럼 보이는 적응 선택의 목록을 확인하는 것이다. 적응 선택의 목록은 기후변화의 부재('후회 없는' 조치)를 포함한 모든 가능한 미래 시나리오 아래에서의 혜택을 제공하기 위해 고안될 수도 있고, 또는 기후변화를 예상하고 구체적으로 취해지는 조치('기후 정당화' 조치)로 구성될 수 있다. 〈표 3〉은 다양한 기후 관련 스트레스에 대응하는 적응 조치를 보여준다(UNESCO, 2011: 46).

<표 3> 기후 관련 이변에 대한 적응 선택

| 기후 관련 스트레스 | 적응 선택 사례 |
| --- | --- |
| 가뭄 | 빗물 모으기, 물 보존과 손실 줄이기, 생태계 복원, 농업 관행 변경(예, 가뭄에 잘 견디는 작물로 변경하고 간작), 곡물 저장, 경제적 다양화 |
| 홍수 | 강바닥 주위에 식생 복원, 가옥과 그 외 건물(학교, 병원)들 고도 높이기, 홍수에 견디는 도로 건설, 작물 변화, 토지 사용 계획, 조기 경보 시스템 |
| 해수면 상승 | 연안 습지와 소택지, 맹그로브 보호와 복원, 해안 방어와 방파제, 사회기반시설 계획에서 기후변화 영향 고려 |

| | |
|---|---|
| 극한 기온 | 방목 시기와 지역 조정, 그늘을 만들어주는 나무 심기, 열에 잘 견디는 작물로 바꾸기, 공공 보건 개선, 질병 관리 및 박멸 |
| 강풍, 사이클론 | 바람에 견디는 가옥과 사회기반시설, 삼림 복원, 방풍림 심기, 조기 경보 시스템 |

## 2 기후변화의 인간공학적인 해결 방안

기후변화에 대한 인간공학 접근법을 옹호하는 사람들은 기후변화 문제를 해결하는 방안으로서 앞에서 언급한 여러 방식에 추가하여 인간공학적인 해결 방안의 중요성을 강조하면서 현재와 미래에 가능한 몇 가지 사례를 제시한다. 그들은 우리가 기후변화 문제에 대해 인간공학을 심각하게 고려해야 한다는 사실을 강조하려고 몇 가지 예시를 보여준다(Liao, Sandberg & Roache, 2012: 208-211).

### 1) 고기 과민증 유발 약품 제조

축산물은 세계 단백질의 중요한 공급원이다. 예외가 있기는 하지만, 고기는 많은 나라에서 식단의 중요한 구성요소다. 고기에 대한 소비 선호는 종교적·윤리적 차이에 의해 영향을 받는데, 이것은 많은 나라에서 내재적이고 양도할 수 없는 권리를 가진 쾌고 감수 능력이 있는(sentient) 존재로서 동물을 염려하는 것과 불가분의 관계에 있다. 가축 생산이 환경에 미치는 영향은 과도한 방목, 사막화, 열악한 폐기물 처리로 인한 수질 오염 문제처럼 역사적으로 더 국지적인 것에 국한되어 왔다. 이를테면, 인류는 가축에게 제공하는 사료를 생산하기 위해 막대한 야생지와 산림을 파괴하였다. 하지만, 이러한 우려는 가축의 문화적 중요성, 다양한 축산 제품 이용, 농업에서 거름 제공 등과 같은 가시적인 편익을 고려하면서 상쇄되는 경우가 많았다. 특히 개발도상국에서 가축 생산은 식량뿐만 아니라 소득, 고용, 농촌 지역 발전에 도움을 주는 것으로 여겨진다.

 전 세계 가축 생산은 주로 메탄(CH4)과 아산화질소(N2O)의 측면에서 인공 온실가스(GHG) 배출량의 18%를 차지한다(Moral & Wall, 2011: 19). 이산화탄소 등가량은 지구 온난화 가능성을 설명하기 위해 사용되는 표준 단위다. 장(腸) 발효와 거름 저장을 통해 주로 생성되는 메탄은 이산화탄소보다 28배나 많이 지구 온난화에 영향을 미치는 기체다. 아산화질소는 분뇨 저장과 유기/무기 비료의 사용으로 발생하는 분자로, 지구 온난화 잠재력이 이산화탄소보다 265배 높다(Grossi, Goglio, Vitali & Williams, 2019: 69). 목축업이 발달한 호주의 경우, 농업 부문별 온실가스 배출량의 약 70%와 국가 전체 온실가스 배출량의 약 11%를 축산물 배출량이 차지한다. 이것은 호주의 가축들이 에너지와 운송 부문에 이어 세 번째로 많은 온실가스 배출원임을 보여준다. 가축은 메탄과 아산화질소의 주요 공급원으로 판명되었고, 호주 전체 배출량의 각각 56%와 73%를 차지한다(https://www.agric.wa.gov.au).

 소를 비롯한 많은 다른 동물의 상당 비율이 주로 식용임을 고려할 때, 육류 소비를 줄이는 것은 환경 보호에 상당한 이득을 가져올 수 있다. 육류 소비의 감소는 사회적·문화적 수단을 통해 실현될 수 있지만, 사람들은 육류 소비를 포기하려는 의향과 동기가 부족하므로, 인간공학적인 접근법의 필요성이 대두된다. 우리를 메스껍게 만드는 것을 먹는 것은 오래 지속되는 음식 혐오를 유발할 수 있다. 구토를 유도하는 물질이 첨가된 붉은 고기를 먹는 것은 혐오 조건화(aversion conditioning)로 사용될 수 있지만, 붉은 고기를 포기하는 것에 강하게 전념하지 않는 사람은 이 선택에 끌리지 않을 것 같다. 현실적인 선택은 이러한 종류의 고기에 가벼운 과민증(예: 우유 과민증)을 유도하는 것일 수 있다. 고기 과민증은 일반적으로 흔하지 않지만, 원칙적으로 일반적인 소 단백질에 대한 면역 체계를 자극함으로써 유발될 수 있다. 면역 체계는 그런 단백질에 반응하기 위해 준비될 것이고, 따라서 '친환경적이지 않은' 음식을 먹는 것은 불쾌한 경험을 유도할 것이다. 효과가 평생 지속되지 않더라도 학습 효과는 오래 지속될 가능성이 크다. 이러한 과민증을 전달하는 잠재적으로 안전하고 실용적인 방법은 니코틴 패치와 유사한 일종의 '고기' 패치를 생성하는 것일 수 있다. 우리는 온실가스 배출에 가장 큰 영향을 미치는 동물들을 위해 패치를 생산하고 사람들이 이러한 패치를 사용하도록 장려할 수 있다(Liao, Sandberg & Roache, 2012: 208).

## 2) 작은 인간 선호

인간공학의 또 다른 두드러진 예는 인간을 더 작게 만드는 가능성이다. 인간의 생태발자국은 부분적으로 우리의 신체 크기와 상관관계가 있다. 우리가 킬로그램(kg) 당 체질량을 유지하기 위해서는 일정량의 음식과 영양분이 필요하다. 이것은 다른 것이 동등할 때, 더욱 큰 사람일수록 더 많은 음식과 에너지가 필요하다는 것을 의미한다. 실제로 하루에 필요한 에너지의 양을 결정하는 기초대사율은 체질량과 신장에 따라 선형적으로 증가한다. 신장이 더 큰 사람은 더 많이 먹어야 할 뿐만 아니라 덜 분명한 방법으로 더 많은 에너지를 소비한다. 예를 들어, 자동차는 가벼운 사람보다 무거운 사람을 운반하기 위해 단위 거리당 더 많은 연료를 사용한다. 큰 사람은 작은 사람보다 큰 옷을 입어야 하기에 더 많은 직물이 필요하다. 체중이 무거운 사람은 가벼운 사람보다 신발, 카펫, 가구를 더 빨리 닳게 한다(Liao, Sandberg & Roache, 2012: 208-209).

생태발자국을 줄이는 방법은 크기를 줄이는 것이다. 체중은 신장 입방체에 따라 증가하기 때문에, 예를 들어, 키가 조금만 줄어들어도 상당한 효과를 볼 수 있다. 미국인의 평균 키를 15cm 줄이면 남성은 23%, 여성은 25%의 질량 감소를 의미하며, 조직이 줄어들면 영양소 및 에너지 필요성이 낮아지기 때문에 대사율이 각각 15%와 18% 감소한다. 어떻게 그런 감소가 가능한가? 키는 부분적으로 유전적 요인에 의해 결정되고 일부는 식이요법과 스트레스 요인에 의해 결정된다. 유전자 조절은 다유전적이어서 많은 유전자가 전체 키에 소량으로 기여하지만, 성장 과정 자체는 주로 인간 성장 호르몬인 소마토트로핀 호르몬(somatotropin hormone)에 의해 조절된다. 이것을 고려하면, 성인의 신장을 줄일 수 있는 몇 가지 가능성 있는 방법이 있다. 한 가지 방법은 이식 전 유전자 진단(preimplantation genetic diagnosis)을 통해서이다. 키를 제어하기 위한 유전적 수정은 매우 복잡하고 현재 능력을 넘어설 가능성이 있지만, 이제 더 키가 작은 아이를 선택하기 위해 이식 전 유전자 진단을 사용하는 것이 가능해 보인다. 이것은 배아의 유전 물질을 바꾸기 위해 개입하거나, 현재 사용되지 않는 어떤 임상적 방법을 사용하는 것을 포함하지 않을 것이다. 그것은 단순히 어떤 배아를 이식할 것인지 선택하는 기준을 재고하는 것을 포함한다(Liao, Sandberg & Roache, 2012: 209).

키에 영향을 미치는 또 다른 방법은 호르몬 치료를 사용하여 소마토트로핀 수치에 영향을 미치거나 정상보다 일찍 에피피실(epiphyseal) 판의 닫힘을 촉발하는 것이다. 호르몬 치료는 키가 너무 큰 아이들의 성장 감소를 위해 사용된다. 현재, 성장호르몬 억제제인 소마토스타틴(somatostatin)이 안전한 대안으로 연구되고 있다(Liao, Sandberg & Roache, 2012: 209).

마지막으로, 성인 키를 줄이는 더 사변적이고 논란이 많은 방법은 출생체중을 줄이는 것이다. 출생체중과 성인 키 사이에는 상관관계가 있다. 정상 분포의 하단 가장자리에서 출생체중은 성인의 키가 5cm 짧아지는 경향이 있다. 출생 키는 성인 키에 훨씬 더 강한 영향을 준다. 정상 키 분포의 가장 낮은 가장자리에서 태어나면 성인 키가 15cm 줄어드는 경향이 있다. 유전자 각인술은 친자 유전자와 산모 각인 유전자의 진화적 경쟁의 결과, 출생 크기에 영향을 미치는 것으로 밝혀졌다. 아버지에게 각인된 유전자의 발현을 줄이거나, 어머니에게 각인된 유전자의 발현을 증가시키는 약물이나 영양소는 잠재적으로 출생의 크기를 조절할 수 있다(Liao, Sandberg & Roache, 2012: 209).

### 3) 인지 향상을 통한 출생률 감소

기후변화를 감소하는 또 다른 방법은 출생률을 낮추는 것이다. 출생률을 낮추는 가장 현실적인 방법은 피임 기구의 활용이다. 그러나 출산율을 억제하는 많은 다른 가능한 방법이 있다. 출산율이 여성을 위한 교육에 대한 적절한 접근과 부정적인 상관관계가 있다는 강력한 증거도 있다. 교육을 장려하는 주된 이유는 인권과 복지를 향상하기 위한 것이지만, 기후변화에 대처하는 관점에서 볼 때, 출산율 감소는 긍정적인 부작용이 될 수 있다. 사실, 인지 그 자체와 낮은 출산율 사이에는 연관성이 있는 것 같다. 적어도 미국에서는 인지 능력이 낮은 여성이 18세 이전에 아이를 가질 가능성이 훨씬 크다. 그래서, 가능한 또 다른 인간공학적인 해결책은 낮은 출산율을 달성하기 위해 인지 향상을 활용하는 것이다. 교육과 마찬가지로, 인지를 향상하는 더 많은 그리고 더 설득력 있는 이유가 있지만, 기후변화에 대처하기 위한 수단으로서 출산율 효과가 바람직할 수도 있다. 비록 출산에 대한 직접적인 인지 효과가 미미할지라도, 인지 향상은 사람들이 그들 자신을 교육하는 능력을 향상하는 데 도움을 줄 수 있고, 그러면 그것은 출산과 간접적인 기후변화에 영향을 미칠 것이다. 우리는 머지않은 미래에 기후변화에 대처하기 위한 그러한 간접 전략의 효과를 곧 고려할 것이다(Liao, Sandberg & Roache, 2012: 210).

### 4) 이타심과 공감 역량 향상

기후변화를 완화하는 또 다른 간접적인 수단은 우리를 더 이타적이고 공감적으로 만들어줌으로써 우리의 도덕적 결정을 향상하고 개선하는 것이다. 공유지의 비극에서 볼 수 있는 바와 같이, 많은 환경 문제는 개인이 공동선을 위해 협력하지 않는 집단행동 문제의 결과다. 많은 경우, 특정 환경 문제를 해결하려는 특정 개인의 시도는 무시할 수 있는 영향력을 갖지만, 많은 수의 개인이 협력하는 영향력은 실로 거대할 수 있다. 만약 사람들이 일반적으로 더 기꺼이 집단으로서 행동하고, 다른 사람도 모두 그렇게 할 것이라고 자신할 수 있다면, 우리는 많은 사람이 함께 행동할 때만 생기는 일종의 혜택을 누릴 수 있을 것이다. 이타심과 공감을 증가시키는 것은 이런 일이 일어날 가능성을 높이는 데 도움이 될 수 있다(Liao, Sandberg & Roache, 2012: 210).

또한 많은 환경 문제는 다른 생명체와 자연 자체의 가치에 대한 인식 부족으로 인해 악화한 것이거나 또는 그 결과일 수도 있다. 그러므로 사람들이 환경 문제의 결과로 특정 집단의 사람과 동물에게 야기된 고통을 더 잘 알고 있다면, 그들은 이 문제들을 해결하는 데 도움을 주고자 할 것이라고 가정할 수 있다. 많은 환경 자선 단체들이 기부를 증가시키는 방법으로 그러한 고통에 대한 인식을 높이기 위한 캠페인을 벌인다는 사실이 그 가정을 지지한다.

공감 수준이 높을수록 환경 행동과 태도가 더 강하다는 증거가 존재한다(Berenguer, 2007: 125). 환경에 관한 도덕적 추론은 도움이 필요한 타인을 소중히 여기는 것(공감 수준)과 초점이 맞추어진 공감 대상(어린아이나 자연적 대상)과 같은 상황적 요인에 달려 있다. 실험 연구 결과는 높은 공감 수준을 보인 참가자들이 낮은 공감 수준의 사람들보다 더 많은 도덕적 추론의 논거를 제공했다는 것을 보여준다. 공감의 대상이 독수리였을 때는 생태 중심적인 성격의 도덕적 논거의 수가 증가했고, 그것이 어린아이일 경우에는 인간 중심적인 성격의 도덕적 논거의 수가 증가했다(Berenguer, 2007: 110). 이타심과 공감의 증가는 기후의 변화로 인해 고통을 받는 사람들을 도우려는 의향을 증가시키는 것에도 도움을 준다.

이타심과 공감은 주로 문화적인 요소이지만, 생물학적 기반을 갖는다는 증거도 있다. 이것은 인간공학을 통해 이타심과 공감을 수정하는 것이 유망한 것임을 암시한다. 실제로, 친사회적 호르몬인 옥시토신이 주어지는 시험 대상자들은 낯선 사람들과 돈을 나누고 더 신뢰할 수 있는 방식으로 행동할 의지가 더 강했다. 또한, 노르아드레날린 재흡수 억제제는 혼합 동기 게임 동안 자기 초점의 감소와 함께 사회적 참여와 협력을 증가시켰다. 인간과 동물 실험에서 선택적 세로토닌 재흡수 억제제(SSRI)에서도 유사한 영향이 관찰되었다. 게다가, 옥시토신은 공감의 핵심 역량인 다른 사람들의 감정 상태를 읽는 능력을 향상하는 것으로 보인다. 반대로, 테스토스테론은 공감의 측면과 특히 안면 위협에 대한 의식적인 인식을 감소시킨다. 뇌 영상 촬영은 또한 사회적 규범을 준수하려는 의지가 특정 신경 기질과 상관관계가 있을 수 있다는 것을 밝혀냈다. 이는 이러한 신경 시스템의 민감도에 영향을 미치는 개입이 사회적 규칙이나 목표에 협력하려는 의지도 증가시킬 수 있다는 가능성을 제기한다(Liao, Sandberg & Roache, 2012: 211).

### 3  인간공학의 윤리적 문제

기후변화에 대응하기 위해 인간공학을 추구해야 하는 긍정적인 이유가 분명히 존재하지만, 인간공학의 실행과 관련하여 우리가 반드시 고려해야 할 윤리적인 문제도 존재한다. 그 이유는 기후변화에 대한 인간공학 역시 신경윤리학의 핵심 주제인 인간 향상(human enhancement)에서 제기된 윤리적 우려를 절대 피할 수 없기 때문이다. 그러므로 여기서는 기후변화에 대한 인간공학 접근법에 내재하는 잠재적·실제적인 윤리적 문제를 규명하고자 한다.

### 1) 안전성

인간공학이 지구공학과 비교하여 더 안전한 것은 사실이다. 하지만 인간공학은 생의학적 치료와 마찬가지로 상당한 위험성이 있다. 위험의 유형과 심각성은 인간공학이 활용하는 공정이나 절차에 따라 다소 다를 수 있다. 예를 들어, 호르몬을 주입하여 아이를 작게 만드는 것의 부작용을 고려해보자. 실제로, 성장 이상을 치료하기 위해 현재 사용되고 있는 스테로이드 치료는 사춘기나 다른 호르몬 불균형의 조기 발병을 일으킬 위험이 있다. 또한, 소마토스타틴(somatostatin) 유사체는 담석의 위험을 증가시킬 수 있다(Liao, Sandberg & Roache, 2012: 213). 옥시토신을 사용하여 이타주의와 공감을 증가시키는 것은 다른 사람들의 신뢰와 관대함을 이용하는 사람들에게 공동체를 더 취약하게 만들 수도 있다. 사실, 한 연구는 공동체에서 신뢰 위반에 대해 알게 되었을 때, 그들이 옥시토신을 투여받았다면 그들의 신뢰하는 행동을 수정할 가능성이 작다는 것을 보여주었다(Baumgartner, Heinrichs, Vonlanthen, Fischbacher & Fehr, 2008: 639).

옥시토신은 사람들을 더 신뢰하게 만들 수 있지만, 모든 상황에서 더 신뢰하는 것은 바람직하지 않다. 옥시토신은 이타적인 행동과 공감을 높이지만 우리와 가까운 것처럼 보이는 사람들에게만 영향을 미친다. 그래서 옥시토신은 우리를 친족과 더 가까워지게 할 수도 있지만 다른 사람들과 더 멀어지고 그들을 의심하게 만들 수도 있다. 또한, 일부 친사회적 행동을 증가시키고 공격성을 감소시키는 것이 모든 상황에서 도덕성을 향상하는 것은 아닐 것이다(Mercer & Trothen, 2021: 98).

또한, 인간공학을 주장하는 사람들이 내세우는 기후변화의 문제는 매우 사회적·정치적인 문제이지만, 그들이 내세우는 약리학적 방법은 지극히 개인에게만 초점을 맞추는 경향이 있다. 여기서 우리는 도덕적 향상의 효과가 오히려 역효과를 낼 가능성도 무시할 수 없다(추병완, 2019: 191). 이타성과 공감을 향상하는 것은 주로 개인에게만 초점을 맞추고 있으므로 그렇게 생긴 불평등이 그 효과를 능가할 수도 있기 때문이다. 내집단 편애와 권위에 대한 무분별한 복종은 지금 우리가 가장 쉽게 생각할 수 있는 역효과인 셈이다.

### 2) 인간 본성에 대한 개입

설사 안전하다 하더라도, 인간공학은 인간을 개조하거나 향상하려는 생의학 기술의 일반적인 군집에 속하기 때문에 인간공학은 생의학적 향상이 제기하는 윤리적 우려를 결코 피할 수 없다. 일찍이 샌들(Sandel, 2004: 62)은 인간 향상의 문제점은 '인간의 본성을 포함한 자연을 우리의 목적에 봉사하고 우리의 욕구를 충족하려는 프로메테우스적인 염원(Promethean aspiration)'이라고 주장해왔다. 그에 따르면, 향상 시도는 선물로서 주어진 우리의 삶에 대한 인식을 위협하고, 우리의 의지 밖에 있는 것을 단언하거나 바라볼 수 없게 한다.

인간공학이 기후변화를 위해 생의학적인 방법을 사용하기 때문에, 우리는 이 문제가 인간공학에도 비슷하게 존재할 것이라고 우려할 수 있다. 실제로, 많은 환경론자는 기후변화를 초래한 것이 바로 자연에 대한 인간의 간섭과 개입이라고 믿는다. 그 논리는 다음과 같다. '인간의 본성에 간섭하는 것은 도덕적으로 허용되지 않는다. 왜냐하면 그것은 자연을 간섭하는 것이고, 자연을 간섭하는 것은 도덕적으로 허용되지 않기 때문이다.' 그러므로 그들은 인간공학 역시 자연을 방해한다는 이유로 그것에 반대할 수 있다. 환경윤리의 옹호자들은 종종 윤리 이론을 진실하고 독특한 환경 이론으로 만드는 것은 종, 생태계, 생명 공동체 같은 환경 전체(environmental wholes)가 도덕적으로 유의하다는 원칙에 대한 헌신이라고 주장한다. 이런 맥락에서 우리의 주된 의무는 환경 자체의 온전함, 안정성, 아름다움을 존중하는 것이며, 이를 위한 최선의 방법은 그것을 내버려 두는 것, 즉 자연에 간섭하지 않고 자연이 자신의 길을 따르도록 하는 것이다(Michael, 2002: 89).

### 3) 아이를 공학하기

많은 인간공학 해결 방법은 개인이 자율적으로 자신을 수정하도록 선택하는 것과 관련이 있지만, 일부는 아이를 공학하는 것을 포함한다. 부모가 자녀의 삶에 돌이킬 수 없을 정도로 영향을 미칠 수 있는 선택을 하는 것이 윤리적인가? 2018년 11월 말, 중국의 허젠쿠이(He Jiankui)는 CRISPR-Cas9 기술로 유전자를 변형한 배아를 두 명의 여성에게 이식했다고 선언했다. 그는 유전자 가위를 이용하여 CCR5 유전자의 32개 염기를 인위적으로 자른 태아를 만든다면 이렇게 태어난 아기는 HIV에 걸리지 않는다고 생각했다(Lavazza, 2019: 2). 그러나 이 과정에서 목표한 유전자 배열이 뇌 발달에도 영향을 미칠 수 있다는 우려가 제기되었다.

오늘날 많은 학자는 유전자 변형 아이를 만드는 것이 현재 상태로 너무 위험하다고 믿는다. 안전성에 덧붙여 우리는 또 다른 윤리적 문제를 고려할 수 있다. 그것은 기본적으로 연구윤리에서 강조하는 고지에 의한 동의(informed consent)를 구성하는 것에 관한 의문을 제기한다. 어떻게 미래의 인간인 태아가 평생 자신에게 그리고 어쩌면 자신의 후손에게도 영향을 미칠 수 있는 유전적 변화에 목소리를 낼 수 있는가?

물론 부모에게 부여된 생식의 자유와 권리는 중요하다. 하지만 태어나지 않은 태아의 자유와 권리도 마땅히 중요하게 고려되어야 한다. 권리의 균형 관점에서, 우리는 아직 태어나지 않은 아이의 권리를 고려해야만 한다. 자신의 자녀가 어떤 특정 분야에서 다른 아이보다 더 나은 아이를 만들려는 부모의 결정과 관련된 분야에서 부모와 아이 사이에 사실 권력의 불균형이 존재하기 때문에, 그런 자녀를 만들려는 부모의 기대라는 부담을 갖지 않을 아이의 권리를 우리는 반드시 고려해야만 한다. 또한, 부모는 자녀의 삶에 가장 좋은 특징들을 잘못 판단할 수도 있으므로, 특히 유전자 편집에 관해서는 조심해서 행동하는 것이 더 바람직하다(Lavazza, 2019: 3). 유전자 변형은 잠재적으로 디자이너 아기(designer baby)와 초인간(super-human)의 생산으로 이어질 수 있고, 근본적으로 인간 종(species)을 변화시킬 수 있다. 또한, 유전체 연구는 특정 인구 집단을 대상으로 피해를 주려고 무기화될 수 있는 위험성도 존재한다.

**4) 인간공학과 사회**

인간공학은 개인에게는 설령 괜찮을 수 있지만, 사회 전체 차원에서는 좋지 않은 것으로 판명될 수도 있다. 여기서 나는 사람들을 더 작게 만드는 예를 사용하는데, 그것은 이런 종류의 우려를 불러일으킬 수 있는 하나의 좋은 예시이기 때문이다. 사람들을 더 작게 만들기 위해 인간공학을 사용하는 것은 사회의 가장 불리한 구성원들이 환경을 보존하는 노력 및 그것과 관련된 위험에서 어느 정도 타격을 입을 수 있다. 예를 들어, 경제적인 측면에서 사회의 가장 불리한 구성원은 이미 그렇지 않은 다른 구성원보다 몸집이 작은 경향이 있다. 네덜란드의 아이들을 대상으로 조사한 바에 따르면, 부유한 가정의 아이일수록 키가 더 큰 것으로 나타났다(Jansen & Hazerbroek-Kampschreur, 1997: 224). 만약 사람들이 더 작아지도록 장려하기 위해 재정적인 인센티브를 사용한다면, 사회의 가장 불리한 구성원들은 이러한 인센티브 자체를 거부할 수 있는 선택권이 아예 없을 것이고 따라서 기후변화 완화에 대한 부담을 불균형적으로 부담할 수 있는 문제가 발생한다.

### 5) 자원의 효율적이고 공정한 사용

기후변화 완화에 투입할 시간, 비용, 두뇌력 등의 측면에서 인간이 제한된 자원을 보유한다고 가정할 때, 인간공학을 추진하기 위해 자원을 할당하면 다른 유형의 해결책에 투입할 자원이 줄어든다. 이것은 자원의 효율적이고 공정한 할당과 이용에 반하며, 이것 자체가 정의의 관점에서 인간공학을 추구하지 않는 이유가 될 수 있다. 이 주장은 기후 적응과 지구공학에 대해 모두 사용되었다(Robock, 2008: 17). 일부에서는 인간공학이 다른 해결책과 비교하여 관련 비용에 견주어 상대적으로 적은 편익을 제공한다고 우려할 수도 있다. 이러한 우려는 특히 인지 향상을 통한 출산율 저하나 기후변화 완화의 비교적 간접적인 수단인 옥시토신을 통한 이타심과 공감 향상 등 인체공학적인 해결 방법에 적용되며, 이들이 문제에 영향을 미치기 위해서는 인과 사슬의 많은 단계를 거쳐야 한다는 점에서 더욱 그러하다. 결과적으로, 기후변화에 대처하기 위해 인간공학을 사용하는 것은 자원의 형편없는 사용이라고 생각할 수 있다. 또한, 고기 소비의 감소를 위한 인간공학적 해결의 사례로 예시하는 고기 과민증 유발 약품 제조는 사실 인간의 도덕적 실천 의지 강화를 통해 얼마든지 해결이 가능한 것이다. 고기 패치의 잠재적인 효과와 안전성 등을 고려할 때, 동물에 대한 올바른 윤리적 자세를 형성하는 전통적인 동물윤리교육이 더 효과적이고, 자원 절감에 기여하는 방안이 될 수 있다.

## 4  기후변화 시대의 도덕교육

기후변화는 주요한 세계적인 위기 현상이다. 기후변화에 대처하기 위한 국제적인 합의에도 불구하고, 온실가스 배출은 계속 증가하고 있고 지구의 온도는 계속 상승하고 있다. 미국과 호주의 최근 산불, 강수량 폭주로 인한 홍수, 농작물 손실 등 기후변화가 우리 생활에 미칠 수 있는 잠재적 영향은 모두 매우 극단적인 모습을 보인다. 하지만 기후변화에 대처하기 위해 단순히 온실가스의 생산을 줄이는 것만으로는 충분하지 않다. 우리가 방출했고 지금도 대기 중으로 계속 방출하고 있는 이산화탄소는 무한히 남아 있다. 따라서 대기 중 탄소를 제거하지 않는 한 기후변화는 계속 악화할 것이다. 따라서, 온실가스의 적극적인 제거를 위한 최첨단 해결책을 찾는 것이 중요하다.

이러한 해결책의 하나로 떠오른 것이 바로 인간공학이다. 인간공학은 기후변화를 완화하는 것을 도울 뿐만 아니라, 현대 세계의 다른 심각한 문제를 해결하는 데 도움을 줄 수 있다. 이를테면 작은 사람들, 더 사려 깊은 사람들, 그리고 육류 소비 감소는 지속 불가능한 에너지 수요와 물 부족과 관련된 문제를 해결하는 데 도움을 줄 수 있다. 기후변화에 대한 대응으로 인간공학을 주장하는 학자들은 우리가 당장 인간공학을 채택해야 한다고 주장하지는 않는다. 그러기에는 그들이 제시하는 방법이 너무 취약하고, 간접적이며 효과가 매우 늦게 나타난다는 것을 그들도 잘 알고 있기 때문이다. 오히려 그들의 핵심 목표는 기후변화의 문제를 어떻게 해결할 것인가에 대한 토론에서 인간공학이 다른 해결책과 함께 고려할 가치가 있다는 것을 보여주는 것이다. 또한, 그들은 인간공학은 강제적이고 의무적인 활동이라기보다는 세금 감면이나 의료 후원 등과 같은 인센티브에 의해 지원될 수 있는 자발적인 활동의 형태라고 주장한다.

하지만 기후변화에 대한 대응 방식으로 일부 학자가 내세우는 인간공학은 우리가 수용하기 힘든 잠재적·실재적인 윤리적 문제를 담고 있다. 기후변화의 문제를 해결하기 위한 철학적 사색의 노고는 어느 정도 인정할 수 있지만, 그들이 제안하는 사항은 근거가 미약하고, 결과를 예측할 수 없으며, 상당히 비인간적인 속성을 내포한다. 그들은 인간공학이 지구공학보다 안전하고, 행동적 해결책이나 시장 기반 해결책보다 성공 가능성이 크다고 주장하지만, 그들의 논거는 많은 윤리적 문제점을 제기한다. 그러므로 윤리교육자로서 우리는 섣부르게 인간공학을 이야기하거나 참조하기보다는 행동적 해결책의 하나인 기후변화교육을 통해 기후에 긍정적인 영향력을 행사하는 사람, 즉 온실가스의 방출을 안정시키고 완화하는 동시에 기후변화의 결과에 적응할 수 있는 지식, 능력, 태도, 성향을 갖춘 사람을 길러내는 일에 더 많은 학문적 노력을 기울여야 할 것이다.

이러한 맥락에서 나바이즈는 인간 생태 파괴 시대에서 도덕교육의 방법에 관해 상세하게 논의한다. 나바이즈는 생애에 걸친 도덕 발달을 강조하고 있으며, 특히 도덕적 기능 수행에서 명시적인 처리 과정과 암묵적인 처리 과정의 상호작용을 중시한다(추병완, 2019: 359). 나바이즈는 도덕성 발달의 신경생물학적 기초를 밝히는데 탁월한 공헌을 하였다. 나바이즈에 따르면, 도덕교육은 수태로부터 시작하여 돌봄 제공자의 태도와 행동 및 공동체의 지원에 의해 안내되는 신경교육이다(Narvaez, 2021: 58). 나바이즈는 교사가 윤리적인 교실 상황을 조성하고, 학생들의 덕 함양에 기여하도록 도와주는 단계적인 접근법을 제시한다. 그는 도덕적 덕 능력의 발달이 관계(relationships), 도제(apprenticeship), 유덕한 역할 모델(virtuous role models), 윤리적 기술 발달(ethical skill development), 자기 저작(self-authorship)의 다섯 단계를 거쳐서 이루어진다고 보고, 다섯 가지 핵심 용어의 첫 글자를 따서 이것을 RAVES 모델이라고 부른다(Narvaez, 2021: 59).

첫째, 관계는 교실에서 교사와의 안전한 관계 형성, 지지적인 공동체(배려하는 교실)로서의 교실 풍토, 생태와의 관계(복잡한 지구 생태계의 일원이라는 인식, 생태적 애착 의식, 자연 세계와의 파트너십 활동에 몰입)를 의미한다. 교사와의 안전한 관계 속에서 아동의 관계적 정서(자기 보호 정서가 아닌)가 관여되므로, 교사는 긍정적인 성장을 향한 아동의 발달에 영향력을 미칠 수 있다. 교사는 배려하는 교실에서 소속감, 자율성, 자기 향상, 유의미성과 같은 아동의 기본 욕구를 충족시킬 수 있다. 윤리적 행동의 목표는 공동체에서 좋은 삶을 영위하는 것이므로 생태계와의 올바른 관계 설정도 필수적이다.

둘째, 도제는 인간의 삶에서 많은 것은 학습자가 관심을 보이는 몰입된 그리고 종종 안내된 활동을 통해서 큰 노력을 들이지 않고 이루어진다는 사실을 전제로 한다. 사회적·정서적·도덕적 학습은 학생이 흥미를 보이는 교실 공동체의 활동 경험에서 생성되는 것이므로, 교사는 그것이 우연히 혹은 의도하지 않은 채 발생하게 해서는 안 된다. 오히려 교사는 교실 구조와 활동에 관하여 신중하게 선택하고, 적절한 행동을 시범 보여주며, 사회적·도덕적 문제를 해결할 때 소리 내어 생각하고(think aloud), 학생의 도덕적 민첩성을 촉진하여 주는 특정한 기술에 대해 코칭을 해 주어야 한다.

셋째, 유덕한 마을(virtuous village)은 역할 모델에 초점을 맞춘다. 사회적 피조물로서 아동은 자신보다 나이가 더 많은 아동과 성인 군락에 의해 영향을 받기 때문이다. 유덕한 마을은 행동에서 드러나는 다양한 덕의 사례를 제공하고, 학생들이 그러한 덕을 발달시키는데 필요한 멘토링을 제공하며, 그러한 마을 성원의 안내에 따라서 덕을 모방하고 실천하는 다양한 기회를 학생들은 부여받는다. 이상적인 역할 모델은 학생들이 생활하는 지역 공동체의 성원이지만, 이것이 불가능한 경우에는 서적과 온라인 자원을 활용할 수 있다. 아울러 공동체의 성원들이 부정 정서보다는 긍정 정서를 경험하는 긍정적인 사회 풍토를 조성하는 것이 매우 중요하다. 슬픔, 분노, 공포, 굴욕보다는 기쁨, 평온, 포용력이 있는 것을 학생들이 경험하는 것이 매우 중요하다. 아동기에 긍정 정서를 더 많이 경험한 사람일수록, 성인기에 더욱 안전하고, 정신적으로 건강하며, 덜 쇠약하고, 자기 보호의 도덕성을 가질 확률이 훨씬 낮다.

넷째, 윤리적 전문 기술(ethical expertise)을 가진 사람은 윤리적 민감성, 윤리적 판단, 윤리적 초점, 윤리적 행동을 보여준다. 교사는 전문가 기술 모형을 활용하여 학생들에게 윤리적 기술을 가르쳐야 한다(추병완, 2017: 181). 윤리적 민감성 기술은 타인과 연결되기, 의사소통을 잘 하기, 타인의 입장에 서 보기, 사회적 편향을 통제하기를 포함한다. 윤리적 판단 기술은 윤리적 문제를 해결하기, 비판적으로 추론하기, 강령을 개발하고 강령을 바꾸기, 대처와 회복탄력성을 포함한다. 윤리적 초점은 공동체의 전통과 제도를 소중하게 여기기, 양심을 함양하기, 타인을 존중하기, 윤리적 정체성과 진실성을 계발하기를 포함한다. 끝으로 윤리적 행동 기술은 갈등과 문제를 해결하기, 윤리적 행동을 취하기, 리더로서 주도권을 행사하기, 열심히 일하기를 포함한다(Narvaez, 2021: 62).

끝으로, 교사는 학생들이 자기 저작의 도구를 발달시키도록 도와주어야 한다. 이를 위해 나바이즈는 다음과 같은 제안을 한다. 첫째, 학생들은 좋음과 싫음, 느낌과 반응, 긍정적인 유대를 구축하는 것, 강점과 약점의 면에서 자신을 아는 방법을 배워야 한다. 둘째, 학생들은 자기 진정 전략, 마음 수정 전략, 그리고 자기 묵살(위해)이나 타인 묵살(위해)을 회피하는 행동 기술을 학습하여 자아 팽창(ego inflation)을 피해야 한다. 셋째, 학생들은 사회적 쾌락, 공감, 자기 통제, 수용성, 존재감을 키우기 위해 친사회적 방식으로 다른 사람과 자발적으로 노는 법을 배워야 한다. 넷째, 학생들은 소외감, 우월감, 열등감보다는 타인과 관계적으로 연결되어 있다는 느낌을 유지하는 것을 배워야 한다. 다섯째, 학생들은 생태적 애착을 살리는 실천(예: 헤드셋이 없이 공원을 산책하는 것, 인간 이외의 다른 것들을 살아 있는 동료로 인정하는 것)을 확립해야 한다. 여섯째, 학생들은 항상 생명의 거미줄을 염두에 둔 채 개인 결정과 집단 결정의 단기적·장기적인 결과에 주의를 기울이는 것을 배워야 한다(Narvaez, 2021: 63).

나바이즈의 RAVES 모델은 기후변화 시대의 위기에 대응하여 유아 초기부터 시작하여 성인기에 이르는 발달 궤도에서 언제 그리고 어떤 형태의 교육적 개입이 어떻게 이루어져야만 하는지를 잘 보여준다는 점에서 우리에게 시사하는 바가 매우 크다. 특히 그는 유아 초기의 진화적 발달 적소와 대학생 시기의 자기 저작을 강조하면서 학령기에 국한된 생태교육의 외연을 넓히고 있다. 또한, 그는 좋은 시민의 양성에 필수적인 긍정적인 환경과 관계의 중요성을 역설하면서, 생태 시민성의 실천을 강조한다. 그러므로 우리는 실효성이 의심되는 인간공학 접근법보다는 전통적이고 다소 효과가 느리지만 가장 확실한 방법인 도덕교육을 통해 기후변화에 대응해야 할 것이다.

### 참고 문헌

권현한·김병식·윤석영(2008), "기후변화의 원인과 영향", 『지반환경』, 9(3), 31-37.

추병완(2019), 『신경윤리학과 신경도덕교육』, 서울: 한국문화사.

Baumgartner, T., Heinrichs, M., Vonlanthen, A., Fischbacher, U. & Fehr, E. (2008), "Oxytocin shapes the neural circuitry of trust and trust adaptation in humans", *Neuron*, 58(4), 639-650.

Berenguer, J. (2007), "The effect of empathy in proenvironmental attitudes and behaviors", *Environment and Behavior*, 39(2), 269-283.

Burns, B., Morar, N., Sinclair, R. & Waldkoenig, K. (2021), "Can moral enhancement address our environmental crisis: A call for collective virtue-oriented action", *The AJOB Neuroscience*, 12(2-3), 124-126.

Fabiano, J. (2021), "Virtue theory for moral enhancement", *The AJOB Neuroscience*, 12(2-3), 89-102.

Grossi, G., Goglio, P., Vitali, A. & Williams, A. G. (2019), "Livestock and climate change: impact of livestock on climate and mitigation strategies", *Animal Frontiers*, 9(1), 69-76.

Jamieson, D. (1996), "Ethics and intentional climate change", *Climate Change*, 33, 323-336.

Jansen, W. & Hazebroek-Kampschreur, A. A. J. M. (1997), "Differences in height and weight between children living in neighbourhoods of different socioeconomic status", *Acta Paediatrica*, 86(2), 224-225.

Keith, D. W. (2000), "Geoengineering the climate: History and prospect", *Annual Review of Energy and the Environment*, 25, 245-284.
Klein, R. J. T., Schipper, E. L. F. & Dessai, S. (2005), "Integrating mitigation and adaptation into climate and development policy: Three research questions", *Environmental Science & Policy*, 8, 579-588.
Kosfeld, M., Heinrichs, M., Zak, P. J., Fischbacher, U. & Fehr, E. (2005), "Oxytocin increases trust in humans", *Nature*, 435(7042), 673-676.
Lavazza, A. (2019), "Parental selective reproduction: Genome-editing and maternal behavior as a potential concern", *Frontiers in Genetics*, 10(532), 1-5.
Liao, S. M., Sandberg, A. & Roache, R. (2012), "Human engineering and climate change", *Ethics, Policy & Environment*, 15(2), 206-221.
Mercer, C. & Trothen, T. J. (2021), *Religion and the technological future*, Cham: Springer.
Michael, M.A. (2002), "Why not interfere with nature?", *Ethical Theory and Moral Practice*, 5, 89-112.
Moran, D. & Wall, E. (2011), "Livestock production and greenhouse gas emissions: Defining the problem and specifying solutions", *Animal Frontiers*, 1(1), 19-25.
Narvaez, D. (2021), "Moral education in a time of human ecological devastation", *Journal of Moral Education*, 50(1), 55-67.
National Center for Environmental Economics (2006), *Global climate control: Is there a better strategy than reducing greenhouse gas emissions?*, Washington, DC: National Center for Environmental Economics.
Persson, I. & Savulescu, J. (2012), *Unfit for the future: The need for moral bioenhancement*, Oxford: Oxford University Press. 추병완 역(2015), 『미래 사회를 위한 준비: 도덕적 생명 향상』, 서울: 하우.
Prins, G. & Rayner, S. (2007), "Time to ditch Kyoto", *Nature*, 449(7165), 973-975.
Robock, A. (2008), "20 reasons why geoengineering may be a bad idea", *Bulletin of Atomic Scientists*, 64(2), 14-18, 59.
Royal Society (2009), *Geoengineering the Climate: Science, Governance and Uncertainty*, London: Royal Society.
Sandel, M. (2004), "The case against perfection", *Atlantic Monthly*, 293(3), 51-62.
UNESCO (2011), *Climate change: Starter's guidebook*, Paros: UNESCO.
Washington, W. M., Knutti, R., Meehl, G. A., Teng, H., Tebaldi, C., Lawrence, D., Buja, L. & Strand, W. G. (2009), "How much climate change can be

avoided by mitigation?", *Geophysical Research Letters*, 36(8), L08703.

Wilbanks, T. J., Kane, S. M., Leiby, P. N., Perlack, R. D., Settle, C., Shogren, J. F. & Smith, J. B. (2003), "Possible responses to global climate change: Integrating mitigation and adaptation", *Environment: Science and Policy for Sustainable Development*, 45(5), 28–38.

## 7장
## 『생활과 윤리』 교과서의 기후변화 교육 내용 분석[1]

장유정(한국교육과정평가원 부연구위원)

### 1  서론

지난 5월 30~31일 이틀간 서울에서는 '2021 P4G 서울 녹색미래 정상회의'가 개최되었다. P4G는 Partnering for Green Growth and the Global Goals 2030의 약자로 '녹색성장과 글로벌 목표 2030을 위한 연대'를 의미한다.[2] 국제사회는 지구 온난화로 인한 폭염, 폭설, 태풍, 산불 등 이상기후와 대규모 자연재해, 이로 인한 식량 부족, 홍수, 질병 등 치명적 피해를 겪으며 기후변화 문제의 심각성을 인식하였다. 이에 기후 위기 대

---

[1] 2021. 9월 한국초등교육학회에 투고한 논문을 이 책의 성격에 맞게 재구성한 것임.

[2] P4G는 지속가능발전목표(SDGs: Sustainable Development Goals)달성, 특히 지구 최대현안인 기후변화 대응을 위해 글로벌 이니셔티브(initiative)이다 (2021 P4G 서울정상회의 홈페이지).

응을 위해 온실가스 감축과 지구 평균온도 상승 억제를 위해 선진국에 의무를 부여하는 교토의정서(1997년), 선진국과 개도국모두가 참여하는 파리협정(2015년) 등을 채택하였다(대한민국정부, 2020, 6; 20). 2017년에는 정부만이 아니라 기업, 시민사회 등 이해관계자 모두를 참여시켜 행동의 주체를 넓히며 기존의 정부 및 UN체제 중심의 기후대응을 보완하는 P4G를 출범시켰다(2021 P4G 서울정상회의 홈페이지 인사말).

우리 정부 역시 기후변화 문제가 미래세대를 위한 장기적 과제가 아닌 현재, 우리의 생존과 직결된 시급한 과제라는 데 국제사회와 인식을 함께 하고 있다(대한민국정부, 2020, 20). 이에 그린뉴딜과 2050 탄소중립 비전, 서울선언문[3]을 잇달아 발표하며 국제사회의 기후대응노력에 적극 동참하고 나아가 기후 협력을 선도하는 국가의 모습을 보이고 있다.

그러나 기후변화 문제의 해결은 정부의 규제나 선도 등 위로부터 아래로 내려오는 대응 방안만으로 한계가 있다. 기후변화의 위험은 인류의 생존과 밀접한 관련을 맺고 있는 시급한 문제로 정부의 규제와 산업계의 노력 외에도 개개인이 일상생활 속에서 행동을 변화하는 등 총체적 노력이 필요하기 때문이다. 이를 위해서는 개인의 인식의 변화, 보다 근본적으로는 기후변화 현상과 위험, 대처 방안에 대한 이해가 필요하다(차주영, 이희찬, 2017, 65). 따라서 기후변화에 대한 이해와 소양을 갖추고 실천 의식이 자연스럽게 생성되도록 초중등 교육을 통한 시민 교육 차원의 기후변화 교육이 필요하다(신영준, 2021, 2).

---

3 서울선언문에는 녹색회복을 통한 코로나19 극복, 지구온도 상승 1.5도 이내 억제 지향, 탈석탄을 향한 에너지 전환 가속화, 해양플라스틱 문제 해결에 노력, 각 나라별 국가온실가스감축목표(NDC) 달성 등의 내용이 담겼다. (https://www1.president.go.kr/articles/10433에서 전문 참고)

교육과학기술부는 기후변화 교육의 필요성에 따라 2007 개정 교육과정부터 기후변화관련 내용의 비중을 높였으며, 2009 개정 교육과정에서는 기존 환경 문제 영역에서 지구적 환경 문제의 하나로 다루어졌던 기후변화 관련 내용을 기후변화의 이해와 대응이라는 대영역 수준으로 다루게 하였다(교육과학기술부, 2010, 김순식, 이상균, 2020, 227에서 재인용). 그리고 관련 교과에 따라 기후변화의 원인, 현상, 대응에 관한 내용을 부분적으로 반영하도록 하였다(교육과학기술부, 2011, 김순식, 이상균, 2020, 227에서 재인용).

　이봉우, 조헌국은 기후변화 교육과 관련된 국제 연구의 동향을 분석한 후 국내 기후변화 교육과 연구에 있어 다음의 세 가지 사항을 제안하였다. 첫째, 기후변화에 대한 지식, 의사결정, 인식과 태도, 신념이라는 4개의 주요 핵심 주제별 연구를 수행해야 한다. 둘째, 실천 및 일상생활과 밀접한 연계를 위해 관련된 사회적 쟁점(국지적 집중 폭우로 인한 산사태나 싱크홀, 포트홀 발생의 문제나 미세먼지 발생 문제에 따른 화력발전소 건설 문제 등)을 주제로 한 의사결정 과정을 체험하게 한다. 셋째, 기후변화의 문제를 환경적 측면을 넘어서서 과학기술적 접근과 사회적 인식 변화, 제도 및 법령 정비 등 다양한 측면에서 바라보게 한다(2020, 107-108). 이 같은 제안은 기후변화 교육이 일정 수준 이상의 종합적 이해와 추론, 판단 능력을 가지는 학생들을 대상으로 이루어질 때, 간 학문적으로 접근될 때 보다 내실 있게 교육될 수 있음을 시사한다.

　도덕과 교육은 윤리학을 중심으로 주제의 성격에 따라 정치철학, 사회학 등의 간학문적 접근을 적극적으로 시도하므로 내실 있는 기후변화 교육을 기대하게 한다. 이제까지 도덕과 교육에서 기후변화 교육에 관한 주요한 연구는 초등 교육과정이나 교과서의 기후변화 교육내용 분석(신원섭 외, 2020; 김병찬, 2020; 전영석, 2014), 초등 기후변화 교육 프로그램 개발(이수아, 2020; 신원섭, 2019), 기후변화 문제의 도덕교육적 함의(노희정, 2015) 등으로 주로 초등학교 교육을 중심으로 교육과정이나 교과서 분석, 프로그램 개발, 교육 방향이 연구되어 왔다. 그러나 앞서 이봉우, 조헌국(2020)의 연구가 시사하는 바처럼 사회 각 부분의 연관성과 복잡성, 이해관계의 상충에 대해 이해하며 사회적 쟁점에 대해 판단할 수 있는 고등학생을 대상으로 한 교육에 대한 연구는 부족한 실정이어서 연구 대상의 확대가 필요하다. 이에 본 연구는 고등학교 일반선택 과목인『생활과 윤리』를 통한 내실 있는 기후변화 교육 방안을 모색하고자 한다. 이를 위해 먼저『생활과 윤리』교과서의 기후변화 관련 교육내용을 분석하고자 한다.

## 2 이론적 배경

### 1) 기후변화의 의미

기후변화협약(UNFCCC)은 기후변화를 "충분한 기간 동안 관측된 자연적인 기후변동성에 추가하여 지구 대기의 조성을 변화시키는 인간의 활동이 직접적 또는 간접적 원인이 되어 일어나는 기후의 변화(UNFCCC, 2007, 3)"로 정의하였다. NASA(The National Aeronautics and Space Administration) Global Climate Change는 기후라고 정의되어왔던 평균적인 날씨 유형에서 나타나는 장기적 변화와 그에 따른 영향을 기후변화라고 정의하였다. 덧붙여 NASA Global Climate Change는 기후변화가 자연적인 온난화[4]

---

[4] 대기에 열을 가두어 지구의 평균 표면 온도 상승시키는 온난화는 내부 변동성(예: 엘니뇨, 라니냐, 태평양 10년 진동과 같은 순환 해양 패턴)과 외부의 힘(예: 화산 활동, 태양 에너지 생산량 변화, 지구 궤도 변화) 등 자연적 원인으로도 발생한다(NASA Global Climate Change).

때문에 발생하기도 하지만, 20세기 초부터는 주로 화석 연료 연소와 같이 인간 활동에 따른 온난화 때문에 발생한 것으로 관찰된다고 설명했다. 이들은 모두 기후변화를 정의하며, 장기간 관찰된 기후변동성과는 다른 변화라는 점과 변화의 주요인이 인간의 활동이라는 점을 공통적으로 지적하고 있다. 기후변화의 주된 원인으로 인간의 활동을 주목하는 이유는 지구 표면의 평균 온도 상승이 인간의 개입에 의해 전례 없는 속도로 진행되고 있기 때문이다. 산업화 이전부터 인간의 활동은 지구의 평균 온도를 1℃정도 증가시킨 것으로 추정된다. 그런데 현재 지구의 평균 온도는 이와는 비교할 수 없을 정도인 10년마다 0.2℃씩 급속하게 상승하고 있다. 이는 인간 활동이 기후변화의 주요인일 가능성이 매우 높다고 판단하는 이유이다(95% 이상, NASA Global Climate Change).

한편, NASA Global Climate Change의 정의는 기후변화가 기후에서의 변화뿐만 아니라 이로 인한 영향을 포함하고 있다. 지구온난화가 지구의 대기에 열을 가두어 지구의 표면 온도를 상승시키는 것만을 지칭하는 것에 비해, 기후변화는 지구의 온도 증가에 따른 해수면 상승, 해빙, 더 심한 폭풍우와 더 빈번한 가뭄, 극한 기후 등의 이른바 부작용 모두를 포함한 것으로 이 둘은 구분된다는 것이다. 즉, 지구온난화는 인간이 야기한 기후변화의 한 측면이고, 이로 인한 허리케인, 폭염, 산불, 홍수 등과 같은 기후에서 나타나는 변화와 영향은 기후변화의 주요 지표들이 된다(NASA Global Climate Change). 따라서 기후변화의 용어는 지구온난화와 구분해서 지구온난화와 그 영향을 모두 포함하는 의미로 사용해야 할 것이다.

### 2) 기후변화 교육의 내용

앞서 살펴보았듯이 기후변화는 현상과 원인뿐만 아니라 의미와 영향 등을 총체적으로 일컫는다. 때문에 기후변화 교육을 위해 아래와 같이 다양한 내용요소가 제안되고 있다.

AGCI(Aspen Global Change Institute, 2021)는 지구 환경변화 교육을 위한 다섯 가지 원리(①지구의 자연계(Earth's natural systems)는 지속적으로 변화 ②지구 환경(Earth's systems)은 상호작용을 통해 연결 ③지역적 변화가 세계에 영향을 미침 ④지구 환경 변화는 모든 삶에 영향을 미침 ⑤최근, 인간은 변화의 주요주체)를 제시하였다. NOAA(National Oceanic and Atmospheric Administration, 2021)는 기후 교육(Climate Literacy)을 위한 핵심 원리 7가지 (①1차 에너지로서의 태양 ②기후의 복잡성 ③기후에 대한 이해 ④기후의 가변성 ⑤삶은 기후와 영향을 주고받음 ⑥기후변화는 결과를 가져옴 ⑦인간은 기후에 영향을 미침)를 제시하였다. 이나영, 이우균(2014, 479)은 5가지 주제(기후변화의 ①특성 ②현상 ③영향 ④원인 ⑤대응)와 10가지 하위 내용을, 김병찬, 이석희(2020, 184)는 3가지 내용 영역(기후변화의 ①이해와 원인 ②영향과 현상 ③기후변화대응)과 하위의 21가지 교육내용[5]을 제시하였다. 이를 정리하면 〈표 1〉과 같다.

<표 1> 선행연구에서 기후변화 교육의 내용요소

---

[5] 3가지 내용 영역별 교육내용은 다음과 같다. A. 기후변화의 이해와 원인: 1) 날씨, 계절의 변화, 2) 기후의 의미와 기후변화, 3) 기후 요소와 기후시스템, 4) 에너지 순환과 생태계 평형, 5) 기후에 따른 동식물의 모습과 인간의 생활 모습, 6) 대기의 구성성분과 역할, 7) 온실 가스와 온실효과(지구온난화), 8) 기후변화의 자연적 원인, 9) 산업화와 화석연료 사용 증가, 10) 인구 증가와 대량생산, 소비문화 확산, 11) 무분별한 자원 사용, 환경오염, 삼림파괴, B. 기후변화 영향과 현상: 1) 해수면 상승과 빙하 감소, 2) 생태계 변화, 3) 기후 변화가 인간 활동에 미치는 영향, 4) 자연적인 기후변화 현상, 5) 인위적인 기후변화 현상, C. 기후변화 대응: 1) 녹색 소비와 에너지 절약 실천, 2) 기후변화에 대한 지역 사회 대응 및 적응, 4) 기후변화에 대한 국가 차원의 대응과 적응, 5) 기후변화에 대한 국제적 협력이다(김병찬, 이석희, 2020, 184).

| AGCI(2021) | NOAA(2021) | 이나영, 이우균 (2014) | 김병찬, 이석희 (2020) |
|---|---|---|---|
| • 지구의 자연계는 지속적 변화<br>• 지구 환경은 상호작용을 통해 연결<br>• 지역적 변화가 세계에 영향을 미침 | • 1차 에너지로서의 태양<br>• 기후의 복잡성<br>• 기후에 대한 이해<br>• 기후의 가변성 | • 기후변화특성(전지구적 현상으로서의 기후변화, 세계적 협력의 필요성) | • 기후변화의 이해와 원인 |
| • 지구 환경 변화는 모든 삶에 영향을 미침 | • 삶은 기후와 영향을 주고받음<br>• 기후변화는 결과를 가져옴 | • 기후변화현상(지구기후시스템, 기후변화원리)<br>• 기후변화영향(기후시스템에 미치는 영향, 인간 삶에 미치는 영향) | • 기후변화의 영향과 현상 |
| • 최근, 인간은 변화의 주요주체 | • 인간은 기후에 영향을 미침 | • 기후변화원인(자연적, 인위적 요인) | |
| | | • 기후변화대응(예측 및 재해 대비, 온실가스 저감, 변화에 대한 적응) | • 기후변화대응 |

주요한 선행연구에서 제시하는 기후변화 교육의 내용요소는 기후변화의 의미와 특성, 영향, 원인, 대응으로 종합된다.

## ③ 분석방법

### 1) 분석대상과 범위

본 연구는 현재 적용 중인 2015 개정 도덕과 교육과정에 따라 개발된 고등학교 『생활과 윤리』 교과서 전체(5종, 검·인정교과서, 2018년 발행)를 분석 대상으로 삼는다. 교과서 내 분석범위는 교육과정의 '과학과 윤리' 영역 '3. 자연과 윤리'의 '(2) 환경문제에 대한 윤리적 쟁점' 에서 '기후' 관련 소단원의 내용이다. 환경문제에서 기후변화가 다루어지는 맥락을 살펴보기 위해

'(2) 환경문제에 대한 윤리적 쟁점' 내 '기후' 관련 소단원을 포함한 모든 소단원을 제시하면 〈표 2〉과 같다.

<표 2> 교과서별 '환경문제에 대한 윤리적 쟁점'의 소단원

| 분석대상 | | | 분석범위 |
|---|---|---|---|
| 교과서 | 출판사 | '(2) 환경문제에 대한 윤리적 쟁점' 내 소단원 | 기후관련 쪽 |
| ㉮ | 금성출판사 | • 현대 환경 문제의 유형과 특징<br>• 기후변화의 윤리적 문제<br>• 미래 세대에 대한 책임과 환경 문제<br>• 환경적으로 건전하고 지속 가능한 발전 | 142 |
| ㉯ | 미래엔 | • 기후 정의 문제<br>• 미래 세대에 대한 책임 문제와 책임 윤리<br>• 생태 지속 가능성 문제 | 139-140 |
| ㉰ | 비상교육 | • 환경 문제의 원인과 특징<br>• 기후변화의 윤리적 문제<br>• 미래 세대에 대한 책임<br>• 성장과 보존의 딜레마와 지속 가능한 발전 | 145 |
| ㉱ | 지학사 | • 기후변화에 따른 윤리적 문제<br>• 자연과 미래 세대에 대한 현세대의 책임<br>• 환경적으로 건전하고 지속 가능한 발전 | 139 |
| ㉲ | 천재교과서 | • 환경 문제와 기후변화<br>　-현대 환경 문제의 특징, 기후변화와 기후 정의 문제<br>• 미래 세대에 대한 책임과 생태적 지속 가능성<br>　-미래 세대에 대한 책임, 생태적 지속 가능성 | 144-145 |

## 2) 분석방법 및 기준

『생활과 윤리』교과서는 크게 텍스트로 서술된 부분과 삽화, 사진, 표 등의 시각자료, 사례, 상황, 시사에 대한 글, 학생 활동 등 자료가 제시된 부분으로 구성되어 있다. 따라서 교과서를 온전하게 분석하기 위해서는 서술 내용과 자료를 모두 살펴볼 필요가 있다. 이에 본 연구는 서술 부분의 경우 문장을 단위로 삼아 내용요소를 분석하고, 자료의 경우 주제 및 내용요소, 사진, 글, 삽화 등 자료의 형태, 그리고 정보 제공, 토론, 이유추론 등 목적으로 구분하여 분석하였다.

  서술내용의 분석을 위해 본 연구는 Ⅱ장에서 선행연구를 통해 얻어진 기후변화 교육의 내용인 기후변화의 의미와 특성, 영향, 원인, 대응이라는 4가지 내용으로 구성된 기준을 마련하였다. 그리고 구체적 내용분류를 위해 12개의 하위 내용요소를 마련하였다. 자료의 분석을 위해서는 자료의 형태, 목적, 내용으로 구분하여 기준을 마련하였다. 이중 자료의 내용은 서술내용의 분석 기준을 활용하였다. 이를 정리한 분석 기준은 〈표 3〉과 같다.

<표 3> 기후변화 교육내용의 분석 기준

| 분류 | 내용영역 | 내용요소 | 분류 |
|---|---|---|---|
| 서술 내용 | A. 기후변화의 의미와 특성 | 1) 기후변화의 의미 | A1 |
| | | 2) 지역과 세계의 상호연관성 | A2 |
| | | 3) 국제적 협력의 필요성 | A3 |
| | B. 기후변화의 영향 | 1) 해수면 상승, 해빙, 생태계 변화 등 환경에 미치는 영향 | B1 |
| | | 2) 인간의 삶과 활동에 미치는 영향 | B2 |
| | C. 기후변화의 원인 | 1) 온실가스와 온실효과, 지구온난화 | C1 |
| | | 2) 자연적 원인 | C2 |
| | | 3) 인위적 원인 | C3 |
| | D. 기후변화의 대응 | 1) 개인적 차원의 대응 | D1 |
| | | 2) 지역사회, 기업 차원의 대응 | D2 |
| | | 3) 국가적 차원의 대응 | D3 |
| | | 4) 국제적 차원의 대응 | D4 |
| 제시 자료 | 형태 | 제시된 자료의 형태 | 글, 삽화, 사진, 표, 그래프 등 |
| | 목적 | 학습 활동의 종류 | 정보제공, 토론, 이유추론, 상상 등 |
| | 내용 | 주제 및 내용요소 | A1~D4 |

## ❹ 분석 결과

### 1) 기후변화의 의미와 특성

『생활과 윤리』교과서에서 기후변화의 의미, 기후변화에 있어 지역과 세계의 상호연관성, 국제적 협력의 필요성 등 기후변화의 의미와 특성과 관련되는 내용은 다른 내용요소에 비해 비중이 높았다. 서술내용에서 이와 관련한 구체적인 내용요소는 〈표 4〉와 같다.

<표 4> 서술내용 중 기후변화의 의미와 특성 관련 내용

| 교과서 | 내용 | 분류 |
|---|---|---|
| ㉮ | • 기후변화의 심각성이 대두되며 해결 위한 국제적 노력 시작 | A3 |
| ㉯ | • 기후 정의는 기후변화에 따른 불평등을 해소하여 실현되는 정의 | A2 |
| | • 개발도상국은 온실가스 배출량이 선진국보다 적지만 피해가 더 크게 발생 | A2 |
| | • 기후 정의는 기후변화에 따른 불평등 상황의 정의로운 해결 방안 모색을 위해 등장 | A2 |
| | • 기후변화에 직접적 영향을 미치는 온실가스의 75%는 선진국에서 배출되지만 자연재해는 개발도상국에서 발생 | A2 |
| ㉰ | • 기후변화의 다양한 문제를 국제적 차원에서 해결해야 | A3 |
| | • 기후 정의 역시 기후변화와 관련한 주요 문제, 기후변화의 피해는 상대적 영향을 덜 끼친 개발도상국, 경제적 약자에게 더 크게 나타남 | A2 |
| | • 기후 정의 실현을 위해 기후변화로 고통받는 나라에 지원을 확대, 사회취약 계층이 받는 기후변화 영향 최소화 위한 국제적 노력 필요 | A3 |
| ㉱ | • 기후변화는 환경문제의 전 지구적 성격을 드러냄 | A2 |
| | • 기후변화는 기후가 평균 수준을 벗어난 것 | A1 |
| ㉲ | • 기후변화란 자연적 요인 또는 인간 활동 결과로 장기적으로 기후가 변하는 현상, 그중 대표적인 것이 지구온난화 | A1 |
| | • 기후변화 문제와 관련하여 기후 정의 논쟁, 기후변화의 책임이 선진국에 있음에도 불구하고 피해는 사회적 약자들이 입는 경우가 많아 불공평 | A2 |
| | • 선진국이 개발도상국과 후진국에 경제 성장 속도를 늦추라고 요구하는 것 부당 | A2 |
| | • 지구온난화 대응 위해 국제적 협력 필요 인식 | A3 |

기후변화의 의미와 특성에 관련한 내용은 모든 교과서에서 언급되고 있었으나 교과서에 따라 내용요소의 종류와 분량은 다소 차이가 있었다. 특히 ㉠, ㉣에서 서술의 분량은 다른 교과서에 비해 확연하게 적었다. '기후변화는 기후가 평균 수준을 벗어난 것', '기후변화란 자연적 요인 또는 인간 활동 결과로 장기적으로 기후가 변하는 현상, 그중 대표적인 것이 지구온난화' 등 기후변화의 의미에 대한 언급은 ㉡, ㉢에서만 나타났다. '기후변화는 환경문제의 전 지구적 성격을 드러냄', '기후변화 문제와 관련하여 기후 정의 논쟁, 기후변화의 책임이 선진국에 있음에도 불구하고 피해는 사회적 약자들이 입는 경우가 많아 불공평' 등 기후변화 문제가 특정 지역에 국한된 문제가 아니라 그로 인한 영향이 타 지역에서 나타난다는 상호연관성에 관련되는 서술은 ㉠를 제외하고 모두 나타났다. 이와 같이 지역과 세계의 상호연관성은 기후변화의 의미와 특성 관련 내용요소 중 비중이 가장 높았다. 마지막으로 '기후변화의 심각성이 대두되며 해결 위한 국제적 노력 시작' 등 기후변화 문제 해결을 위한 국제적 협력 필요성에 관한 내용은 ㉡, ㉣를 제외하고 ㉠, ㉢, ㉢에서 언급되고 있었다.

기후변화의 의미와 특성 관련 서술내용에서 기후변화의 의미보다는 지역과 세계의 상호연관성과 국제적 협력의 필요성 관련 내용이 많은 것은 고등학생이라면 기후변화라는 단어에서 그 의미를 쉽게 유추할 수 있고 초중학교 교육을 통해 이미 학습한 이해수준에서 논의를 진행해도 충분하다고 판단했기 때문으로 보인다. 또한 『생활과 윤리』 교육과정에서 학습요소는 '기후변화'가 아닌 '기후 정의 문제'이므로 이에 초점을 두기 때문인 것으로도 생각된다. ㉡, ㉣는 직접 국제적 협력 필요성을 언급하고 있지 않지만 개발도상국이 선진국보다 온실가스를 더 적게 배출하지만 이로 인한 피해를 더 크게 겪고 있으며, 기후변화는 환경문제의 전 지구적 성격을 드러낸다는 서술을 통해 국제적 차원의 대응이 필요함을 유추할 수 있게 했다. 제시된 자료에서 기후변화의 의미와 특성 관련 내용은 다음과 같다.

<표 5> 제시자료 중 기후변화의 이해 및 특성 관련 내용

| 교과서 | 제시자료 | | | 분류 |
| --- | --- | --- | --- | --- |
| | 종류 | 목적 | 제목 및 내용 | |
| ㉮ | 삽화(남녀) + 대화 | 윤리적 관점에서 정당화하기 | • 온실가스 감축에 대한 국가(개발도상국, 선진국) 간의 이해관계 대립 | A2 |
| | | | • 국가 간 의견 조율과 협력이 어려운 이유, 해결을 위한 자세에 대해 토론 | A3 |
| ㉯ | 사진2컷 +글 | 이유추론 | • 사진(1997년 일본 교토 총회) | A3 |
| | | | • 사진(2015년 프랑스 파리) | A3 |
| | | | • 기후 문제 해결 위해 각국 정상이 모인 이유 추론 | A3 |
| | 글(각주) | 정보제공 | • 기후변화(의미) | A1 |
| | 글+삽화 (환경 난민의 모습) | 이유추론 | • 해수면 상승으로 방글라데시 섬들의 65%가 잠식, 삶의 터전을 잃은 농민이 도시로 유입, 빈민이 되고 사회적 갈등과 범죄 증가. 선진국은 기후변화의 원인인 온실가스를 대량 배출, 방글라데시는 이에 18분의 1에도 못 미치는 수준. | (B1,B2) |
| | | | • 해수면 상승의 주요 원인 추론 | A2 |
| ㉰ | 사진 3컷 +글 | 이유추론, 토론 | • 빙하가 녹아 서식지가 줄어든 북극곰 | (B1) |
| | | | • 사막화로 바닥을 드러낸 아랄 해 | (B1) |
| | | | • 해수면 상승으로 국토가 줄어든 투발루 | (B1) |
| | | | • 원인 써보기, 기후변화가 환경 문제이며 윤리 문제인 이유 토론 | A2 |
| ㉱ | 3컷 삽화 +글 | 추론 | • 타국의 온실가스 배출에 따른 해수면 상승으로 삶의 터전을 잃은 투발루 섬 주민의 고통과 그 이유 | (B1,B2) |
| | | | • 현대 환경문제의 특징에 대해 추론 | A2 |
| | 글 | 윤리적 관점에서 정당화하기 | • 정의의 관점에서 살펴본 기후변화 문제(피해가 특정 국가 계층에게 집중된다면 자연현상이 아닌 사회구조적 문제, 발생 책임이 거의 없는 국가들이 위험에 노출되는 기후 불평등을 야기하므로 정의의 문제) | A2 |
| | | | • 기후 정의가 논의되는 이유 생각해보기 | A2 |

자료 역시 기후변화의 의미보다는 지역과 세계의 상호 연관성과 국제적 협력의 필요성 관련 내용의 비중이 높았다. 특징적인 점은 이유에 대한 추론이나 해결 방안의 토론을 통해 지역과 세계의 상호연관성과 국제적 협력의 필요성을 정당화하는 활동을 5종 교과서 모두가 제시하고 있다는 점이다. 또한 기후변화가 환경과 인간의 삶에 미치는 영향과 관련한 삽화나 사진, 실제 사례를 제시하며(B1,B2에 해당함) 학생들의 문제의식을 적극적으로 동기화하고 있다는 점도 특징적이었다.

종합하면『생활과 윤리』교과서에서 기후변화의 의미와 특성 관련 내용은 서술과 자료 모두에서 지역과 세계의 상호연관성과 국제적 협력의 필요성에 초점을 두고 있었다.

### 2) 기후변화의 영향

기후변화의 영향 관련 내용은 모든 교과서에서 환경과 인간에게 미치는 영향이 서술과 자료 모두에서 고르게 제시되고 있었다. 서술내용에서 이와 관련한 구체적 내용요소는 〈표 6〉과 같다.

〈표 6〉 서술내용 중 기후변화의 영향 관련 내용

| 교과서 | 내용 | 분류 |
|---|---|---|
| ㉮ | • 자연재해, 물 부족, 질병 증가, 작물생산 감소, 해수면 상승 등의 문제 야기 | B1, B2 |
| ㉯ | • 환경문제에 대한 윤리적 쟁점으로 기후정의, 미래세대에 대한 책임, 생태지속 가능성 등이 있음 | B2 |
| ㉰ | • 자연재해, 생태계 교란, 새로운 질병 유행<br>• 식량난, 해수면 상승으로 저지대 거주 사람들의 터전 상실 | B1<br>B2 |
| ㉱ | • 급격한 기후변화로 홍수, 가뭄, 물 부족, 수질 악화, 열대 질병 확산, 해빙, 생태계 파괴<br>• 식량난, 사막화, 해수면 상승으로 환경난민 증가의 원인<br>• 기후변화 문제 해소 위해 그에 따른 윤리적 문제의 심각성을 깨닫고 다양한 관점에서 접근해야 | B1<br>B2<br>B2 |

| | | |
|---|---|---|
| ㉮ | • 지구 온난화는 해빙, 해수면 상승, 이상기후, 사막화 등 야기, 지구 생태계 파괴 | B1 |
| | • 질병, 곡물 수확량 감소로 인류생존 위협 | B2 |

기후변화의 영향 관련 내용요소는 홍수, 가뭄 등의 이상기후 현상과 사막화, 물 부족, 질병 확산, 해수면 상승과 이로 인한 환경 난민 증가 등으로 대부분 동일했다. ㉯는 기후변화가 환경이나 인간의 삶에 미치는 영향을 직접 서술하지 않고 환경문제에 따른 윤리적 쟁점 중 하나로 기후 정의를 소개하며 기후변화에 따른 다양한 영향 중 윤리적 문제에 초점을 맞추고 있었다.

제시된 자료에서 기후변화 영향 관련 내용은 〈표 7〉과 같다.

<표 7> 제시자료 중 기후변화의 영향 관련 내용

| 교과서 | 제시자료 | | | |
|---|---|---|---|---|
| | 종류 | 목적 | 제목 및 내용 | 분류 |
| ㉮ | 그래프 | 정보제공 | • 지구(지표 및 해수)온도 변화(1880~2014) | B1 |
| | 삽화(지구 온도계)+글 | 정보제공 | • 지구온난화의 영향: 1도~5도 상승 시 생태계와 인간에 대한 피해 | B1,B2 |
| ㉯ | 글(각주) | 정보제공 | • 기후변화: 환경과 인간의 삶에 미치는 영향 | B1,B2 |
| ㉰ | 사진+글 | 정보제공 | • 2014년 1월 북미 지역의 기록적 한파 | B2 |
| | 사진+글 | 정보제공 | • 2015년 3월 칠레 폭우 | B2 |
| | 사진+글 | 정보제공 | • 2016년 3월 엘니뇨에 따른 가뭄으로 메콩강 유역의 쌀 생산국의 논이 말라붙음 | B2 |
| ㉱ | 사진 | 정보제공 | • 성 베드로 성당에 투영된 멸종 위기 동물 | B1 |
| ㉲ | 삽화(지구 온도계)+글 | 정보제공 | • 지구 온난화가 미치는 영향: 1-4도 상승 시 피해 설명 | B1, B2 |

자료들은 대부분 사진이나 그래프 등 기후변화가 환경과 인간의 삶에 미치는 영향을 한눈에 쉽게 확인할 수 있는 형태로 제시되어 있었다. 특히, 온도 상승에 따른 피해를 지구온도계로 제시한 인포그래픽도 있었다. 이들

자료는 모두 토론, 추론 등의 2차적 사고활동보다는 정보제공을 목적으로 제시되고 있었다.

### 3) 기후변화의 원인

기후변화를 일으키는 온실효과 및 지구온난화, 자연적, 인위적 원인과 관련되는 서술내용은 『생활과 윤리』 교과서에서 분량이 가장 적었다. 서술 내용에서 기후변화의 원인 관련 내용요소는 <표 8>와 같다.

<표 8> 서술내용 중 기후변화의 원인 관련 내용

| 교과서 | 내용 | 분류 |
| --- | --- | --- |
| ㉮ | • 기후변화는 대기 중 온실가스 농도증가로 지구 온난화되면서 발생 | C1 |
| ㉯ | • 지구 온난화가 급격한 기후변화를 일으킴 | C1 |
| ㉰ | • 기후변화는 산업화 도시화로 공해물질, 온실가스 배출 증가로 발생 | C3 |
| ㉱ | • 지구 온난화는 대기 중 온실가스의 작용으로 지구 표면의 기온이 상승하는 것<br>• 온실가스는 자연 상태에서도 존재하지만 오늘날 화석연료 사용 증가와 산림 파괴 등으로 온실가스 농도가 급증하면서 지구 온난화 심화 | C1<br><br>C2,<br>C3 |

기후변화는 온실가스 발생으로 인한 지구온난화, 자연적 요인, 급속한 산업화와 인구증가에 따른 인위적 요인 등 다양한 원인에 따라 발생한다. 그러나 ㉱를 제외하고는 모든 교과서가 이와 같은 요인들을 충분하게 다루고 있지 않았다. 또한 대부분 지구온난화의 현상을 언급하고 있었으나 그 원인에 대해서는 명확하게 서술하고 있지 않았다.

한편, ㉯는 기후변화의 원인을 직접적으로 서술하지는 않았지만 기후변화의 요인, 영향, 정부와 국제사회의 대책 등 다양한 정보를 찾아볼 수 있는 기후변화홍보를 위한 인터넷 사이트의 정보를 제공하며 추가적이고 후속적 학습을 안내해주고 있었다.

### 4) 기후변화의 대응

　기후변화에 대한 개인적, 지역사회, 기업 및 국가적, 국제적 차원의 대응과 관련되는 내용은 기후변화의 의미와 특성과 함께 모든『생활과 윤리』교과서에서 상대적으로 분량이 많았다. 서술내용에서 이와 관련한 구체적인 내용은 〈표 9〉와 같다.

〈표 9〉 서술내용 중 기후변화의 대응 관련 내용

| 교과서 | 내용 | 분류 |
|---|---|---|
| ㉮ | • 1992년 기후협약, 2005년 교토 의정서 발효 | D4 |
| | • 교토 의정서에 따른 탄소 배출권 거래제 | D4 |
| | • 탄소 배출권 거래제에 관한 논란과 비판 | D4 |
| | • 2015년 파리협정과 의미 | D4 |
| ㉯ | • 선진국이 피해국에 적극적 지원과 보상 | D4 |
| | • 선진국은 개발도상국에 대한 책임있는 자세 | D4 |
| | • 각국은 온실가스 배출량 줄이기 위해 노력해야 | D3 |
| | • 개발도상국도 생태친화적 산업구조로 바꾸어 온실가스 배출량을 줄여야 | D3 |
| | • 각국은 탄소배출권 거래 제도를 통해 온실가스 배출 감축량 의무를 성실하게 이행해야 | D3 |
| ㉰ | • 교토 의정서는 온실가스 감축 위해 탄소배출 거래제 도입 | D4 |
| | • 선진국은 녹색 기후 기금을 설립, 파리 기후 협약에서는 개발도상국에 기금을 집중 지원하기로 함 | D4 |
| | • 국제적 상호 협력은 시 선진국과 개발도상국 간 기후변화에 대한 책임문제, 협약 이행에 따른 국제 보상 문제, 분배정의 문제 등이 복잡하게 얽힘 | D4 |
| | • 기후변화 문제는 인류의 생존을 위협하는 만큼 이해타산적 편협한 사고에서 벗어나 전 지구적 차원의 적극 대응 필요 | D4 |
| ㉱ | • 개인적 차원에서는 쓰레기 각종 공해 물질 발생하지 않도록 | D1 |
| | • 국가적 차원에서는 무분별한 벌목 금지, 온실가스 배출 감소 환경 친화적 정책 | D3 |
| | • 국제적 차원에서는 교토의정서, 파리 기후 협약 등 협력 지속, 전지구적 상생 대응 방안 모색해야 | D4 |
| ㉲ | • 교토의정서는 선진국에 온실가스 배출 감축량 설정, 탄소 배출권을 거래할 수 있도록 | D4 |
| | • 최근 파리협약이 체결되어 탄소 배출 감축 의무가 개발도상국까지 확대 적용됨 | D4 |

㉺를 제외하고 기후협약, 교토 의정서에 따른 탄소 배출권 거래제, 파리 협정과 같은 국제적 차원의 협약이나 선진국의 책임있는 자세와 지원 보상 등 특히 선진 국가만의 책임이 부각되어 서술되고 있었다. ㉯, ㉻는 온실 배출량 감소, 친환경 정책 마련 등 개별국가 차원의 대응방안을 서술하였다. 반면, 개인적 차원의 대응은 ㉺에서 공해물질 발생을 자제하는 노력만이 서술되어 있었다. 반면, 지역이나 시민사회, 기업 차원의 대응 방안을 서술하고 있는 교과서는 보이지 않아 다각적 측면에서 대응방안 모색하는 데 한계가 있음을 보여주었다.

제시된 자료에서 이와 관련한 내용은 〈표 10〉과 같다.

<표 10> 제시자료 중 기후변화의 대응 관련 내용

| 교과서 | 제시자료 | | | |
|---|---|---|---|---|
| | 종류 | 목적 | 제목 및 내용 | 분류 |
| ㉮ | 글 | 정보제공 | • 파리 협정 | D3,D4 |
| ㉯ | 글(각주) | 정보제공 | • 탄소배출권 거래 제도: 설명 | D4 |
| | 글+표 | 정보제공 | • 파리협정: 파리협정에 대한 이해, 주요 내용을 표로 제시 | D4 |
| ㉰ | 글(각주) | 정보제공 | • 탄소배출권거래 제도: 설명 및 문제점 | D4 |
| | 표 | 정보제공 | • 기후변화협약(교토의정서, 파리기후협약) | D4 |
| ㉱ | 글(각주) | 정보제공 | • 교토의정서(1997) | D4 |
| | 글(각주) | 정보제공 | • 파리 기후 협약(2015) | D4 |
| ㉲ | 글(각주) | 정보제공 | • 탄소배출권 거래제: 설명, 장점 및 우려 | D4 |

자료 역시 주로 국제적 차원에서의 대응 방안이 중점적으로 제시되고 있었다. 파리협정, 교토 의정서 등의 기후변화 협약과 탄소배출권 거래제 등 이제까지의 국제적 차원의 협약과 제도를 구체적으로 설명하고 있었다. 특징적인 것은 이들 협약을 소개할 때, 장점뿐만 아니라 한계를 지적하며 보다 바람직한 방안을 모색하도록 장려하고 있었다. 하지만 서술내용과 마찬

가지로 개별 국가적 차원의 노력보다는 국제적 협력에 초점을 두고 있었으며, 개인적 차원이나 기업, 시민사회 및 지역사회 차원의 대응방안을 제시하는 데 있어서는 미흡함을 보여주었다.

### 5 종합 및 제언

본 연구는 기후변화 교육에 관한 선행연구의 결과를 기반으로 기후변화의 이해 및 특성, 영향, 원인, 대응으로 구성된 분석 기준을 마련해 고등학교 일반선택 과목인 『생활과 윤리』 교과서 5종을 분석하고 다음과 같은 결과를 얻을 수 있었다.

첫째, 기후변화의 이해 및 특성과 관련되는 내용은 모든 교과서에서 다루어졌다. 그러나 기후변화의 의미보다는 지역과 세계의 상호연관성과 이에 따른 국제적 협력의 필요성 등의 특성에 초점을 둔 내용이 많았다. 이와 같은 특성은 사진, 삽화 등의 시각자료나 실제 사례에 대한 이유추론이나 토론을 통해 학생들이 직접 생각해보도록 구성되어 있었다. 둘째, 기후변화가 환경과 인간의 삶에 미치는 영향에 관련한 내용은 모든 교과서에서 고르게 다루어지고 있었다. 특히, 그래프, 사진, 인포그래픽 등 시각자료 형태로 제시되어 많은 정보를 압축적이면서도 충실하게 제공해주고 있었다. 셋째, 기후변화의 원인과 관련되는 내용은 기후변화의 다른 내용요소에 비해 분량이 적었다. 또한 주로 지구온난화가 중점적으로 다루어지며 기후변화를 발생시키는 자연적, 인위적 요인에 대한 충분한 정보를 제공해주지는 못하고 있었다. 넷째, 기후변화의 대응 관련 내용은 개인적, 지역·시민사회 및 기업, 국가적 차원보다는 기후협약이나 탄소 배출권 거래

제 등 국제적 차원의 대응이 부각되고 있었다.

이와 같은 분석결과에 기반을 두고 『생활과 윤리』교과서의 기후변화 교육내용에 관해 다음을 제언하고자 한다.

첫째, 다른 내용요소에 비해 상대적으로 부족한 기후변화의 원인 관련 내용의 경우, 다양한 시각자료와 관련 사이트 안내를 통해 객관적이고 압축적인 정보를 제공하여 기후변화에 관한 총체적 이해를 도모한다. 생활과 윤리 과목은 "현대 사회에서 일어나는 다양한 윤리적 문제와 쟁점을 윤리적 관점에서 이해하고 합리적으로 해결할 수 있는 도덕적 탐구와 윤리적 성찰 및 실천능력을 기르기 위한"(교육부, 2015, 87) 성격을 가진다. 2015 개정 교육과정에서는 기후변화, 그 자체를 내용으로 명시하고 있지 않지만 기후 정의를 내용요소로 하며 기후변화가 인간에게 미치는 영향과 이로 인한 문제의 해결방안에 초점을 두고 있다. 이와 같은 접근은 생활과 윤리 과목의 성격과 방향성에 부합하며 관련 교과에 따라 기후변화 교육내용을 부분적으로 반영하도록 한 교육부의 지침과도 일치한다(교육과학기술부, 2011, 김순식, 이상균, 2020, 227에서 재인용). 그렇지만 기후변화의 문제는 현상과 원인, 영향, 해결방안이 복잡하게 얽혀있는 문제이다. 따라서 기후변화의 직접적인 책임을 가지는 인간의 활동에 대한 객관적 사실을 정확하게 이해하고 총체적으로 파악하지 못한다면 자칫 인간의 책임 문제를 진지하게 다룰 수 없게 될 수 우려가 있다. 이에 관해 이수아 외(2014, 155)는 에너지 관련 교육내용을 분석하며 도덕과 교육과정에서 인간이 나무를 베어서 숲이 사라지면, 가뭄이 들거나 사막화가 진행된다고 서술하고 있어 사막화의 원인을 다각도로 보지 못하게 할 수 있음을 지적하였다. 이어서 도덕 교과서에는 과학적 내용이 포함된 문장을 막연하거나 간략하게 언급하여 학생들이 정확한 사실 관계를 파악하지 못하고 내용을 잘못 받아들일 가능성이 많다고 지적하였다. 이러한 지적은 객관적 사실에 대한 정확하고 적절한 정보제공의 중요성을 강조하고 있다. 교과에 따라 인지, 정의, 기능적 측면에 대한 방점을 다르게 둘 필요가 있지만 사실에 대한 객관적 이해는 가치관과 실천을 위한 태도 형성에 영향을 미칠 수 있다는 점에서 도덕과 교육에서 역시 정확한 정보 제공이 동반되어야 할 것이다. 앞서 살펴본 바처럼 기후변화는 인위적 요인뿐만 아니라 자연적 요인에 의해서도 발생한다. 그러나 온난화의 자연적 발생 요인에 초점을 둘 경우 자칫 인간에게 책임을 묻는 일이 힘들어질 수 있으며 그에 따른 해결방안 역시 달라질 수밖에 없다. 또한 기후변화 발생에 있어 자연적 요인을 부각하는 주장에 논리적으로 반박하기 위해서는 기후변화의 원인에 대한 신뢰할 만한 정보와 판단의 기회가 주어져야 한다. 따라서 최근의 온난화가 산업화, 인구 증가, 무분별한 벌목 등 인위적 원인에 따라 더욱 가속화되고 있음을 학생 스스로 판단해볼 수 있는 기회가 제공되어야 할 것이다. 이에 본 연구는 생활과 윤리 과목의 특성과 교과서 분량의 제한, 타 교과 내용과의 중복 등 다양한 측면을 고려하여 기후변화의 원인에 관한 신뢰할만한 내용을 글이 아닌 그래프, 그림, 인포그래픽 등 다양한 시각적 자료로 압축적으로 제시하는 방안을 제안하고자 한다. 덧붙여 ⓓ와 같이 기후변화의 요인 등에 관해 신뢰할 수 있는 자료를 학생 스스로 찾아볼 수 있는 사이트를 소개하며 추가적인 학습과 지속적인 관심을 촉진하고 총체적 이해에 기반하여 문제해결 방안 모색과 실천의 계기를 마련할 것을 제안한다.

둘째, 기후변화와 지구온난화의 개념을 명확하게 구분하여 제시한다. 앞서 살펴보았듯이 지구온난화는 지구 대기에 열을 가두어 지구의 표면 온도가 상승되는 것만을 가리키는 데 비해, 기후변화는 지구 온도의 증가에 따른 해수면 상승, 이상 기후 등의 이른바 부작용을 모두 포함한다. 따라서 기후변화에 따른 모든 영향을 포함해 교육하기 위해서는 지구온난화보다 기후변화로 지칭하는 것이 적절하다. ㉻의 경우 "기후변화란 자연적 요인 또는 인간 활동 결과로 장기적으로 기후가 변하는 현상으로, 그중 대표적인 것이 지구 온난화이다."라고 서술하고 있어 기후변화의 의미를 올바로 이해하지 못할 수 있다. 물론 이전 학교급이나 타과목에서 지구온난화나 기후변화의 의미를 학습하였지만, 예측하기 힘든 기후변화의 영향에 대한 비판적이고 창의적 대응방안을 모색하고 의사결정하는 능력을 신장하기 위해서는 개념에 대한 명확한 지식이 계속적으로 제공되어야 할 것이다. 따라서 두 용어의 개념은 좀 더 명확하게 구분되어 서술되어야 할 것이다.

셋째, 국제적 협력과 국가적 노력만이 아니라 개인적 차원의 실천 방안을 모색할 기회를 제공한다. 기후변화와 같이 특정지역을 넘어서 인류전체가 직면한 환경문제는 그 발생, 전이(displacement), 그리고 해결(과정)이 지구적인 자본주의 경제체계와 국가 간 체계와 얽혀있고, 또한 동시에 시민들의 일상적인 삶과도 긴밀하게 연결되어 있다. 이는 환경문제의 해결이 개별 시민의 일상생활에서의 변화나 소규모 공동체 자체의 변화만으로 불가능하고 지구적인 수준의 정치, 사회, 경제 제도와 같은 사회구조적인 변화를 필요로 함을 의미한다. 그러나 사회구조적인 변화는 사회구조적인 변화를 추동하는 행위자임과 동시에 사회구조적인 변화로 영향을 받는 새로운 주체가 존재하지 않는다면 지속될 수 없다. 따라서 자신의 일상생활을 변화시키면서 동시에 사회구조적인 변화를 추동하고 실현하는 주체가 중요질 수밖에 없다(박순열, 2010, 168). 마치 스웨덴 소녀 툰베리의 노력과 같이 공적 영역뿐만 아니라 사적 영역에서 개인의 자발적이고 적극적인 실천이 요구되는 것이다. 더욱이 윤리적 관점에서 문제를 이해하고 해결방안을 탐색하는 데 그치지 않고 행동으로 실천하는 동기와 품성을 기르기 위해서는 개인적 차원에서뿐만 아니라 지역사회 및 시민단체를 통한 탄소배출 감소 활동 등의 실천적 활동 방안 모색을 위한 교육내용이 반드시 필요하다.

넷째, 기후변화 교육의 내용요소를 고려하며 서술과 자료의 내용요소를 다양하게 구성하고 표현한다. 기후변화 교육의 내용요소 중 일부는 서술과 자료에서 중복되어 나타나며 편중되는 모습을 보여주었다. 때문에 기후변화의 원인과 관련하는 내용은 다른 내용요소에 비해 빈약하게 제시되었다. 물론 교육과정의 내용요소와 교과서의 한정된 지면, 타교과 내용과의 중복 등을 고려할 때 기후변화 교육의 모든 교육내용과 방대한 정보들을 모두 교과서에 담아내는 것은 불가능하다. 이에 본 연구는 대량의 정보를 압축적이면서도 이해하기 쉽고 효과적으로 전달하는 사진, 그래프, 다이어그램, 애니메이션 등의 시각자료를 적절하게 활용하는 방안을 제안한다. 오늘날 학생들은 대량의 정보를 접하고 있는데 이러한 정보를 글보다는 사진, 애니메이션, 동영상 등 시각자료 형태로 즉각적으로 수용하고 있다. ㈔의 해수면 상승으로 삶의 터전을 잃은 방글라데시의 사례에 대한 삽화나 ㈐의 해빙으로 서식지를 잃은 북극곰 사진 등은 기후변화의 의미와 특성을 빠르게 이해하고 문제의식을 불러일으키는 데도 도움이 된다. 또한 ㈎, ㈐의 지구 온도계를 활용한 인포그래픽은 기후변화의 영향을 쉽고 압축적으로 보여주고 있다. ㈐의 탄소 배출권 거래 제도나 파리 협정에 대한 표 역시 서술내용의 이해를 돕는다. 이처럼 다양한 자료 제시방식은 서술내용의 이해, 비판적·추론적 사고 촉진, 문제의식 유발 등 인지적·정의적 보조수단이 될 수 있다. 따라서 교과서 개발 시 내용요소를 면밀하게 분석하여 서술내용뿐만 아니라 제시자료의 내용요소와 표현방식 역시 진지하게 고려해야 할 것이다.

다섯째, 자료를 제시할 때에는 그 목적을 분명히 밝힌다. 가령 ㈔는 아무런 내용설명 없이 나무로 둘러쌓인 지구로 추정되는 구형 위에 지구가 눈사람처럼 쌓여있는 삽화를 제시하였다. 그리고 ㉻는 이상기후 현상과 관련되는 사진과 설명만을 나란히 나열하였다. 물론 제목이나 내용을 명시하지 않은 자료는 학생들의 상상력을 자극하는 장점을 가질 수 있다. 그러나 교과서 지면의 제약을 고려한다면 메시지를 분명하게 전달하는 일에 보다 초점을 두어야 할 필요가 있다. 따라서 전달하고자 하는 메시지를 명시하고 설명이 아닌 발문을 통해 자료의 의미를 분명하게 전달하고 자료의 효과를 극대화하는 방안을 마련해야 할 것이다.

## 6 결론

기후변화가 생태계와 환경뿐만 아니라 인간의 삶에 미치는 영향이 커지면서 기후변화교육의 중요성은 더욱 커지고 있다. 본 연구는 현대생활 속에서 다양한 문제에 대한 도덕적 해결 방안의 모색을 교과의 목표로 삼고 있는 생활과 윤리 과목에서 기후변화 교육의 현황을 살펴보기 위해 5종 교과서의 내용을 분석하였다.

분량의 차이는 있지만 『생활과 윤리』 교과서는 기후변화의 의미와 특성, 영향, 대응 등 기후변화 교육이 포함해야 하는 내용요소를 모두포함하고 있다는 점에서 긍정적이었다. 비록 기후변화라는 내용을 교육과정에 뒤늦게 반영하였지만 기후변화에서 정의의 쟁점을 부각하여 기후 정의의 문제를 다루며 타교과와 차별되는 기후변화 교육을 시도하고 있었다. 이처럼 기후변화와 관련한 '정의'의 문제는 타교과 교육을 통해서는 심도 있게 논의될 수 없는 차별된 내용요소로 도덕과 교육을 통한 기후변화 교육의 새로운 가능성을 보여주었다.

　그러나 기후정의의 관점에서 기후변화 문제를 다루면서도 선진국과 개발도상국 간의 문제, 사회구조적 문제로 한정하여 접근함으로써 개인적·기업과 지역사회적 차원에서의 대응 방안을 모색하는 데 있어서는 미흡함을 보여주었다. 또한 기후변화의 원인을 다각적으로 살펴보는 기회를 제공해주지 못하였다. 개인은 국가의 정책과 사회구조적인 변화를 추동하고 실현하는 주체인 동시에 기후변화를 일으키는 주체이므로 자신의 일상생활을 변화시키면서 기후변화 문제에 대응할 수 있도록 개인, 기업, 지역사회의 각 차원에서의 실천 방안을 모색할 필요가 있다. 이때 기후변화 문제를 과학에 의해 해결할 수 있다는 과학만능주의의 논리에 현혹되어 기후변화의 문제 해결에 소극적 태도를 가지지 않기 위해서는 원인에 대한 정확한 이해가 필요하다. 따라서『생활과 윤리』교과서는 기후변화 교육의 내용요소를 면밀하게 검토하여 서술뿐만 아니라 삽화, 사진, 활동 등의 자료를 통해 각각의 내용요소를 두루 제시하고 기후변화 문제를 총체적으로 다루어야 할 것이다. 이를 위해 서술뿐만 아니라 자료를 적극적으로 활용하여 내용의 이해와 비판적·추론적 사고를 도우며 문제의식과 지속적인 관심을 유지시켜야 할 것이다.

　본 연구는 기후변화 교육의 내용요소를 구분하여 밝히고『생활과 윤리』교과서의 서술과 자료 전반에의 기후변화 교육의 내용요소를 분석하였다. 그리고 이에 기반하여 타교과와 차별되는 생활과 윤리 과목에서의 기여 방안을 제시하고 내실 있는 교육을 위한 교과서 구성의 과제를 부여하였다는 점에서 의미 있다.

## 참고 문헌

교육부(1992), 「고등학교 교육과정」, 교육부 고시 제1992-12호.
교육부(1997), 「도덕과 교육과정」, 교육부 고시 제1997-15호 [별책6].
교육인적자원부(2007), 「도덕과 교육과정」, 교육인적자원부 고시 제2007-79호 [별책6].
교육과학기술부(2009), 「도덕과 교육과정」, 교육과학기술부 고시 제2009-41호 [별책6].
교육과학기술부(2011), 「도덕과 교육과정」, 교육과학기술부 고시 제2011-361호 [별책6].
교육부(2015), 「도덕과 교육과정」, 교육부 고시 제2015-74호 [별책6].
김국현 외(2018), 「고등학교 생활과 윤리」, 서울: 비상교육.
김병찬, 이석희(2020), "2015 개정 초등 교과서에서 기후변화 및 에너지교육 내용 분석", 「에너지기후변화교육」 10권 3호, 에너지기후변화교육학회, 181-196.
김순식, 이상균(2020), "키워드 네트워크 분석을 활용한 기후변화 교육 관련 연구 동향 분석.", 「대한지구과학교육학회지」 13권 3호, 대한지구과학교육학회, 226-237.
노희정(2015), "기후변화 문제의 도덕교육적 함의", 「도덕윤리과교육」 48호, 한국도덕윤리과교육학회, 215-232.
박순열(2010), "생태시티즌십(ecological citizenship) 논의의 쟁점과 한국적 함의", 「환경사회학연구 ECO」 14권 1호, 한국환경사회학회, 167-194.
변순용 외(2018), 「고등학교 생활과 윤리」, 서울: 천재교과서.
신영준(2021), "기후변화교육 관련 연구 동향 분석- 에너지기후변화교육학회 학술지를 중심으로 -", 「에너지기후변화교육」 11권 1호, 에너지기후변화교육학회, 1-12.
신원섭(2019), "2015개정 초등 5~6학년군 교육과정과 연계한 에너지 동아리 프로그램 개발", 「에너지기후변화교육」 9권 2호, 에너지기후변화교육학회, 149-159.
신원섭, 전예름, 신동훈(2020), "2015 개정 초·중등 교육과정에서 기후변화교육내용 분석", 「에너지기후변화교육 10권 2호, 에너지기후변화교육학회, 121-129.
이나영, 이우균(2014), "2009 개정 교육과정 중학교 사회 교과서의 기후변화 교육 내용 분석", 「환경교육」 27권 4호, 한국환경교육학회, 475-485.
이수아(2014), "초등학교 5~6학년 대상 에너지 교육 프로그램 개발 - 통합 교육의 관점으로 -", 「에너지기후변화교육」 4권 2호, 에너지기후변화교육학회, 91-98.
이수아, 황현정, 장진아(2014), "2007 및 2009 개정 교육과정에 제시된 에너지 교육

내용 분석- 중학교 과학과, 사회과, 도덕과, 기술가정과를 중심으로 -", 「에너지기후변화교육」4권 2호, 에너지기후변화교육학회, 151-160.

이봉우, 조헌국(2020). "상세 서지분석을 이용한 기후변화 교육 관련 연구 동향 분석", 「에너지기후변화교육」10권 2호, 에너지기후변화교육학회, 99-109.

전영석(2014), "초등학교 교육과정 및 교과서에 제시된 에너지 교육 내용 분석: 2007 개정, 2009 개정 초등학교 과학과, 사회과, 도덕과, 실과 교육과정을 중심으로", 「에너지기후변화교육」4권 1호, 에너지기후변화교육학회, 23-34.

정창우 외(2018), 「고등학교 생활과 윤리」, 서울: 미래엔.

정탁준 외(2018), 「고등학교 생활과 윤리」, 서울: 지학사.

차우규 외(2018), 「고등학교 생활과 윤리」, 서울: 금성출판사.

차주영, 이희찬(2017), "기후변화에 대한 인식이 기후변화대응 수요에 미치는 영향", 「환경정책」25권 4호, 한국환경정책학회, 63-77.

2021 P4G 서울 정상회의 공식 홈페이지, https://2021p4g-seoulsummit.kr/about/list.do(검색일: 2021.07.04.).

대한민국정부(2020), 지속가능한 녹색사회 실현을 위한 대한민국 2050 탄소중립전략, https://www.gihoo.or.kr/netzero/download/LEDS_REPORT.pdf(검색일: 2021.07.06.).

서울선언문, https://www1.president.go.kr/articles/10433 (검색일: 2021.07.06.).

AGCI(Aspen Global Change Institute) https://www.agci.org/education/fundamentals)(검색일: 2021.07.09.).

NASA(The National Aeronautics and Space Administration) Global Climate Change, https://climate.nasa.gov/resources/global-warming-vs-climate-change/(검색일 07.09).

NOAA(National Oceanic and Atmospheric Administration), https://www.climate.gov/teaching/essential-principles-climate-literacy/essential-principles-climate-literacy(검색일: 2021.07.09.)

UNFCCC(2007.05.)(UNITED NATIONS FRAMEWORK CONVENTION ON CLIMATE CHANGE), https://unfccc.int/resource/docs/convkp/conveng.pdf(검색일: 2021.07.09.).

## » 찾아보기

**ㄱ**

가디너_154
가스 농도_212
가이아(Gaia) 이론_89
강수 유형_215
개발도상국_216
개체주의 실체관_77
고기 과민증_225
공감 대상_229
공감 수준_229
공통적이지만 차별적인 책임_164
과민증_235
관계적 정서_237
광대화해(廣大和諧, comprehensive harmony)_88
교토의정서_213
구현 비용_217
국제배출권 거래_213
국제협약_213
국지적_217
긍정 정서_238
기계론적 자연관_77, 86
기든스_160
기상유형_211
기일체론(氣一體論)_93
기초대사율_225
기화유행(氣化流行)_94

기화(氣化)_95
기후과학_156
기후변화_211, 246
기후변화위원회(IPCC: Intergovernmental Panel on Climate Change)_72
기후변화협약(UNFCCC)_246
기후 불평등(climate inequality)_76
기후위험평가_222
기후의 장기기억_215
기후 적응_234
기후 정당화_222

**ㄴ**

나바이즈_214, 237
내재적 가치_77, 100
노드하우스_175
노르아드레날린 재흡수 억제제_229

**ㄷ**

다유전적_226
다중시민성_170
단일 메트릭_217
대기 구성_215
대양 순환_215
도가_88
도구적 가치_77
도덕적 기능_237
도덕적 논거_229

도덕적 덕 능력_237
도덕적 민첩성_238
도덕적 추론_229
도제_237
돌봄 제공자_237
동물윤리교육_235
동체자비(同體慈悲)_93
두유명(杜維明)_91
등가물_217

ㄹ

롤스_171
롬보그_172

ㅁ

마음 수정 전략_239
만물과 나는 하나[萬物與我一體]_90
만물일체_90
만물제동(萬物齊同)_90
말라리아_216
맹그로브_218
머레이 북친(Murray Bookchin)_90
메탄 포집_220
무탄소 에너지원 사용_219
무한 우주관_83
묵자(墨子)_89
물 부족 심화_216
민물 생태계_212

ㅂ

바이오매스_219
바이오연료_219, 220
방동미(方東美)_88
배출 거래_212

보편 생명(universal life)_86
부정 정서_238
불교_89
불평등_216
불확실성_154
빙하 작용_215

ㅅ

사막화_216
사이클론_216
사전예방원칙_159
사회생태주의(Social Ecology)_90
사회적 쾌락_239
사회적 편향_239
사회적 할인율_173
산성화_212
상관관계_229
상호부조(mutual aid)_91
상호의존적 발생[緣起, dependant origination]_91
새고프_181
샌들_231
생기주의(生機主義)_86
생명 공동체_232
생생(生生)_85
생식_233
생의학적_214
생의학적 치료_230
생태계_232
생태교육_240
생태만물주의(生態萬物主義)_101
생태민주주의(ecodemocracy)_100

생태발자국_225, 226
생태생명주의(生態生命主義)_101
생태적 애착_239
생태적 애착 의식_237
생태친화주의_78, 99
『생활과 윤리』_249
선형적_225
성장 호르몬_226
세계보건기구_216
세로토닌_229
소마토스타틴_230
소마토트로핀 호르몬_226
소속감_237
숙의민주주의_183
순수시간선호율_176
슈레이더-프레쳇_158
스카보로우_180
스턴_174
시장 창출_221
시티즌십_169
식수 접근_211
신경 기질_229
신경생물학적_237
신경 시스템_229
신경윤리학_230
실제 적응_222
심층생태론자_90

ㅇ

아산화질소_216
약리학적 방법_231
에너지 방출 변동_215

에너지 절약_219
에피피실_226
역효과_231
연기송_92
연기(緣起)_93
연료 전환_219
열대 태평양_215
염기_232
오버호퍼_182
오염자 부담의 원리_165
옥시토신_229
온가치론_89
온난화_247
온라인 자원_238
'온생명'론_89
온실가스_72, 212, 216
온실가스 배출_235
온실가스 배출량_213
온실가스 흡수원_213
완화_216
완화 전략_217
외력의 작용_215
용승 변동_215
우주 기반 거울_213
유가_86
유기체적_87
유기체적 자연관_86
유기체적 전체_91
유네스코 216
유덕한 마을_238
유덕한 역할 모델_237

찾아보기 **271**

유엔기후변화협약_216
유엔기후변화협약(United Nations Framework Convention on Climate Change, UNFCCC)_71
유전자 진단_226
유전적 수정_226
유한 우주관_83
윤리적 기술 발달_237
윤리적 문제_230
윤리적 민감성_238
윤리적 전문 기술_238
윤리적 초점_238, 239
윤리적 판단_238
윤리적 행동_238
음식 혐오_224
의료 서비스 지원_214
이성주의_98
이원론적 형이상학_77
인간공학_211
인간 중심적 구원관_77
인간중심주의_77
인간 향상_230
인드라의 그물망[indrjala, 因陀羅網]_93

ㅈ

자기 묵살_239
자기 보호의 도덕성_238
자기 진정 전략_239
자기 초점_229
자기 향상_237
자발적인 활동_214
자성[svabhāva, 自性]_92

자아 팽창_239
自然_86
자연적 원인_212
자율성_237
자율적 적응_221
잠재 에너지_220
장자_94
장재(張載)_95
장회익_89
저탄소_219
적응_216
적응 전략_217
전염병_216
전일적 세계관_78
전일체(全一体)_87
점오염원_220
젠더_216
조셉 니담(Joseph Needham)_87
존재의 연속성(continuity of Being)_91
지구공학_213, 234
지구 온난화_212
지구 온난화 잠재력_224
지구온난화(Global Warming)_72
지구적 정의_163
지배적 서구의 세계관(dominant Western worldview)_83
지속 불가능한 에너지 수요_236

ㅊ

창백한 푸른 점(Pale Blue Dot)_84
체질량_225
침묵의 봄_160

**ㅋ**

칼 세이건(Carl Sagan)_83

**ㅌ**

타인 묵살_239
탄소 격리 기법_220
탄소 과세_212, 213
탄소 포집_219, 220
태양 복사 비율_213
테스토스테론_229
토양 탄소_219
통합적 전략_218

**ㅍ**

평균온도_219
포진천물(暴殄天物)_86
포트르 크로포트킨(Pyotr A. Kropotkin)_91
프레드릭 모트(Frederick Mote)_87
프로메테우스적인 염원_231
피임 기구_227

**ㅎ**

하나뿐인 지구_85
하버마스_171
하이브리드_220
한랭 해수_215
해수면 상승_211
해양의 변화_215
허젠쿠이_232
혐오 조건화_224
혼합 동기 게임_229
화석 연료 사용_212
환경윤리_232
환경 전체_232
회복탄력성_239
회의주의_155

**N**

NASA(The National Aeronautics and Space Administration) Global Climate Change_246

**S**

self-so_87

» 저자소개

**추병완**

강원 원주고를 졸업하고 서울대학교 사범대학 및 대학원에서 윤리교육을 전공하였다. 미국 조지아대학교에서 도덕교육을 전공하여 철학박사 학위를 취득하였다. 1998년부터 춘천교육대학교 윤리교육과 교수로 재직하고 있으며, 한국초등도덕교육학회 회장을 역임하였다. 2019년부터 춘천교육대학교 시민교육 역량 강화 사업단장을 맡고 있다. 대표 저서로『신경윤리학과 신경도덕교육』,『도덕교육 탐구』,『긍정 도덕교육론』,『회복탄력성』,『도덕교육의 이해』,『도덕교육의 새 지평』,『문화 감응 교육학』,『다문화 사회에서 반편견 교수 전략』,『다문화 도덕교육의 이론과 실제』등이 있고, 대표 역서로『행동윤리학』,『시민공화주의와 시민교육』,『4차 산업혁명 시대의 혁신 교수법: 건설적 논쟁의 이론과 실제』,『긍정심리학의 강점과 약점』,『신경과학과 교육』,『평화교육』,『미래사회를 위한 준비: 도덕적 생명 향상』,『도덕 발달 이론』등이 있으며, '포스트 트루스 시대에서 시민의 덕'을 비롯하여 100여 편의 논문을 학술지에 게재하였다.

**이경무**

전북대학교 인문과학대학 철학과를 졸업하고 동 대학원에서「선진유가철학의 정명사상에 관한 연구」로 박사 학위를 취득하였다. 서원대학교 사범대학 윤리교육과 교수를 거쳐, 현재 춘천교육대학교 윤리교육과 교수로 재직 중이다. 동양 철학 특히 윤리 고전의 인성 교육 및 도덕교육적 함의를 규명하는 데 관심이 있다. 저서로는『고전과 윤리 : 지혜가 있는 삶 금강경(공저)』,『예비교사를 위한 인성교육(공저)』,『인성교육론 이론편(공저)』,『철학을 하는 길(공저)』등이 있다.

**김병환**

고려대학교 철학과를 졸업하고 국립대만대학교에서 석사, 애리조나주립대에서 동양철학을 전공하여 철학박사 학위를 취득하였다. 한국외국어대

교수를 거쳐 서울대학교 윤리교육과 교수로 재직 중이며, 한국공자학회 회장을 역임하였다. 현재 北京소재 國際儒教聯合(International Confucian Association) 상임이사이다. 대표 저서로『생명공학과 유가윤리사상』,『김병환교수의 동양윤리강의』,『김병환교수의 신유학강의』,『공자와 한 시간』,『역사 속의 중국철학』,『중국 철학의 이단자들』,『한국인의 생명관과 배아복제윤리』,『한국지식지형도: 중국철학』 등이 있고, 대표 역서로『주희의 사유세계: 주자학의 패권』,『불씨잡변』,『공리주의 유가』,『여영시의 동양문화 다시 읽기』, 등이 있으며, '关于儒家仁之生命观的新诠释'을 비롯하여 다수의 논문을 학술지에 게재하였다.

**류지한**

서울대학교 사범대학 윤리교육과를 졸업하고 동대학원에서「헤어(R. M. Hare)의 합리적 비기술주의 도덕 추리론 연구」로 박사 학위를 취득하였다. 현재 한국교원대학교 윤리교육과 교수로 재직하고 있으며, 주요 관심 분야는 메타윤리학, 공리주의, 응용 윤리학이다. 대표 저서로는『거시윤리학』,『거시응용윤리학』,『웰빙 시대의 행복론』,『성윤리』,『서양 근·현대윤리학』, 등이 있고, 대표 역서로는『밀의 공리주의』,『공리주의 입문』,『윤리학: 옳고 그름의 발견』,『악의 남용』,『누가 세계를 약탈하는가』,『인간복제 무엇이 문제인가』,『칸트 읽기』, 등이 있다.

**김명식**

고려대학교 철학과를 졸업하고 같은 대학교 대학원에서 윤리학을 전공하여 박사 학위를 받았고, 진주교대 도덕교육과 교수로 재직하고 있다. 영국 랭커스터 대학교〈환경, 철학, 공공정책 연구소〉포스트 닥 연구원, 계간『과학사상』편집주간, 한국환경철학회 편집이사와 회장을 역임했고, 현재는 국제저널 Environmental Ethics 편집위원이다. 저서로는『환경, 생명, 심의민주주의』,『숙의민주주의와 환경』,『연구윤리와 연구윤리교육』(편저, 학술원 우수도서),『음식윤리』,『처음 읽는 윤리학』, 역서로는『환경윤리』가 있다. 환경윤리, 숙의민주주의, 웰빙과 웰에이징이 주요 관심 분야이다.

**추정완**

서울대학교 사범대학 윤리교육과를 졸업하고 동 대학원에서 「도덕반실재론 비판을 통한 도덕실재론 연구」로 박사 학위를 취득하였다. 현재 춘천교육대학교 윤리교육과 교수로 재직 중이며, 생명의료 분야를 중심으로 한 응용윤리 영역과 메타윤리 분야에 관심을 두고 연구 중이다. 대표 저서로는 『사랑』, 『도덕성과 윤리교육』, 역서로는 『생명의료윤리의 원칙들』이 있고, 주요 논문으로 「메타윤리학의 도덕교육적 함의」, 「장애와 의료 기술의 관계에 대한 윤리적 성찰」, 「사회행동과학 연구의 특성에 따른 심의」, 「실험동물과 윤리: 윤리적 동물 실험의 기초를 위하여」 등이 있다.

**장유정**

서울대 사범대학 윤리교육과를 졸업하고, 동대학원 석박사과정 졸업하였다. 현재 한국교육과정평가원(KICE) 부연구위원으로 재직 중이다. 연구 논문으로 직업윤리교육의 내실화 방안 연구(박사논문), 고교학점제 시행을 위한 도덕과 교육의 준비 방안 연구, 초등학교 도덕 교과용도서 발행 제도의 검정 전환에 대한 타당성 연구, 『윤리와 사상』 서술형 평가에 대한 학생 인식 조사, 중학교 도덕과 교육과정에서 일·직업 관련 내용 분석, 인성교육관련 원격연수과정의 내용 분석, 초등 도덕교과서의 발문유형 분석, 근로윤리척도의 측정요소 분석과 교육적 함의, 커뮤니케이션을 활용한 도덕과 수업방안 연구, 『맹자』에 나타난 '생각함[思]'의 활동에 관한 연구 등이 있다.